KB044675

호기로운 신입부터 어쩌다 팀장까지

리 더 십
트랜스포메이션

LEADERSHIP
TRANS
FORMATION

호기로운 신입부터 어쩌다 팀장까지

리 더 십
트랜스포메이션

LEADERSHIP
T R A N S
FORMATION

배찬호 홍창기 이소민

함께 일하고 싶은 선배, 동료, 후배가 되고 싶다면
반드시 알아야 할 직장 리더십의 모든것

모든
직원을 위한
실전 리더십
필독서

직장 생활 속
고민에 대한
코칭 사례
수록

실무 경험이
풍부한
리더십 전문
강사진 집필

밥북
B·OO·K

CHAPTER 1. 사원편 | **사원의 성장은 회사의 자본이다**

CHAPTER 2. 중간관리자편 | 그들로 흥하거나, 망하거나

CHAPTER 3. 팀장편 | 무사한 팀장에서 슬기로운 팀장으로

CHAPTER · 1

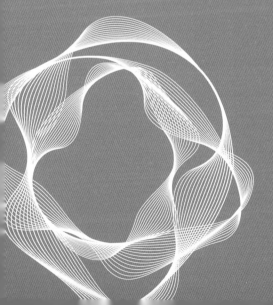

사원의
성장은
회사의
자본이다

사원편

시작하며

우리는 유치원과 초등학교에 들어가면서 반 친구들이라는 동질적인 집단생활을 시작하고, 대부분의 시간을 학습과 성취도, 그에 대한 평가를 받으며 고등학교, 대학교까지 학창 시절을 마무리하게 된다. 물론 그 과정에서 교우관계도 돈독하게 쌓지만, 성적 경쟁을 하게 되고, 연애의 달콤함과 이별의 시련에 아파하기도 한다. 더 빠르게 인턴생활을 하며 사회생활을 미리 맛볼 수도 있지만, 이 시기는 모두 배움의 공간인 학교라는 보호막 안에서 이루어진다. 기껏해야 서너 살 차이 나는 선후배와 생활을 해왔었고, 미성년인 나를 성장시키기 위한 선생님과 교수님의 도움을 받아왔었다.

그러나 직장, 사회생활은 우리의 인생에서 처음 맞이하는 가장 큰 변화의 시기이다. 서로의 이해득실을 따져가며 사람들과 갈등을 겪고, 업무를 기획하고 실행하는데 영업손익을 따져가며 성과평가를 받게 된다. 유명한 회사에 입사한 동기의 연봉에 자존심이 상하기도 하고, 일이십 년 나이가 많은 사람들과의 대화는 왜 이리 어려울까. 나중에 보면 전혀 다르게 이해하고 있어서 당혹스럽기 짝이 없다. 매번 예상 밖의 상황과 해답이 보이지 않는 문제점이 끊임없다 보니, 직장인들의 자기계발서가 왜 이리 많은지 다소 수긍이 간다.

리더십 트랜스포메이션

특히나 밀레니얼, Z세대에 대해서는 왜 이렇게 편견이 있는지… 아무리 생각해도 합리적이지 못한 상황이라 나의 의견을 얘기했을 뿐인데, 요즘 신입들은 자기중심적이고 개인주의적이라며 일축해버린다. 업무에 집중하여 성과를 높이는 것이 중요하다면서도, 출퇴근 근태에 대해서는 1분도 예외가 없다. 퇴근 시간을 앞두고 내일 아침까지 보고하라는 팀장님은 같이 저녁 먹을 사람이 있는지 물어보신다. 조금만 바꾸면 모두 다 효율적으로 일할 수 있는데, '예전부터 이렇게 해왔어', '그동안 아무 문제 없었다'며 해결은 하지 않고 그저 회피해버린다.

이미 X세대라는 90년대 학번들이 회사에 들어올 때도, 자신들의 개성과 합리성을 내세우며 파문(?)을 일으켰다. 나름대로 조직의 변화를 일으켰고 또 융화되었으며, 이제는 이들이 회사의 부장급이 되어 리더가 됐다. 그리고 일부는 꼰대가 돼버렸지만, 엄연히 이들도 한때는 X세대의 일원이었다. 그래서 MZ세대를 이해한다며 너른 마음으로 받아들이려 하지만, '라떼는 말이지…'를 떠올리며 마음 한켠에 찜찜함을 느낀다. 이들의 눈에 비친 MZ세대는 완전히 다른 New-type의 신인류이기 때문이다. 도대체 이들과는 어떻게 일을 해야 하는가…

『리더십 트랜스포메이션』은 회사 생활을 처음 시작하는 MZ세대, 이들과 함께 실무를 진행하는 중간관리자, 그리고 조직 성과를 책임지는 팀장 직급의 핵심 이슈들을 뽑아냈다. 신입직원부터 팀장까지의 직장생활과, 십여 년간 기업 교육에 매진하고 있는 현직 강사 세 명이 함께 했다. 팀 리더부터 신입직원 입문교육까지, 이들이 고민하는 것들, 문제를 어떻게 해결해야 하는지, 인재 육성을 위한 멘토링과 직급별 리더십은 어떻게 변해야 하는지 등 다양한 실제 사례와 성과들이 취합됐다. 그리고 신입, 중간관리자, 팀장 간 서로의 상황을 이해하고, 성과를 달성하는 방법들 중심으로 정리됐다. 이 책은 리더십, 문제 해결, 문서작성 등 세부 항목들을 깊이 있게 다루는 이론서가 아니다. 실제 직장생활의 개론서로, 관련된 상황들이 발생했을 시에 어떻게 대처해야 하는지, 가까이 두고 언제 어디서든 손쉽게 찾아볼 수 있도록 한 책이다.

우선 직장생활을 처음 시작하는 신입사원의 이슈들을 살펴보자, 학생에서 출근하는 사회인으로 어떤 목표를 가져야 하는지, 어려움이 닥쳤을 때 필요한 것들과 신입사원이라도 자신을 믿고 당당해질 수 있는 자존감을 유지하는 방법들을 찾을 수 있다. 그리고 그곳에는 그곳의 원칙이 있다.

조직의 생리에 대해 알아가고 함께 더 멀리 갈 수 있는 협업의 마음가짐이 필요하다. 또한, 신입이라도 자신의 노하우를 활용해 상사들에게 가르침을 줄 방법들도 있다. 배움에는 직급과 나이가 없기 때문이다.

결국, 직장인은 성과로 말한다. 회사가 신입에게 바라는 것 중 가장 우선되는 것들은 과감한 실행력과 반짝이는 아이디어들이었다. 그리고 이것들을 가지고 어떻게 상사와 회사들을 설득할 수 있는지 스킬들에 대해 안내한다. 적어도 이것들을 알고 직장생활을 시작한다면, 회사뿐만이 아니라 다른 사회생활에서도 중간관리자를 거쳐 슬기로운 리더로 성장할 수 있을 것이다.

배찬호

LEADERSHIP
TRANS
FORMATION

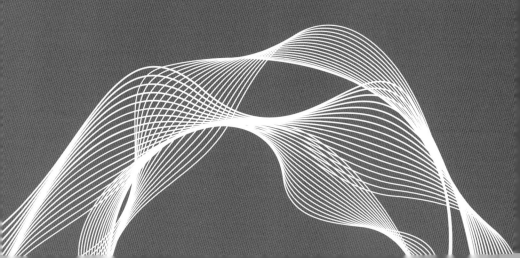

1장

학생에서
출근하는 사회인으로

01 내 목표가 회사의 성장이다

목표의 중요성

항상 사람들은 무엇을 해야겠다고 계획을 세운다. 그러나 어떻게 해야 하는지, 더 나아가 그 일을 왜 해야 하는지 명확하게 알지 못하는 경우가 생각보다 많다. '내가 왜 이 일을 해야 하는가?', '무엇을 최종 목표로 정할 것인가?'에 대한 목적과 방향도 없이, 회사에서 누군가가 '시키니까 한다' 는 생각으로 일을 진행한다면 좋은 성과는커녕, 백전백패일 수밖에 없다. 전쟁이 나서 당장 전투를 해야 하는데 적이 누구인지, 적과 어떻게 싸울 것인지 전략도 전술도 없이 일단 전쟁터로 무작정 나가는 셈이다. 이런 전 투라면 패배로 이어지는 것이 불 보듯 뻔하다.

인간은 항상 더 높은 곳을 향해 열망하고 도전한다. 그리고 도전의식은 목표를 정하는 것과 이를 이루기 위한 노력으로 이루어진다. 회사의 업무 뿐만이 아니라, 자기계발서, 외국어 학습, 협상, 창업, 재테크 등 많은 분야 에서 무엇보다 가장 먼저, 그리고 중요하게 다루는 것이 바로 '목표'이다.

16

목표(目標): 개인, 혹은 조직이 달성하고자 하는 바람직한 장래의 상태

목표가 없는 실행은 제대로 된 성과를 달성할 수 없다. 목표는 성과를 달성하기 위해서 반드시 존재해야만 하는 필수불가결한 것이다. 목표는 단기적이거나 장기적이 될 수도 있고 원대하게 큰 그림을 그릴 수도 있으나, 소소한 일상의 작은 것이 될 수도 있다. 어쨌든 무엇보다 목표를 설정하는 것이 성과를 달성하고 향상시키는 데 도움이 된다는 것은 명백한 사실이다.

또한, 효과적으로 설정된 목표는 우리들의 행동 방향을 결정짓고, 추진력을 더해 원활하게 실행할 수 있도록 동기를 유발한다. 그러므로 자신이 바라는 것이나, 조직이 원하는 성과를 달성하기 위해서는 제대로 된 목표를 설정하는 것이 그 무엇보다 중요하다. 그러나 당장 성과를 많이 내기 위해 현실과 동떨어진 무리한 목표를 설정하거나 추진하는 것은 자칫 부정적인 결과로 이어질 수 있다. 나의 역량이 어느 정도인지, 현재 우리 조직의 상황은 어떠한지 등을 자세히 따져보고, 목표달성을 위해 어떤 것들을 개선해 나가야 하는지에 대한 고민이 같이 이루어져야 한다. 그렇다면 우리 개개인, 혹은 우리가 속한 조직에서 '목표 설정'의 구체적인 역할은 무엇일까?

목표는 목표와 관련된 실행에 집중하게 한다

목표가 구체적으로 설정되면, 우리는 이를 달성하기 위한 실행에 집중하고, 목표와 관련 없는 활동과는 자연스레 멀어지게 된다. 이에 따라 목표까지 도달하기 위해 효율적으로 실행할 방법이나 전략을 개발하도록 만들어준다. 즉, 목표달성이 보다 용이하도록 올바른 방향성을 제시하고, 관련 업무나 활동의 효율성을 높여준다.

우리가 수없이 결심했던 다이어트를 떠올려 보자. 새해가 시작되거나, 오랜만에 체중계에 올라섰을 때 갑작스레 치솟는 숫자에 놀라며 다이어트를 결심한다. 다이어트를 목표로 설정하는 순간, 혼술이 끌리더라도 튀김 안주보다는 과일이나 저칼로리 음식을 자연스럽게 고려한다. 주위 사람들에게 자신의 다이어트를 알리며, 여러 꿀팁이나 성공사례를 전수받기도 한다. 저녁 약속은 기름진 삼겹살을 꺼리게 되고 밥 한 숟가락이라도 덜어 놓게 만들어준다. 비록 작심삼일로 끝나는 일이 빈번했지만, 그래도 다이어트를 결심하는 순간부터는 이와 관련된 실행에 집중하는 것이다.

물론 궁극적으로 다이어트에 성공해 체중을 줄이고 몸매를 돋보이게 하는 것이 중요하지만, 이게 어디 쉬운 일인가… 잦은 실패로 요요를 경험했었지만, 무엇보다 다이어트 목표를 결심하는 것만으로도 성공 확률을 높이는 방법이 된다. 이렇듯 실패했던 목표를 떠올리는 것이 유쾌한 일은 아니지만, 목표를 설정하는 것만으로도 그 목표를 위한 실행에 집중하게 되어 성과 달성에 한 걸음 더 다가갈 수 있다.

도전적인 목표 설정은 동기부여를 촉진시킨다

동기부여는 '움직이게 하다'라는 라틴어 'movere'에서 유래된 말이다. 동기부여는 목표를 향한 자발적인 행동을 끌어내고 충동질해서 계속하게 하는 심리적 과정으로 정의된다. 도전적인 목표는 이러한 동기부여를 촉진시킨다. 목표를 설정하고 그 목표 지점에 도착했을 때의 성과와 달성했을 때의 성취감을 떠올리면, 지금 바로 시작해야겠다는 마음가짐을 북돋워 주기 때문이다.

특이한 점은 목표가 어려울수록 과제에 대한 흥미와 동기가 높아지고 성취와 만족도가 올라간다는 것이다. 일반적으로 사람들은 손쉽게 달성할 수 있는 목표보다 난이도가 더 높은 목표에 집중하게 된다. '팀에서 매주 진행하는 주간업무 시간에, 나의 한 주 동안의 업무를 더욱 어필할 수 있는 주간보고서를 만들어야겠다'는 목표를 세웠다고 가정하자. 물론 의미 있는 목표이기는 하나, 일상적으로 빈번하게 진행되고, 한 주간 진행했던 업무들을 명쾌하게 정리만 하는 주간보고에 많은 시간과 노력을 들여야 겠다는 생각을 쉽게 하지 않는다.

이에 반해, '올해 상반기 고객 컴플레인 건들을 분석해, 고객 만족도 향상방안을 기획하겠다'는 목표는 어떤가. 그동안 진행되지 않았던 고객 컴플레인들을 세부적으로 분석하고, 그 분석 결과에 따라 고객 만족도를 높일 방안에 대해 부서별 역할 분담계획까지 디테일하게 기획해야 한다. 이 기획안이 부서장을 넘어 사장님에게 최종 결재를 인가받고 실제 진행되었을 때를 생각한다면, 주간보고보다 고객 만족도 향상방안 기획에 시간과 노력을 들일 수밖에 없다. 이렇듯 더 도전적인 목표를 세우게 되면, 스스로 더 분명한 목표 의식과 도전 정신을 일깨워 동기부여가 높아지는 것이다.

그러나 아예 달성할 수 없는 목표라면 지레 포기를 하게 된다. 목표는 현재 가지고 있는 자원들과 역량, 주위 상황과 환경, 시간 등을 종합적으로 고려하고, 구성원들과 함께 논의하여 서로가 납득하고 합의할 수 있는 실현 가능한 목표를 설정해야 한다. 우리의 역량을 아득히 초월하는 도전적인 목표는 오히려 구성원들의 동기부여에 부정적인 영향을 끼치게 될 것이다. 여건을 종합적으로 고려하여 적정한 난이도의 도전적인 목표를 설정하고 실행할 때, 우리는 더 높은 성취감을 떠올리며 스스로 도전의식을 고취할 수 있다.

목표는 나를 실행 과정에 몰입시키고 지속성을 강화시킨다

몰입이란 목표를 달성하기 위해 실행하겠다는 결정과 이를 위한 노력을 지속적으로 유지하는 것이다. 즉, 몰입은 목표를 달성하기 위한 노력의 과정을 의미한다. 목표는 몰입의 대상이기에, 내가 달성하고자 하는 목표가 없으면 당연히 몰입은 이루어질 수가 없다. 몰입 이론을 주장한 미하이 칙센트미하이Mihaly Csikszentmihalyi는 몰입에 대해 다음과 같이 정의했다. 몰입은 '무언가에 흠뻑 빠져 있는 심리적 상태'를 의미하고, 현재 하는 일에 심취한 무아지경의 상태이다.

친구들과 게임을 하거나 만화책을 볼 때, 금세 한두 시간이 지나서 깜짝 놀란 기억이 다들 있을 것이다. 물론 게임과 만화책은 목표를 달성하기 위한 노력이 아니라, 흥미와 재미, 스토리에 흠뻑 빠져드는 것이다. 이는 그저 현재 상황에 집중한 결과일 뿐, 집중은 몰입이 아니다. 단순한 집중과 달리 몰입은 목표가 설정되어 있다. 학창시절(우리가 수학을 포기하기 이전에) 수학 시험지 문제를 풀고 있는데, 얼마 지나지 않았다 생각했는데 어느 순간 종료 시간이 되어 당황했던 기억도 있을 것이다. 문제를 풀어가는 데 몰입한 나머지 시간이 지나가는 것을 느끼지 못한 것이다.

이렇듯 진정한 몰입은 내가 하고자 하는 목표를 해결하는 과정에서 주위의 모든 잡념, 방해물들을 차단하고 자신이 원하는 것, 앞서 말한 목표에 모든 정신을 집중하는 것이다. 그러므로 몰입을 위해서는 목표 설정이 가장 우선시 되어야 하며, 몰입을 통해 목표 실행의 지속성을 강화시킬 수 있다. 인간은 누구나 목표를 향해 나아가려는 경향이 있고, 몰입할 때 재미를 느끼게 되며 이 순간 자신의 숨겨진 잠재력이 발현될 수 있다.

몰입을 높일 수 있는 한 가지 방법은 바로 '시간'이다. 목표를 설정할 때 언제까지 달성하겠다는 마감 기한이 동시에 정해져야 한다. 기한이 너무 길다면 열심히 달리다가 목표달성에 열의가 사라질 수도 있다. D-day, 데드라인을 설정하면 몰입을 높일 수 있는 '마감 효과'를 활용할 수 있다. 시간이라는 제약 조건이 목표를 향한 강한 몰입과 실행력을 발휘하게 만드는 것을 마감 효과라 한다. 끝이 정해져 있다는 사실은 사람을 움직이게 만들고 행동하게 하는 힘이 있다. 실제로 일할 때 '한 시간 안에 끝낸다'라고 마음먹고 하는 경우에 더욱 집중력이 생기고 업무가 효율적으로 진행된 경험이 있었을 것이다. 마감 기한으로 인해 절박함과 몰입이 발생했기 때문이다.

회사의 성장에 기여하는 내 인생의 목표들

이처럼 목표를 설정하는 것은 다양한 효과를 불러일으킨다. 그리고 그 효과는 우리 개개인의 인생뿐만이 아니라 비즈니스에서도 마찬가지이다. 처음 회사 경험을 하는 신입직원, 사회 초년생들은 그저 상사가 시키는 일만 원활하게 조속히, 문제없이 처리하는 것에 급급한 경우가 많다. 앞만 보며 달리는 경주마 같은 시선으로 먹이인 당근만 탐할 것이 아니라, 사회인으로서 삶에 대한 목표가 있어야 한다. 그것이 크든 작든 개수에 상관없이 목표를 설정하는 것에 익숙해져야 하고, 내가 왜 일을 하는지, 나의 행동들이 목표에 부합하는지 체크를 해야 한다.

그리고 내가 세운 목표들이 하나씩 성과를 창출하고 성공 경험이 쌓이게 된다면 그것이 바로 회사의 성장으로 이어지는 것이다. 내가 만들어가는 목표들이 회사, 조직의 입장을 우선적으로 고려해서 설정하라는 것이 아니다. 나의 사생활이든, 조직생활에서든 무엇보다 중요한 것은 내가 목표대로 실행하는 습관을 쌓아가는 것이다. 사회생활을 함에 있어 이러한 습관을 통해 하나씩 쌓여가는 성과와 성공들이 모여 개인적인 성장과 더불어 회사의 성과에 영향을 끼칠 수 있다.

한 가지만 더 기억하자, 목표를 설정할 때는 구체적으로 설정하는 것이 효과적이다. 그저 막연히 다이어트를 해야겠다는 목표보다는 '올해 말까지 8kg의 체중을 줄이고, 허리둘레를 29인치까지 만들자'라고 마음을 먹는 것과는 상당한 차이가 있다. 구체적인 목표는 두루뭉술하고 추상적인 목표보다 달성 가능성이 훨씬 높다. 목표가 구체적이라는 의미는 누가 봐도 정확하게 무엇을 해야 할지 알 수 있다는 것이다. 즉 목표 해석에 여지가 없어야 한다. 알기 쉽고 눈에 보이는 확실한 목표가 실천하기도 좋고, 행동으로 옮기기에도 용이하다. 그렇기에 자신이 생각한 목표를 더욱 손쉽게 달성하기 위해서는 반드시 구체적인 목표를 설정해야 한다.

당연히 회사 업무에서의 목표 설정도 마찬가지이다. 회사 업무의 목표로 '우리 조직은 홍보활동 강화를 통해 브랜드 인지도를 높이겠다'로 설정되면, 열심히 홍보활동을 진행했더라도 이에 대한 성과 달성을 정확히 판단하기 어렵다. 이보다는 브랜드 인지도 제고를 위해 '우리 제품의 홍보기사를 포털 사이트에 월 10회 노출시켜 홍보하겠다'라는 구체적인 목표로 설정해야 한다. 이렇게 목표를 설정하게 되면 '현재까지 홍보기사가 일곱번 노출되었으니, 남은 3회를 달성하기 위해 특집을 기획해야겠어'처럼 달성 정도를 파악하고, 또 추가로 실행해야 할 업무를 파악할 수 있다.

차량의 네비게이션에 목적지가 정확히 입력되면 잠시 길을 잘못 가게 되더라도 새로운 길을 제시해준다. 그렇지만 목적지가 없는 내비게이션은 그냥 현재의 위치만 알려줄 뿐이다. 목표가 바람직하게 잘 설정되어 있다면 다소 좀 에둘러 가더라도 언젠가는 목적지에 도착할 수 있다. 꿈을 높이 갖고, 그 꿈을 이루기 위해 무엇부터 시작해야 할지 생각하고 우선적으로 목표부터 설정해보자.

02 과학적으로 증명된 긍정의 힘

칭찬의 효과

사회생활을 하다 보면, 회사나 조직에서 매년 '올해도 위기다'라는 말이 유행처럼 반복된다. 어찌 보면 위기가 아니었던 적이 언제 있었었나 생각도 들며, 매번 위기임을 강조하는 회사는 마치 양치기 소년 같다. 회사나 부서에서 해결해야 할 문제들은 산적해 있고, 이를 해결하기 위한 대안들을 직원들에게 요구하는 것이다. 이러한 조직의 문제를 해결하기 위해서 개개인뿐만이 아니라 조직 구성원들의 역량과 에너지를 결집하고 자발적인 열정을 끌어내야 한다. 이를 위한 방법 중의 하나가 바로 직원들에게 격려와 칭찬, 긍정성의 영향력을 발휘하는 것이다.

우리는 모두 칭찬의 중요성을 잘 알고 있다. 부모와 자녀 간의 관계를 비롯해 회사에서 우리가 맺고 있는 수많은 관계 속에서도 칭찬은 중요한 역할을 담당하고 있다. 선생님에게 칭찬과 격려를 받고 기분이 좋아 방긋 웃는 아이들의 모습을 보면, 이를 보는 사람들도 흐뭇해지고 절로 미소가 나온다. 지켜보는 우리도 행복한데, 칭찬을 듣는 아이들은 얼마나 기분이 좋겠는가. 선생님에게 칭찬받았다고 친구들에게 자랑하며 신이 난다.

우리는 칭찬에 약하다. 즉 누구나 인간은 자신의 행동에 대한 긍정적인 피드백을 원한다. 칭찬은 누군가의 기대를 충족시켜줄 만한 성취를 이루었을 때 그 대가로 주어지는 애정 표현이다. 아주 어린 아이들도 칭찬과 귀염받기 위해 '예쁜' 짓을 하고 그러한 행동을 반복하는 경향을 보인다. 이처럼 칭찬은 타인에게 좋은 보상이 되는 동시에 긍정적인 행동의 동기가 된다. 또한, 칭찬을 받는 이들은 자신감이 높아지고 긍정적인 사고로 삶의 의욕이 넘치게 된다. 이것이 바로 문제를 해결하려는 강한 원동력이 된다. 게다가 심리학자들은 인간이 생각한 대로 되는 경향마저 있다고 주장한다.

기대와 칭찬의 힘, 피그말리온 효과(Pygmalion effect)

피그말리온 효과는 타인의 기대나 관심으로 인하여 능률이 오르거나 결과가 좋아지는 현상을 말한다. 심리학에서는 타인이 나를 존중하고 나에게 기대하는 것이 있으면 기대에 부응하는 쪽으로 변하려고 노력하고 또 그렇게 된다는 것을 의미한다. 경영학적으로는 조직과 동료의 관심이 조직원에게 긍정적인 영향을 미치는 심리적 요인으로 설명한다. 예를 들어 교사가 어떤 학생에게 그의 성적이 좋아질 것이라는 긍정적인 기대를 품고 이를 지속적으로 표현하면 학생은 이에 부응하기 위해 노력하면서 실제로 성적이 오르게 된다는 것이다.

피그말리온Pygmalion은 그리스 신화 속의 키프로스의 왕이자 조각가이다. 그는 자신이 가장 이상적으로 생각하는 여인상을 상아로 조각해 만들었다. 혼신의 힘을 다해 조각한 여인은 너무나도 완벽했고, 피그말리온은 자신도 모르게 사랑에 빠졌다. 그는 이 조각상에 갈라테이아_{Galatea}라는 이름을 붙이고 마치 진짜 연인을 대하듯 옷을 입히고 장신구를 걸어주며 꽃을 선물하고 침대에 뉘어 재우기까지 했다. 그리고 아프로디테_{Aphrodite} 여신에게 조각상이 나의 아내가 되게 해달라고 간절히 기도했다. 그의 간절한 기도에 감동한 아프로디테는 조각상에 생명을 불어넣었고, 그는 갈라테이아와 결혼해 아들까지 낳게 되었다.

그리스 신화의 이야기에서 따온 피그말리온 효과는 타인의 기대나 관심으로 인해 능률이 오르거나 결과가 좋아지는 현상을 의미한다. 자신의 능력이 부족한 사람도 타인으로부터 기대와 칭찬을 받고 해낼 수 있다는 긍정적 평가를 받게 되면 자신감이 충만해져 좋은 결과를 창출해낼 수 있다는 것이다 즉, 긍정적인 기대를 받게 되면 기대에 부응하기 위한 노력으로 긍정적인 결과가 초래되는 현상을 말한다. 반대로 부정적인 낙인이 찍히게 되면 부정적인 행태를 보이는 현상도 나타나게 된다. 긍정적이든 부정적이든 상대방에 대한 기대는 당사자의 행동과 결과에 상당 부분 영향을 미친다는 것이다. '믿는 만큼 이루어진다'는 명언에 대해 비과학적이라고 말하는 사람이 있겠지만 피그말리온 효과는 역사적으로나 과학적으로 근거들을 지니고 있다.

피그말리온 효과의 대표적인 사례로 2차 세계대전 때 헝가리 부대의 이야기가 있다. 당시 한 헝가리 부대는 알프스산맥에서 추위와 폭설로 인해 낙오하게 되었다. 모두가 혹독한 추위와 폭설로 절망에 빠졌으나 다행히 한 병사가 배낭에서 구겨진 지도를 발견해 알프스산맥에서 빠져나올 수 있었다. 그런데 나중에 보니 이 지도는 알프스산맥이 아닌 피레네산맥 지도였다. 실제와는 전혀 다른 엉뚱한 지도였지만, 이 지도는 부대원들에게 살아서 탈출할 수 있다는 희망을 불어넣어 주었고, 또 이 희망을 품은 부대원들은 어려운 위기에도 굴하지 않고 자신의 생명을 살릴 수 있었다.

피그말리온 효과는 타인에 대한 기대를 말한다. 간혹 플라시보 효과와 혼동되기도 하는데, '플라시보 효과placebo effect, 위약효과'는 의사가 효과가 없는 가짜 약 혹은 꾸며낸 치료법을 환자에게 조치하더라도, 환자 스스로 나을 수 있다는 심리적인 요인에 의해 병세가 호전되는 현상이다. 즉, 타인에 대한 기대가 아니라, 자기 자신이 스스로 지속적인 기대와 믿음을 가지면 긍정적인 효과를 불러온다는 것이다. 이와 달리 피그말리온 효과는 타인에 대한 칭찬과 격려, 기대와 그 믿음으로 인해 발생하는 현상이다. 이 피그말리온 효과는 회사와 조직의 성과창출에서도 쉽게 찾아볼 수 있다. 즉, 직원에 대한 회사의 긍정적 기대가 직원의 성과와 태도에 적지 않은 영향을 미친다는 것이다. 이들을 아끼고 칭찬한다면 근로의욕과 생산성은 자연스럽게 향상될 수 있다.

긍정적 사고와 문제 해결의 상관관계

지난 수십 년간 문제를 해결하고 위기극복 능력을 향상시킬 방법을 찾기 위해 심리학자와 교육학자들은 수많은 시도를 했으나 대부분 실패했다. 문제를 해결하는 능력은 어떠한 지식이나 기술을 습득한다고 해서 향상되는 것이 아니었다. 지금까지의 연구결과를 종합해보면 가장 확실하고도 유일한 방법은 긍정적 정서를 유발하는 것이다.

긍정적 정서는 창의성이나 판단력을 관장하는 전두엽의 기능을 활성화한다. 반면 스트레스나 짜증, 분노, 공포 등의 부정적 정서는 뇌의 편도체를 활성화하고 이는 전두엽의 기능을 현저하게 약화시킨다. 즉, 자신의 감정 조절을 잘해낼 수 있는 사람이 문제 해결 능력을 발휘할 수 있다는 뜻이다. 중요한 순간일수록 부정적 정서를 가라앉히고 긍정적 정서를 스스로 유발해 자신의 기분 상태를 신나고 즐겁게 유지할 수 있는 사람일수록 높은 수준의 문제 해결력을 발휘한다는 것이다. 정서 조절 능력이 곧 문제 해결력에 영향을 미치는 것이다.

또한, 긍정적 정서는 문제를 해결하는 업무 수행능력을 높여주는 것뿐만이 아니라, 더 폭넓은 사고를 할 수 있게 한다. 즉 긍정적 정서가 향상되면 발생한 현상에 대해 더 긍정적으로 바라보게 되며, 부정적인 편견이나 고정관념을 약화시킨다. 반대로 부정적인 감정은 심한 편견과 고정관념에 사로잡히게 한다. 그뿐만 아니라 긍정적 정서는 무언가 새로운 것을 찾으려는 진취성과 도전성도 키워준다. 부정적인 정서가 많은 사람은 늘 하던 일만 하고, 먹던 것만 먹으려 한다. 반면, 긍정적인 정서가 많은 사람은 새로운 것을 추구하는 경향이 강하다. 긍정성이 높은 사람은 그래서 좀 더 도전적이고, 진취적이고, 늘 새로운 것을 추구하게 되는 것이다. 이것이 바로 행복하고 긍정적인 사람에게 늘 더 많은 기회가 찾아오는 이유이다.

이를 증명한 실험이 있다. 실험참가자들을 A, B 두 개 그룹으로 구분하고, A 그룹에게는 긍정적 정서가 유발되도록 재미있는 영상을 보여주고 예쁘게 포장된 사탕을 선물로 주었다. B 그룹에게는 아무런 조치를 하지 않은 일반 집단으로 구성했다. 이 두 그룹에게 유명한 브랜드의 크래커와 참가자들에게 알려지지 않는 처음 본 크래커 여러 개를 제시하고, 어떤 브랜드의 크래커를 선택할 것인지 물었다. 그 결과, 알려지지 않은 새로운 브랜드를 선택하는 비율은 긍정적인 정서가 유발된 A 그룹에서 훨씬 더 높게 나왔다. 즉 긍정적 정서는 일상적인 환경에서도 무엇인가 새로운 것을 찾으려는 호기심이 높았고, 안정적인 선택보다는 도전적이고 적극적인 성향을 높여준 것이다. 이러한 결과는 긍정적인 정서가 일상적 업무에서 새롭고 독특한 것에 대한 선호도를 향상하고, 흥미로운 것을 추구하게 한다는 것을 증명한 것이다. 문제를 해결하기 위해 끊임없이 호기심을 갖고 계속 새로운 것에 도전해야 한다면, 우선적으로 긍정적 정서를 향상시켜야 하는 것이다.

조직의 문제 해결 능력을 향상시키는 방법

기대와 칭찬을 받는 것은 긍정적 정서 함양에 효과적이고 더 열심히 하고자 하는 의욕을 불러일으킨다. 긍정성이 높아진 직원들은 문제 해결 능력이 향상된다. 이와 비슷하게 데일 카네기Dale Breckenridge Carnegie 는 "우리는 누구나 잘못을 저지르기 쉽다. 아홉 가지의 잘못을 찾아 꾸짖는 것 보다 한가지의 잘한 일을 찾아 칭찬해 주는 것이 그 사람을 올바르게 인도하는 것이다"라고 주장했다.

문제 해결을 할 때 건설적인 비판도 좋지만, 종종 기대와 칭찬이라는 것이 엄청난 성장동력이 될 때가 있다. 칭찬은 문제 해결에 필수적인 '긍정적 정서' 중 가장 영향을 많이 미치는 요인이다. 문제 해결에 영향을 주는 요소는 여러 가지가 있지만, 여러 실험이 증명하는 것은 바로 '긍정적 정서'이다. 긍정적 정서라는 것이 모호하게 들릴 수 있지만, 구체적으로 보면 칭찬뿐만 아닌 사소한 농담이나 작은 선물로 격려하는 것 역시 긍정성을 높여준다.

"선배님의 기대가 없었다면 어떻게 지금까지 이렇게 일할 수 있었을까요? 기억하지 못하실 수도 있겠지만, 선배님께서는 2년 전 제게 따뜻한 격려와 칭찬을 하면서 작은 과자를 선물로 주셨습니다. 신입 시절의 그 기억은 아직도 기억에 생생합니다. 선배님과 함께 일했던 2년이 제 회사 생활 중에 가장 많이 성장했던 시간이었습니다."

이 내용은 한 기업의 프로그램에서 후임직원이 선배에게 고마움을 전하는 내용이다. 갑작스럽게 후배의 추천을 받은 선임 직원의 소감은 이렇다.

"상사에게 고생했다는 칭찬을 받는 것도 좋지만, 후배에게 닮고 싶다는 격려를 받은 것이 더 큰 감동이었고, 회사 생활을 헛되게 보내지 않은 것 같아 큰 보람을 느꼈습니다."

기대와 칭찬은 화려하고 거창한 미사여구를 이용해야 잘 표현되는 것이 아니다. 긍정적인 생각과 진심에서 우러나오는 말 한마디로도 충분하며, 이러한 말 한마디가 문제를 해결하고 조직의 성과를 높일 수 있다.

뛰어난 업무수행능력과 원만한 대인관계로 성공 가도를 달리는 사람들은 지능이 높은 사람들이 아니다. 한 개인의 지능과 성취도와는 별 상관관계가 없다는 것이 학계의 정설이다. 직장, 사회, 학교생활에서의 성공 여부는 중요한 일이 닥쳤을 때 스스로 얼마만큼 긍정적인 감정을 불러일으켜 신나게 일할 수 있느냐에 달려 있다. 사람들은 긍정적 정서를 갖게 되면 그 생각의 폭은 넓어지고, 깊어지고, 빨라지며, 상상력도 풍부해진다. 그래서 위기를 극복하고 문제를 해결할 수 있는 능력이 강화되는 것이다.

따라서 자신이 지닌 능력을 극대화하기 위해서는 스스로 긍정적인 감정을 유발하는 습관이 필요하다. 그리고 이 능력을 촉진시키는 데 영향을 주는 것이 바로 주위 사람에게서 듣는 한마디 칭찬이다. 지금부터라도 직장 동료나 선임, 후임에게 진심이 담긴 격려와 칭찬의 한마디를 실천해보

자. 떨어지는 한 방울의 물줄기가 바위를 뚫을 수 있듯이 작은 기대와 격려가 쌓이기 시작하면 개개인을 넘어 우리 팀, 우리 회사의 성과가 더더욱 높아질 것이다.

03 당당한 사원의 첫 번째 조건

남들과의 비교는 쓸모가 없다

직업인터뷰를 전문으로 하는 채널에서 전직 1년 차 공무원이 퇴사한 이유를 밝혔다.

"상식이 통하지 않은 민원인을 상대하면서 자존감이 낮아져 그만두었다. 2평짜리 배달전문 커피숍 창업을 계획 중인데, 하루하루 내가 선택하고 의지대로 보내는 하루가 좋다."

공무원의 취업 경쟁률은 누구나 알고 있다. 어렵게 합격하고 남들의 부러움을 산 공무원을 자존감이 낮아졌다는 이유로 퇴사한 것이다. 처음에는 의아했지만, 멘탈 강한 연예인들도 자존감이 낮아져 공황장애나 우울증에 빠지는 걸 보면서 어느 정도 이해가 된다.

물질적인 보상보다 이제는 정신건강이 무엇보다 중요해지면서 자존감이란 키워드가 부각되고 있다. 우리가 많은 시간을 보내는 직장생활도 마찬가지다. 이 자존감이 무너지면 어떠한 일을 하더라도 좋은 결과가 나타날 수 없다. 다른 이들이 인정하고 많은 사람이 칭찬하고 존경을 표한다고 하더라도, 스스로가 자신을 인정하지 않으면 우리의 심리는 탄탄해지지 못하고 무너지기 때문이다. 결국, 자신의 자존감이 떨어지면서 자기비하와 함께 자신이 무가치하다고 느끼게 된다.

모 취업사이트에서 20대를 상대로 '언제 자존감이 낮아지는가?'를 물었다. 27.6%로 1위로 뽑힌 상황은 '행복해 보이는 지인의 SNS를 볼 때'라 꼽았다. 또한, 응답자 40.6%가 '자신의 자존감이 낮다'라고 밝혔으며, 반대로 24.4%만 '자신의 자존감이 높다'고 말했다. 지인의 SNS를 보고 자존감이 낮아졌다는 응답을 보면 자존감을 낮추는 핵심은 '비교'라 말할 수 있다. 사실 우리는 비교에 많이 노출될 수밖에 없다. 수시로 올리는 SNS는 물론 TV, 광고 등 비교를 원치 않아도 비교를 하게끔 만드는 구조에 살고 있다. 말로는 남과의 비교에서 벗어나고, 괘념치 않으며 살아갈 것이라고 하지만, 막상 비교하지 않는 나만의 삶을 살아간다는 것은 쉬운 것이 아니다.

직장을 보자. 직장은 성과를 내기 위해 일하는 곳이다. 모두가 좋은 성과를 내면 좋겠지만, 이는 불가능하다. 정량화된 성과로 비교를 벗어날 수 없는 게 직장인의 숙명이다. 비교가 쌓이면 자존감에 문제가 생긴다. 성과를 잘 내는 입사 동기라도 있다면 비교는 더욱 부각된다.

강의하다 보면, 비교 때문에 어려워하는 직장인을 많이 본다. 사실 우리는 비교를 멈출 수 없다. 그것은 우리가 그렇게 자라고 배웠기 때문이다. 3~4살 아이는 명품 장난감이 있는 친구와 자신을 비교하지 않는다. 자라면서 성적, 연봉, 재산, 건강상태 등 서서히 비교 속에서 자란다. 그리고 비교가 일상이 된다. 그러한 현상은 '엄친아(엄마 친구 아들)' 같은 신조어를 탄생시킨다.

우선 비교의 관점부터 바꿔보자. 비교를 성장을 위한 하나의 도구로 끝내는 것이다. '동기도 했으니 나도 할 수 있다'처럼 관점을 바꾸고 끝내면 된다. 만약 타인이 나와 다른 이를 비교한다면 '나는 내 인생을 살 뿐이다. 비교만 하는 저 친구는 열등감이 크네'하고 넘어가면 된다. 비교에 대한 관점을 바꾼다면 도리어 이를 동기부여로 승화시킬 수 있다.

당당해지는 자신감은 자존감으로부터

직장생활은 물론 모든 당당함에 첫 번째 조건은 자존감이다. '자존감이 무엇이라 생각하십니까?'라고 물으면 다양한 대답들이 나온다. 어떤 이는 '자긍심'이라고 하고, 다른 이는 '나를 사랑하는 정도'라고 하며, '자신의 가치에 대한 주관적 평가'라고도 한다. 자존감은 '자아존중감自我尊重感'의 준말이며 'self-esteem'으로 번역된다. 이 용어를 처음 사용한 의사 모리스 로젠버그Morris Rosenberg 는 '자기 자신을 존경하고 바람직하게 여기며, 가치 있는 존재라고 생각하는 것'이라 정의한다.

자존감이 낮은 사람은 자신을 무가치하며 약하다고 생각하여 열등감을 가진다. 우울, 불안, 분노, 공포 등의 성향이 있으며, 의사결정에 의존적이거나 불확실한 태도를 보인다. 이렇게 생긴 스트레스를 폭음, 폭식 심지어 폭력으로 푸는 경향도 있다.

반대로 자존감이 높은 사람은 일상생활이 가치 있고, 보람 있다고 생각한다. 자기 자신을 있는 그대로 인정하고 존중을 받으면 숨길 수 없는 자신감이 드러나고, 긍정성이 높아지며 행복한 인생을 살아갈 확률이 높아진다. 이렇듯 자존감이 높으면 매사에 자신 있게 행동하며 원만한 사회생활을 할 수 있고 진취적이고 활력 있는 삶을 펼치게 된다. 또한, 타인들은 자존감이 높아 자신 있는 모습에서 매력을 느낀다. 하지만 자존감이 지나치면 과도한 우월감 등 부정적인 상황을 맞이한다. 타인의 진심 어린 조언을 무시하거나, 때에 따라 공격성을 보이기도 한다.

사람이 행복하게 살아가는 데 자존감이 중요하다고 다들 이야기한다. 자존감은 회사 생활뿐만이 아니라 학업성적, 연애, 리더십, 대인관계, 위기 극복 능력 등 우리 삶의 많은 영역에 영향을 미치기 때문이다. 이러한 자존감은 남들과의 비교를 통해 쌓이는 것이 아니다. 자존감은 객관적인 판단이 아닌 자신의 주관적인 생각에 따라 달라지며 아무리 좋은 위치, 안락한 환경이어도 자존감은 낮을 수 있고, 반대로 어려운 환경이라도 본인의 생각에 따라 자존감은 충분히 높아질 수 있음을 기억해야 한다.

자존감은 무엇으로 이루어지는가?

베스트셀러인 『자존감 수업』에서 우리 삶 전반에 영향을 미치는 자존감은 3가지로 구성된다고 말한다.

① 자기효능감- 자신이 어떤 일을 성공적으로 수행할 수 있는 능력에 대한 기대와 신념

쉽게 말하자면 자신이 얼마나 쓸모 있는 사람인지 느끼는 것이다. 우리가 일반적으로 자존감을 떠올릴 때 느끼는 개인의 존재 가치를 말하는 것이다. 자기효능감이 높은 사람은 도전적인 과제를 맡을 때 쉽게 포기하지 않고 더 많은 노력을 기울인다. 이러한 자기효능감은 성공 또는 실패의 경험을 통해 강화되거나 약화된다. 따라서 자기효능감을 높이기 위해, 쉬운 과제로부터 성공 경험을 쌓고 점차 과제의 난이도를 올려가는 방식으로 업무를 진행하는 것이 효과적이다.

② 자기조절감- 자기 생각, 행동, 감정을 스스로 조절해 자신이 정한 목표를 달성하려는 의지

자기조절감은 자신의 선택으로 인생을 만들어가고자 하는 욕구이다. 사회적으로 지위가 높은 판검사나 정치가, 전문성을 인정받는 의사나 회계사 같은 전문직에 종사하는 사람들은 높은 자기효능감을 보인다. 스스로 능력이 있다고 믿는 기대와 신념이 높고 스스로 가치 있다고 생각하기 때문이다. 그러나 이러한 사람 중에서도 자존감이 낮은 일도 있다. 그 이유는 자기조절감이 충족되지 못해서이다. 아무리 명예가 높거나 화려한 인생이라고 하더라도 본인의 의지대로 선택하고 만들어가는 인생이 아니라면, 자기조절감이 바닥에 있어서 이로 인해 자존감이 낮아졌기 때문이다.

③ 자기안전감- 자신의 삶 전반에서 안전하고 편안함을 유지할 수 있다는 기대

가진 것은 별로 없어도 자존감이 높은 사람들이 있다. 이들은 안전하고 편안함을 느끼는 능력이 다른 사람들보다 뛰어나다. 자신의 현재 상황이 불안하고, 위태롭다고 생각하기 시작하면, 자기안전감이 훼손된다. 당장 위기 상황이 닥칠 때도 자기안전감은 훼손되지만, 흔히 자신의 미래를 막연히 걱정하기 시작할 때, 자기안전감은 근간부터 흔들리기 시작한다. 지금 받는 연봉으로는 몇십 년을 모아도 집 한 채 사기 어려울 텐데…. 집도 없으면 여자친구가 나와 결혼을 해줄까? 아이는 어떻게 낳아 기르지? 부모님 노후를 내가 책임질 수 있을까? 그러다 보면 당장 급박한 위험이 눈앞에 온 것도 아님에도, 자기안전감

이 손상되면서 불안을 겪게 된다.

이제는 자존감을 높여보도록 하자

첫 번째, 자신을 비난하지 마라. 자신을 비난하고 미워하는 습관을 즉시 중지해야 한다. 잘못 했다면 본인 책임이고 어차피 대가를 받게 된다. 비난까지 하며 자존감을 낮출 필요는 없으며, 그저 실수를 성장의 계기로 바꾸면 된다. 엎질러진 물 앞에 자신을 비난하지 말고 대책을 고심하는 게 자존감을 올리는 방법이다.

두 번째, 남들과 비교를 그만하라. 앞에도 이야기했듯 우리는 비교에 많이 노출되었다. 벗어날 수 없으니 성장의 밑거름으로 삼아야 한다. 또한, 세상은 다양한 사람으로 구성되어 있으며 '틀린' 사람은 없고, '다른' 사람이 있을 뿐이다. 다름을 인정하면 비교를 벗어날 수 있다. 나이건, 다른 사람이건간에 그 자체를 인정하는 마음을 유지하자.

세 번째, 스스로 선택하고 결정하라. 자존감이 낮은 사람은 스스로 결정하지 못하고 타인에게 의존한다. 주체적 선택의 중요성을 알면서도 미루는 일이다. 반복되면 습관이 된다. 결정을 타인에게 의존하는 건 책임을 피하고 싶은 마음이다. 직장에서 흔히 볼 수 있는 자존감이 낮은 유형이다. 직장은 결정의 연속이자, 책임의 연속이다. 만약 책임이 싫어 선택을 미루면 자신의 존재감은 미미해진다. 존재감이 없으면 자존감은 더 떨어지는 악순환이 된다. 책임지기 싫다면 직장을 떠나는 게 자신도, 회사도 서로에게 좋다. 직장은 유치원이 아니기 때문이다. 결정에 책임지겠다는 각오로 스스로 선택하고 결정하라.

네 번째, 근거 없는 자신감 '근자감'도 필요하다. 일을 이루는 데 물리적 조건과 함께 마음가짐도 매우 중요하다. 근거는 없는 자신감은 마음가짐을 새롭게 한다. '불가능해'라고 말하면 가능성이 멀어질 뿐이지만, '가능해'라고 말하면 적어도 가능성은 존재한다. 생각의 격차가 쌓이면 결과는 크게 달라진다. 비록 근거는 없지만, 자신감으로 업무에 임하자. 그리고 근거 없는 자신감을 근거 있는 자신감으로 바꾸면 된다.

직장생활에서 '도전'이란 키워드는 매우 중요하다. 학생을 벗어나 직장생활을 시작한다는 것 자체가 도전이다. 만약 자존감이 낮다면 실패의 두려움 때문에 '난 안돼'라며 지레짐작한다. 그리고 자신의 단점만 찾을 뿐이다. 즉 직장생활을 시작조차 못 할 수 있다. 이런 성향은 직장생활은 물론 삶 전반에 부정적 영향을 미친다.

반대로, 자존감이 높은 사람은 도전적인 과제를 맡게 됐을 때 쉽게 포기하지 않고 더 많은 노력을 기울인다. 만약 과제 수행에 실패하더라도, 외부의 상황으로 원인을 돌리며 자신을 탓하지 않는다. 다소 뻔뻔해 보일 수도 있지만 이러한 태도가 회사 생활에서의 자존감을 높이는 방법일 수 있다.

사원은 직장생활에서 주도적으로 할 수 있는 일이 한정되어 있다. 외부 환경을 바꿀 수 없는 위치다. 바꿀 수 있는 건 생각이다. 회사의 환경을 탓하거나 타인의 평가가 아닌 '자신의 평가'에 집중해야 한다. 자신을 존중하지 않으면 누가 나를 존중할까? 우선 비교가 넘치는 SNS에서 한 발 벗어나 보자. 그리고 자신과 대화를 시도하며 나에게 비난보다 칭찬을 해주자.

고민 사례 1 첫 사회생활에 걱정이 많은 신입사원

"

대학교를 졸업하고 이제 2년 차 사원입니다. 학창시절에는 저에게 주어진 것만 잘 처리하면 됐는데, 회사에서는 정말 많은 것들을 신경 쓰고 확인해야 하는 것이 너무 힘듭니다. 신입 때는 업무도 잘 처리하고 칭찬도 많이 받았습니다. 또 간혹 실수가 있더라도 선배들이 너그러이 봐주는 것도 있었습니다. 그런데 이제 2년 차가 되니 '아직도 이러면 어떡하니, 이건 확인을 했어야지, 1년 동안 뭘 배웠어?' 하며 질책도 많아졌습니다. 1년 차 때보다 점점 더 큰 프로젝트가 배정되니 더욱 신경 쓸 것도 많아졌습니다. 그래서인지 일에 대해 자신감이 점점 없어지는 것 같습니다.

팀장님과 상사에게 직접 보고하는 것이 두렵습니다. 잘하고 싶은 마음에 나름대로 열심히 하는데, 그런데도 가끔 실수하니 어찌할 바를 모르겠습니다. 이제는 신입도 아닌데 뭐 하나 제대로 하는 것이 없는 것 같아 자신이 한심해지고, 자신에 대해 회의감도 많이 느낍니다. 그래서인지 내가 잘못한 것이 없는지만 떠올라 위축되고, 상사에게 또 혼날까 싶어서 걱정이 앞섭니다.

이러다 보니 저한테 업무 권한을 주는 것 자체가 부담스럽고 겁이 납니다. 후배들에게 능력 있는 선배의 모습을 보여주고 싶은데 그게 안 되니 사람들도 만나고 싶지 않습니다. 똑 부러지게 하지 못하는 제가 못난 사람처럼 느껴질 뿐입니다. 어떻게 하면 좋을까요?

"

홍 코치 _____

　신입사원은 공식적으로 실수를 할 수 있는 자리입니다. 물론 어떠한 이유에서든지 실수했다는 사실 자체가 사람을 위축되게 할 수 있습니다. 다만, 신입사원 시절에는 실수를 '해야만 하는' 기간이라고 생각하는 것이 편합니다. 이 기간에는 아무리 완벽하게 일 처리를 하고 싶어도 할 수 없는 기간이기도 하고, 큰 실수를 한 것 같다고 생각되어도 실제로는 전체 업무에 별다른 영향을 미치지 않을 수도 있습니다.

　본인 스스로 기대 수준을 높게 잡는 것은 괜찮습니다만 적어도 앞으로 2, 3년 정도는 어떤 일이든지 맡아서 반드시 '실수'를 해보시기를 권유 드립니다. 이 시기에 경험하게 되는 모든 '경험치'들은 앞으로 자신의 비즈니스 경력은 물론 보다 탁월한 리더십을 만들어 가는 데 있어 커다란 자양분이 될 것입니다.

　다만 같은 업무를 반복하여도 계속 부담감이 커지고, 실수의 범위나 빈도가 전혀 잦아들지 않는다면 업무 자체가 본인의 능력이나 관심사와 크게 다른 것이 아닌지 점검해 볼 필요는 있습니다. 물론 이때에도 기준은 본인이 세운 것이 아니라 상사나 주변 동료로부터의 진솔한 피드백을 바탕으로 해야 할 것입니다.

당신은 결코 일을 못 하는 사람도, 자신감이 없는 사람도 아닙니다. 먼저 다음과 같은 질문을 자신에게 해보십시오. "과연 이 일이 나에게 잘 맞는 일인가?" 다시 말하자면, 나의 적성과 성격, 성향, 역량에 부합하는 업무인지, 이를 먼저 가늠해보십시오. 어찌 보면 일을 못 하는 사람은 극히 드뭅니다. 단지 안 맞는 사람이 있을 뿐입니다. 만약 현재 하는 일들이 사원님의 역량을 발휘할 수 있는 일이 아니라면 혹은 내가 좋아하는 성향의 일이 아니라면 서서히 혹은 과감히 적성에 맞고 역량에 맞는 일로 이동하는 것이 좋겠습니다.

만약 현재 하고 있는 일들이 내가 좋아하고 또 잘할 수 있는 일이라면? 그럴 경우는 '이 일을 왜 해야 하는가?'를 떠올리고 업무에 착수하는 것은 어떨까요? 사이먼 사이넥Simon Sinek은 'Why에서 출발하라'라고 했습니다. 업무를 함에서 어떻게 할까, 무엇을 할까 고심하기에 앞서 이 일을 왜 해야 하는 가에 집중하게 되면, 더 정확한 방향이 보이고, 더 높은 생산성의 결과를 이끌어낼 수 있습니다.

배 코치

혹시 실수하면 어쩌나 하는 생각에 긴장하고 그것 때문에 점점 힘들어진다고 하셨는데, 그 마음은 오히려 사원님이 그만큼 자기 능력에 대한 기대치가 높고, 일에 대해 잘하고 싶은 마음이 크기 때문입니다. 그리고, 이는 마음 먹기에 따라 건강한 긴장으로 충분히 만들 수 있습니다.

실수는 자신의 능력 전부를 말해주는 것은 아닙니다. 우리는 누구나 실수하고, 또 그 실수를 통해서 더 나은 방법을 찾을 수도 있습니다. 다만 왜 이러한 실수가 나왔는지 그 원인은 파악해야 합니다. 실수가 발생했다는 상황보다, 그 원인을 찾아보고, 이후에 반복된 실수가 발생하지 않도록 하는 것이 중요합니다. 예를 들면 내가 그 실수를 통해 무엇을 배웠는지 확인하고, 다음 기회에는 어떻게 대처해야 할지에 대해 계획을 세우고 기록을 하는 것도 좋은 방법입니다.

실수에 대해 자유로운 사람이 과연 있을까요? 실수는 퇴보가 아닙니다. 실수를 통해 성장과 변화의 기회를 활용하면, 그깟 실수는 2보 전진을 위한 1보 후퇴하는 상황임을 명심하십시오.

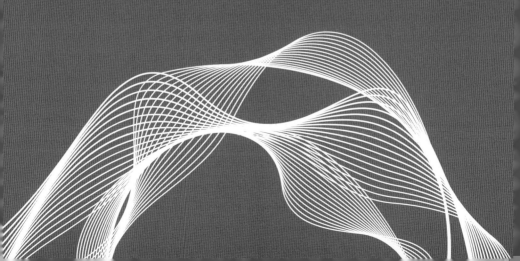

2장

그곳에는
그곳의 원칙이 있다

04 업무는 보고에서 보고로 끝난다

보고 또 보아도 중요한 보고

직장인들은 하루에 최소 한두 번의 회의를 하고 많은 사람을 만나 협업하며 업무를 진행하는데 8시간 이상을 회사에서 보낸다. 그 긴 시간 속에 반복적이고 중요한 비중을 차지하는 일이 무엇일까? 그것은 바로 '보고'이다. 수많은 회의를 하는 이유, 수십 페이지의 PPT를 작성하는 것 또한 보고를 위한 것이며, 생각을 정리하고 논리적으로 말하기 위해 정리하는 것 또한 보고를 위한 것이다. '회사 업무는 보고로 시작해서 보고로 끝난다'라는 말처럼 보고는 회사 업무의 중심에 있다. 보고는 진행 중인 상황을 기술하고, 진행 중에 새로운 이슈가 있는지, 또 문제가 발생했을 때는 다른 동료들과 공유하며 해결책과 관련된 사례가 있었는지 손쉽게 찾아갈 수 있게 해준다.

그러나 업무 경험이 적은 실무자들은 보고하는 것을 두려워할 수밖에 없다. 보고할 때마다 상사에게 많은 보완사항을 피드백 받고, 어떨 때는 질책을 받기도 하며, 때로는 해야 할 업무가 더욱 많아질 때도 있기 때문이다. 이렇게 보고에 대한 고민이 많아지니 시간은 더 걸리고, 또 그러다 보니 보고 타이밍을 놓치고, 상사는 더 답답함을 느끼는 악순환이 반복된다. 보고는 이렇게 어려운 과정이지만, 그렇다고 해서 피할 수도 없다. 직장인에게는 숙명적이고 필수적인 업무이다.

보고의 의미는 '일에 관한 내용이나 결과를 말이나 글로 알린다'이다. 상사 입장에서 조직의 내외부 상황을 신속하게 파악하고 정확하게 객관적으로 볼 수 있는 방법이 바로 보고다. 상사의 시간은 한정되어 있어서 조직의 모든 현장과 새로운 이슈들을 구석구석 파악하는 데 한계가 있다. 그렇기에 리더는 조직의 보고에 의존해서 의사결정을 내릴 수밖에 없으며 조직의 규모가 성장할수록 보고의 중요성은 더욱 커지게 된다.

일반적으로 문제가 발생하거나 어떤 중요한 이슈가 발생할 때, 일선 현장에 있는 실무 직원들이 가장 먼저 알 수 있다. 그리고 현장 직원들이 정확하고 빠르게 객관적인 정보와 해결책들을 제안할 수 있다. 이러한 과정은 보고를 통해서 상사에게 전달되고 의사결정권자들이 정확하게 상황을 판단하고 조치를 결정할 수 있다. 이런 면에서 보고라는 것은 회사에서의 그 어떤 업무보다 중요할 수밖에 없으며, 보고를 잘하는 직원들을 조직에서는 선호한다. 그렇기 때문에 업무를 잘 처리하려면 여러 방면의 다양한 능력이 필요하지만 중요하게 판단되는 것이 바로 '보고 스킬'이다. 상사에게 보고만 잘해도 업무의 효율성을 크게 높일 수 있고 더불어 자신에 대한 상사의 신뢰도 함께 높일 수 있다.

상사는 '보고'의 고객, 의도를 파악하라

보고해야 하는 직장 상사가 여러분들에게는 어렵고 무서운 존재이다.

보고를 받으면서 여러분의 보고를 평가하고 내용에 대해 명확한 조언도 하지만, 상황에 따라서는 질책하는 경우도 자주 발생한다. 이 때문에 보고하라는 지시를 받고 나면 대부분 혼자 많이 고민하고 시간을 들여 준비하는 경우가 많다. 그러나 고민과 시간을 많이 투여한다고 해서 반드시 바람직한 결과로 나타나는 것이 아님은, 이미 여러분들이 잘 알고 있다.

만약 여러분의 업무 실적에 대한 보고나 발표를 하게 되면 내용을 어떻게 구성할 것인가? 끊임없이 노력하고 야근까지 하며 실행했던 일들에 대해 세세히 정리할 것이고, 또 좋은 성과가 나온 것부터 나열하는 경우가 일반적이다. 그러나 보고를 받는 상사는 어떻게 해서 이런 결과가 나왔고 문제는 무엇이며, 향후 어떻게 할 것인지에 대해 더 많은 관심을 가진다.

보고할 때 가장 중요한 점은 보고를 받는 상대방, 상사의 입장을 가장 먼저 생각해야 한다. 상사는 하루에도 많은 보고를 받기 때문에 모든 보고가 똑같이 중요하지 않다. 어쩔 수 없이 우선순위를 정해서 의사결정을 할 수밖에 없다. 중요한 업무 보고라 생각하더라도 보고 내용을 꼼꼼히 파악할 시간이 부족할 수 있고, 시간이 있더라도 보고한 정보와 데이터의 의미를 정확하게 파악하지 못하고 올바른 결정이 어려운 일도 있다. 상사는 여러분만큼 그 보고를 위해 많은 시간을 들여 고민하고 또 어떻게 판단해야 할지 검토하는 시간을 갖지 못했다. 상사의 그 노력과 수고를 덜기 위해 당신에게 보고 사항을 요청하는 것이다. 그래서 보고를 할 때는 상사가 판단과 결정을 할 수 있게 해야 한다. 즉, 당신이 이야기하고 싶은 내용을 보고하는 것이 아니라 상사가 알고 싶어 하는 것에 집중해야 한다. 그래서 보고는 상사의 의도를 명확하게 파악하는 것이 핵심이다.

모르면서 묻지 않는 것을 부끄러워하라

상사의 의도를 파악하기 위한 가장 좋은 방법은 질문을 하는 것이다. 그러나 상사에게 하는 질문이 막상 두렵기도 하다. '이런 질문을 해도 괜찮을까?', '이것을 물어보면 아직도 파악이 안 됐냐며 생각하지 않을까?' 이런 생각들 때문에 질문하기가 망설여진다. 그러나 상사의 의도와 어긋난 결과를 보고하는 것은 더 최악의 상황으로 자신을 몰아갈 뿐이다.

상사는 보고의 퀄리티에 관심이 높을 수밖에 없다. 보고의 완성도를 높이기 위한 질문에 더 많은 정보와 노하우를 제공하려는 기본적인 자세를 가지고 있다. 그렇기 때문에 상사에 대한 질문과 이에 대한 답변은 보고를 받는 상사의 상황을 이해하는 데 도움을 준다. 상사의 의도를 파악하기 위해 경청도 중요하지만, 상대방의 의도를 파악하기 위한 적절한 질문을 하는 것이 더 효과적이다. 질문을 하면, 상사의 관심사항, 강조할 분야, 염두에 두는 내용 등 상사의 현재 상황에 대한 정보를 얻을 수 있기 때문이다.

예를 들어 "고객 만족도 향상방안에 대해 부서별 협조사항을 도출하라는 말씀이시죠?"처럼, 상사가 한 말을 반복해서 질문하자. 이 질문을 통해서 상대의 의도를 파악하고 중요한 사항은 다시 확인할 수 있다. 추가적인 질문으로 업무의 방향에 대한 정보를 얻는 것도 좋다. 그리고 되도록 구체적이고 세분화된 질문으로 상사가 명확하게 표현하도록 질문을 이끌어야한다. 그렇게 해야 오해 없이 상사의 의도를 명쾌하게 파악할 수 있다.

상사가 우리 회사의 매출 추이와 경쟁사의 마케팅 상황 등 세부 설명이 이어진 후, 국내 패션시장의 전망 보고를 지시했다. 과연 상사는 전망에 대한 성장률, 수치 및 연구보고서의 자료들을 취합하고자 할까? 업무 지시를 받은 보고자는 보고의 방향성과 범위를 고려해서 다시 질문해야 한다.

"팀장님, 우선 국내 패션시장의 전망 보고가 필요한 거죠?"라고 반복 확인 후, "이에 따른 우리 회사의 주력 아이템 제안까지 고려하시는 건가요?"라는 추가 질문이 이어져야 한다. 아직 정립되지 못한 보고 의도를 보고자가 먼저 확인하며, 보고를 주도적으로 이끌어 가는 질문이다. 질문은 내가 이해한 바를 확인(국내 패션시장의 전망 보고) 받고, 보고 내용에 대한 범위(우리 회사의 주력 아이템 제안) 등의 협의를 끌어낸다. 이렇듯 질문을 통한 재확인 과정으로 상사의 의도 파악뿐만이 아니라 보고할 내용의 방향과 범위까지 설정할 수 있다.

하면 할수록 득이 되는 중간보고

"최신 자료조사는 잘했어, 그래서 결론이 뭐야?", "이건 배정받은 예산으로 불가해, 기획팀에 확인해 봤어야지", "내가 이렇게 하라고 했었는데, 왜 다른 방향으로 제안하는 거지?", "지난번에 보고 준비하라는 것은 어떻게 되어가고 있어?" 상사로부터 이런 말을 들어본 적이 있을 것이다. 회사 업무를 하다 보면 어쩔 수 없이 들을 수밖에 없는 상사의 피드백이다. 그러나 이러한 피드백을 언제, 어떤 시점에서 받느냐는 보고의 결과와 완성도에 큰 차이를 만든다.

상사가 원하는 보고는 어떤 것일까? 상사의 의도대로 내용이 충실하고, 마감 기한을 잘 맞춰서 완성되는 것이 핵심이다. 그러나 최종보고 이전에 중간보고를 자주 하는 것 또한 중요하다. 중간보고를 통해 사전 검토를 하고, 보완할 내용을 추가하며, 수정할 시간 등을 확보해 보고의 완성도를 높일 수 있다. 그러나 많은 직장인이 일을 시작할 때와 끝나고 나서의 결과보고는 잘하면서도, 중간보고를 소홀히 하는 경우가 많다. 본인이 준비한 내용을 검토받는 것이 두려워 그저 보고를 미루는 습관 때문이다.

중간보고는 말 그대로 최종보고 전, 업무의 진행 경과 및 보고자의 의견과 제안에 대해 보고하고 검토받는 것이다. 아무리 바쁘더라도 중간보고를 빠뜨려서는 안 되며, 중간보고는 자주 하면 할수록 득이 된다. 중간보고를 통해 업무의 방향성을 확인하고 점검할 수 있기 때문이다.

업무를 시작할 때, 질문을 통해 상사의 의도를 파악한 대로 내가 올바른 방향으로 가고 있는지 확인한다. 그리고 중간보고를 하면서 자신의 의견을 검토받고, 또 진행 중에 새로운 이슈가 나왔을 때는 방향을 수정할지 상사와 협의할 수 있다. 즉 업무의 방향이 올바르지 못하다면 중간보고를 통해 즉시 수정이 가능하며 피해를 줄일 수 있다. 만약 중간보고를 하지 않고 보고 마감일에 닥쳐서 업무 방향을 변경하면, 그동안의 노력이 헛수고로 돌아가고, 시간이 부족해 제대로 된 보고가 불가능할 것이다. 중간보고는 배가 산으로 가지 않도록 원만한 항해를 하게 하며, 하면 할수록 이득이 된다.

중간보고는 꼭 대단한 형식을 갖출 필요는 없다. 업무 상황이 바뀔 때 구두로 즉시 보고하는 것도 방법이며, 간단한 문서나 메일로 보고해도 무방하다. 중요한 것은 상사가 정확하게 파악할 수 있도록 진행 중인 업무 내용, 진행 정도, 일정 등을 포함해 핵심 내용을 요약하고 간추려 보고해야 한다. 그리고 중간보고의 목적은 상사와 충분히 소통하여 실패를 줄이려는 의도이다. 그래서 문제가 발생할 때까지 놔두는 것보다 문제가 발생하기 전에 미리 보고해야 한다. 문제가 발생하면 책임자로서 스스로 최대한 해결해보려고 하다가 해결이 어려우면 그때서야 보고를 한다. 이러면 문제가 더 악화될 뿐이다. 문제가 발생하기 진에 미리 중간보고로 검토하고, 상사를 비롯해 여러 사람이 힘을 모아야 더욱 쉽게 문제가 해결될 수 있다. 추후 문제가 발생하지 않도록 점검하는 중간보고가 업무의 실패를 줄이는 최고의 방법이다.

보고의 핵심 내용과 구성을 여러분의 생각만으로 만들어지면 상사의 의도와는 전혀 다르게 만들어진다. 당신만의 창의성과 참신함이 담겨서 기존의 틀을 깨보려는 욕심도 충분히 이해한다. 하지만, 이 역시 상사의 고려 범위 안에서 이루어져야 빛을 발하게 된다. 보고를 받는 상사를 고객이라 생각하라. 고객을 분석하고 분류해서 고객의 needs를 파악하기 위해 우리는 얼마나 많은 노력을 하는가. 보고를 받는 상사의 의도를 파악하는 것은 고객을 분석하는 것과 다르지 않다. 보고를 받는 상사 입장에서 원하는 것을 파악하는 것이 우선이고, 이를 위해 모르면서 묻지 않는 것을 부끄러워하라. 중간보고를 두려워 말고, 이를 통해 상사의 의도와 맞춰가며 올바른 방향을 수립하는 데 노력과 시간을 더 많이 투입하라. 결국엔 '일머리'가 좋은 '일잘러' 직원으로 인정받게 될 것이다.

05 '같이'의 가치를 배우다

치열한 경쟁 상대를 파트너로

우리가 학교와 학원에 다니면서 시작된 경쟁은 대학 진학을 위한 성적 경쟁으로 이어진다. 막상 대학에 들어가서도 학점, 어학연수 등 좋은 스펙을 만들어 취업 전장에 나설 태세를 갖춰야 한다. 여기가 끝이 아니다. 수백 대 일의 경쟁률을 뚫고 입사하면 적잖은 업무가 기다린다. 성과에 대한 부담감이나 승진 경쟁이 만만찮고 경직된 조직문화에 우리가 겪는 피로감도 이만저만이 아니다.

이런 경쟁 문화의 피로감에서 우리를 도와주는 것은 바로 동반자, 동료로 표현되는 파트너이다. 최근에는 치열한 경쟁을 하는 기업들 사이에서도 파트너십 계약을 체결했다는 뉴스를 자주 접하게 된다. 첨단 과학기술 분야뿐만이 아니라, 유사한 제품과 동일한 고객층을 두고도 서로 협력을 하는 경우가 많다. 산업 분야 외에도 정치, 단체, 국가 간 등 사회 전 영역에서 파트너십이 맺어지고 있다. 우리는 인생을 살면서 많은 동료들 그리고 경쟁자들을 만나며 살아왔다. 이들과 어떤 관계로 발전시켜야 하는지, 어떤 시너지를 발휘해야 상생하며 성과에 도움이 되는지, 건강한 경쟁과 파트너십 효과에 대해 생각해 볼 때다.

라이벌Rival이란 말은 강을 의미하는 리버river에서 유래한다. 원시시대에 강을 사이에 둔 두 부족은 같은 강물을 마시고 그 물로 농사를 짓고 또 같은 공간에서 고기잡이를 해야 했다. 서로 싸울 수밖에 없었고 끊임없이 경쟁해야 하는 관계이다. 라틴어에서 유래된 라이벌은 '하나의 목적을 두고 싸우는 사람들'이라는 의미로 발전했다.

한국 프로야구의 수준을 한 단계 끌어 올린 최고의 라이벌이 있었다. 국민타자, 라이온킹 이승엽 선수는 과거에도, 현재에도 독보적인 존재감을 지닌 타자였다. 이승엽 선수는 2002년 한 시즌 홈런 47개를 쳐서 홈런왕에 올랐다. 당시의 라이벌인 헤라클레스 심정수 선수는 46개, 단 한 개 차로 2위에 머물렀다. 이듬해인 2003년 이승엽 선수는 56개의 홈런을 기록하며 아직도 깨지지 않는 최다 홈런 기록을 세웠다. 이 시즌에도 홈런 2위는 심정수 선수였으며, 그 차이는 단 3개였다.

야구 전문가들은 '당시 심정수라는 훌륭한 라이벌이 없었다면 이승엽 선수도 기록을 세우는 데 어려움을 겪었을 것'이라고 평가했다. 두 시즌 동안 이승엽 선수와 심정수 선수 덕분에 한국 프로야구는 역대 가장 흥미진진하고 강력한 홈런 경쟁으로 인기를 끌었다. 또한, 치열한 라이벌로서 경쟁을 한 두 선수는 단순히 상대방을 이기고 꺾어야 하는 경쟁자가 아니었다. 이들은 서로에게 긍정적인 자극으로 더 높은 성과를 달성할 수 있었다.

스티브 잡스와 빌 게이츠의 경쟁으로 PC 시장이 급속도로 발전했다. 삼성과 애플의 라이벌이 있기에 소비자들은 매년 최신 기능의 스마트폰을 이용할 수 있으며, 오프라인의 대형 마트가 온라인쇼핑몰과 경쟁하기에 더욱 편리한 서비스가 출시되고 있다. 어떻게 보면 회사와 조직의 성장을 위해서는 '라이벌'의 존재가 필수적이다. 회사에서도 다를 것이 없다. 다른 팀과 동료와의 선의의 경쟁은 조직 전체의 경쟁력과 성과를 더욱 높일 수 있는 자극제가 된다. 이들을 적대적인 관계로만 설정할 것이 아니라, 어떤 관계로 발전시켜야 전체의 성과를 달성하는 데 도움이 되는지 경쟁에 대한 새로운 관점이 필요하다.

같이의 가치, 효과를 극대화하는 파트너십의 특징들

회사 생활에서 직장 동료 혹은 경쟁사와 경쟁을 펼쳐야 할 때도 있지만 파트너십을 맺어야 할 경우도 자주 있다. 파트너십이란 둘 또는 그 이상의 조직이나 집단이 공동의 목적을 달성하기 위해 업무나 정보 등 여러 가지 자원에 대해 자발적으로 연합하는 것을 의미한다. 다시 말해 공동의 목적을 위한 서로 간의 협력 '관계'를 설명하는 말이다. 기본적으로 파트너십은 혼자 하는 것보다 같이하는 것이 유리하며 함께 함으로써 장점을 더 높일 수 있다. 효과를 극대화하는 파트너십의 특징은 다음과 같다.

① 파트너십은 둘 이상의 참여자가 자율성을 가진 이해 당사자로 참여 해야 한다

파트너십으로 맺어진 참여자들은 서로에게 소속되거나, 주종관계로 맺어지는 것이 아니다. 서로 각자의 능력을 마음껏 발휘할 수 있도록 상호 간 자율성이 보장되어야 한다. 반면에 자율성이 보장된다는 것은 공동의 목표가 변경되거나 상호 간 이익이 배치될 때는 언제든지 파트너십이 종결될 수 있다는 뜻이다. 그러므로 파트너들은 공동의 목표를 달성하기 위해 함께 매진하고, 달성한 혜택을 함께 누릴 수 있는 동등한 이해 당사자로서 참여해야 한다.

패션업계는 다양한 브랜드들 간의 콜라보 제품들을 개발하며, 파트너십을 십분 활용하고 있다. 기존의 콜라보는 유명인Celebrity의 네임밸류만을 이용하는 형태였다. 그러나 이제는 이들을 단순한 전속 모델로 활용하는 수준을 넘어, 브랜드에 대한 애정과 열정을 갖고 좀 더 깊게 관여하며 브랜드를 함께 만들어가는 동반자, 파트너십으로 발전했다. 셀럽이 직접 상품 기획 단계부터 제품 디자인까지 참여하여 적극적으로 아이디어를 제시하고 본인의 재능을 콜라보 제품에 담아내기 위해 동등한 파트너십 관계로 이루어지고 있다. 나이키와의 콜라보 제품으로 빅히트를 친 미국의 래퍼 트래비스 스콧Travis Scott이나 지드래곤 역시 제품 디자인에 적극적으로 참여해 나이키와 동등한 참여자로 파트너십을 유지하고 있다.

② 상호작용과 협력의 시너지 효과가 지속되어야 한다

파트너십을 필요로 하는 이유는 더 나은 성과를 창출하기 위해 본인의 부족한 역량을 보완하기 위함이다. 즉, 개인이나 개별 기업이 단독으로 업무를 추진했을 때 거둘 수 있는 성과보다 파트너의 도움을 바탕으로 성과의 향상이 있어야 한다. 그리고 파트너 간의 이해관계가 맞아떨어져 당사자들의 성과가 모두 향상되었을 때 진정으로 기대되었던 파트너십의 효과가 나타난다. 따라서 시너지가 발휘되는 파트너십만이 성공적인 파트너십이 된다. 지속적으로 상호작용과 협력의 시너지가 바로 파트너십의 핵심이다.

최근 장난감 브랜드인 레고 그룹이 글로벌 의류 브랜드 리바이스와 파트너십을 체결했다. 청바지, 셔츠, 액세서리 등 리바이스의 의류 제품에 실리콘 소재의 레고 블록을 부착했고, 자유롭게 블록을 끼워 넣으며 자신만의 개성이 담긴 디자인을 할 수 있게 만들었다. 장난감과 의류라는 이질적인 업계이지만 이들이 서로 협업하여 소비자들이 자신만의 개성을 표현할 수 있는 새로운 제품들을 선보였고, 이 시너지로 인해 고객에게 높은 호응을 얻을 수 있었다. 리바이스는 레고 블록을 적용한 신제품으로 타사 브랜드와의 차별성을 확보했으며 레고는 이 파트너십으로 생각하지 못했던 의류 제품에서 소비자들에게 블록 놀이에 대한 상상력과 향수를 불러일으킬 수 있었다.

③ 파트너들 간의 활발한 커뮤니케이션이 필수적이다

공동의 성과를 달성하기 위해서는 파트너 간 신속하게 서로의 입장과 문제점 등을 주고받고 이를 해결해야 한다. 물론 발생한 문제점을 소통만 한다고 해서 직접 해결이 되는 것은 아니지만, 활발한 커뮤니케이션을 바탕으로 문제점들을 신속히 파악해야 이를 해결할 수 있는 토대가 될 수 있다.

성공적인 파트너십을 진행하려면, 파트너와의 공식적, 비공식적 커뮤니케이션 채널을 적극적으로 활용해야 한다. 그리고 이를 통해 각 파트너의 역할과 책임을 명확하게 인식해야 한다. 중요한 것은 이러한 커뮤니케이션이 지속적이고 원활해야 한다는 것이다. 만약 한쪽이 기술, 마케팅 등 어떤 정보가 필요하거나, 이와 관련해 문제점을 해결하고 싶다는 니즈가 있을 수 있다. 그러면 즉각적으로 파트너와 컨택하고 관련 정보를 공유해야 한다. 개인이 아니라 파트너 기업들 사이의 커뮤니케이션은 이를 담당할 전담 조직을 설치함으로써 더욱 효율적으로 커뮤니케이션을 진행할 수 있을 것이다.

파트너십의 함정, 링겔만 효과

파트너십 또한 몇 가지 문제점을 가지고 있다. 파트너십이 조직 내 갈등만 유발하고 업무 효율성을 떨어뜨리는 경험도 있었을 것이다. 파트너십은 동등한 관계로서 자율성을 가진 이해당사자로 참여해야 하지만, 평등하고 수평적인 파트너십이 아닌 경우도 많기 때문이다. 동등한 파트너십이라고 하지만 현실에서는 비대칭적 관계가 발생하며, 이러한 파트너십 관계에서는 더 중요하게 생각되는 자원을 제공한 당사자가 더 큰 영향력을 갖게 되는 경우가 발생한다.

또한, 파트너로서 함께 한다는 명분 하에 자신의 역할에 충실하지 않은, 책임 전가의 문제점도 자주 발생한다. 파트너 간 시너지 효과가 나오지 않고, 링겔만 효과Ringelmann effect만 발생되는 것이다. 링겔만 효과는 구성원의 증가와 집단의 역량이 반비례하는 현상을 말한다. 파트너십의 협력과 상호보완을 통해 1+1을 2 이상으로 만드는 것이 시너지 효과라면, 1+1이 2가 되지 못하는 그 반대의 현상을 말한다. 혼자서 일할 때는 100의 역할을 하는 구성원이 집단 속에서 함께 일할 때 이에 미치지 못하는 성과를 내는 현상이 발생하는데 이를 조직 심리학에서는 '링겔만 효과'라고 한다.

독일의 막스 링겔만Max Ringelmann 실험에서 비롯된 개념으로 링겔만은 집단에 속해있는 개인의 공헌도를 측정해 보기 위해 줄다리기 실험을 했다. 한쪽 끝에는 힘을 측정하는 장치를 설치하고, 반대편에서 실험참가자들이 줄을 당겨서 힘을 측정하는 실험이었다. 개인이 당기는 힘의 크기를 100이라고 한다면, 2명일 때는 200, 3명일 때는 300, 8명일 때는 800의 힘이 측정될 것이라 기대했다.

그러나 실험 결과는 그룹별 줄 당기는 힘은 개개인의 힘의 합보다 작았으며, 집단이 커질수록 그 격차도 점점 벌어졌다. 구성원이 많아질수록 그 수치가 더욱 작아진 것이다. 2명으로 이루어진 그룹은 기대치의 93%, 3명 그룹은 85%, 그리고 8명으로 이루어진 그룹은 겨우 49%의 힘의 크기만 작용한 것으로 밝혀졌다. 즉 그룹 속에 참여하는 개인의 수가 늘어날수록 1인당 공헌도가 오히려 떨어지는 현상이 발생했다.

이는 혼자서 일할 때보다 둘 이상이 함께할 때 노력을 덜 기울이기 때문이다. 즉, 그룹의 구성원들이 자신의 역할에 대한 의미나 가치를 찾지 못할 때 나타난다. '나는 팀에 기여하는 바가 크지 않은 것 같아'라거나 '내가 없어도 팀이 활동하는데 영향이 없네'라는 생각으로, 자신의 역할에 대해 가치를 느끼지 못하기에 의욕 저하로 이어진 것이다. 이렇게 의욕이 떨어지면 공동으로 달성해야 할 목표에 적극적인 노력을 기울이지 않게 되고 이때문에 링겔만 효과가 발생한다.

우리 주변에서도 이런 광경은 쉽게 볼 수 있다. 학창시절 여러 명과 팀 과제를 진행하다 보면 프리라이더가 나오게 되고, 한두 명이 과제를 책임지고 발표하는 경우가 있다. 축구나 야구 등 프로팀에서도 최고의 실력을 지닌 스타 플레이어만을 모아서 드림팀을 구성하지만, 의외로 저조한 성적으로 머무르는 경우를 자주 봤을 것이다.

그러함에도 파트너십은 현대 사회에서 효과적이고 필수적인 업무방식이다. 이제는 혼자 모든 것을 다 할 수 있는 환경이 아니다. 파트너들과 정보를 공유하고 부족한 부분을 보완하며 서로의 강점을 활용해 경쟁력을 확보해야 한다. 경쟁, 'Competition'은 라틴어 'Compedare'를 어원으로 하는 '같이 찾다'라는 의미이다. 즉, 적과의 싸움이 아니라 함께 공동의 목표를 추구하는 파트너십이라는 의미이다.

이제는 스마트폰을 만들기 위해 경쟁사의 디스플레이 부품을 공급받고, 자사의 노하우가 적용된 반도체를 제조하기 위해 경쟁사와 파트너십을 체결한다. 이러한 상황에서 경쟁의 의미는 서로 다투고 싸우면서 상대로부터 무언가를 빼앗는 부정적인 의미에서 벗어나야 한다. 경쟁은 상대방에게서 무엇을 빼앗는 것이 아니라 새로운 환경에 맞는 올바른 관계를 만들어, 더 나은 상황을 구축하고 새로운 가치를 지향하는 것으로 생각해야 한다. 따라서 경쟁 상대를 완전히 고사시키겠다는 생각보다 선의의 경쟁을 통해 상대적 우위에 설 수 있는 역량을 만들고 확보하는 것에 집중해야 한다. 나아가 경쟁자와 파트너십을 가지고 함께 공동목표를 추구하는 것이 장기적으로 유리하고 바람직한 경쟁, 시너지를 극대화하는 파트너십이 될 수 있다.

06 배움에는 직급과 나이가 없다 - 리버스 멘토링

구찌(Gucci)를 부활시킨 리버스 멘토링

1921년에 설립된 100년 전통의 명품 브랜드 구찌가 가장 핫한 브랜드로 다시금 부활하고 있다. 2015년 구찌의 매출은 39억 유로(약 5조1082억 원)로 전년도와 큰 차이를 보이지 않았다. 하지만 2019년에는 96억 유로를 달성해 4년 만에 매출이 무려 두 배 넘게 올랐다. 구찌가 이렇게 화려하게 부활하리라고는 아무도 예상하지 못했다. 2014년 당시, 5년 넘게 매출이 감소하고 고급 브랜드가 아니라 보급형 브랜드로 전락할 위기를 맞이했었다. 이러한 정체는 명품 시장의 주 고객이 중장년층에서 젊은층으로 변화하는 현실을 외면하고, 과거 구찌의 성공을 이끌었던 유럽 귀족 스타일의 이미지와 컨셉을 고수했기 때문이었다. 20~30대의 젊은 고객들은 구찌를 '비싼 데다 촌스럽기만 한 브랜드'로 보고 있었다.

위기 상황 속에서 2015년에 구찌의 새로운 CEO로 마르코 비자리Marco Bizzarri가 임명되었다. 그는 '급격한 변화의 시대에 구찌는 과거의 성공 경험에 빠져 시대에 맞지 않는 제품을 만들고 있다. 패션의 본질인 창의성으로 다시 돌아가야 한다'고 강조했다. 그리고 그가 짚어낸 위기의 근본 원인은 '시장의 변화, 특히 젊은 고객의 니즈 파악 실패'였다.

이를 극복하기 위해 젊은 소비자의 취향을 제대로 파악하기 위해 이들을 가장 잘 아는 30세 이하의 핵심 직원들로 그림자위원회shadow board를 구성했다. 그리고 위원회 멤버들은 CEO를 비롯한 시니어 경영진과 주기적으로 만나 기성세대는 생각하기 어려웠던 신선한 이야기를 전달했다. 선후배 사이에서 멘토와 멘티가 뒤바뀐 리버스 멘토링reverse mentoring을 구성한 것이다.

비자리 CEO는 매주 임원회의에서 논의된 주제를 그림자위원회로 고스란히 넘겨 다시 토론하게 했다. 그림자위원회는 매번 임원회의와는 전혀 다른 결과물을 내놓고 젊은 감각에 맞는 새로운 전략을 제안했다. 그림자위원회의 첫 결과물로 여행, 게임, 한정판, 예술 등 다양한 콘텐츠를 제공하는 소비자 참여형 App인 '구찌 플레이스'를 런칭했다. 이 여행 App은 구찌 브랜드의 취향과 가치를 반영한 전 세계 곳곳의 장소를 찾아내고 고객에게 소개한다. 예를 들어 고객이 영국 더비셔의 채스워스 하우스를 여행하다가 구찌 플레이스가 가까워지면 App에서 알람을 보낸다. 그리고 2017년 화보 촬영한 곳이라는 소개와 관련 스토리, 구찌와의 역사를 소개한다. 게임 아이템처럼 해당 장소를 방문하면 배지를 수집할 수 있고, 이곳에서만 판매하는 한정판 컬렉션을 구입할 수 있다.

이어 그림자위원회는 다른 명품 브랜드가 희소성을 강조하는 것과 달리 디지털 친화력을 높이기 위해 인스타그램, 페이스북, 유튜브 등 다양한 SNS 플랫폼을 활용하도록 조언했다. 밀레니얼 세대에게 익숙한 비디오 콘텐츠에도 과감히 투자하자고 주장했다. 오랜 시간 브랜드 이미지를 대표하던 유명 연예인 대신에 인플루언서와 협업해 마케팅을 펼치도록 했다. 회사는 이들의 제안을 적극 수용했고, 상당한 결실을 맺었다.

또한, 구찌 임원회의는 가죽 가방 제조 공정에서 나오는 수많은 폐기물을 줄이느라 오랫동안 골머리를 앓아왔다. 이에 대한 그림자위원회의 해법은 간단했다. 구찌 라인업에서 가죽 제품을 제외하는 것이다. 반려동물을 가족으로 여기는 신세대를 위해, 구찌의 제품군에서 모피를 철수한 것도 그림자위원회의 아이디어였다. 생명윤리와 동물복지를 중시하는 젊은 세대 가치관을 반영해 2018년 컬렉션부터는 모피 의류를 인조가죽인 에코 퍼eco fur 제품으로 대체했다.

이에 대한 소비자들의 반응은 즉각적이었고, 구찌에 열광하기 시작했다. 2019년 매출의 62%가 새로 유입된 신규고객에서 나왔다. 그림자 위원회의 최신 감각과 그에 걸맞은 디지털 기술이 만나 구찌의 화려한 부활을 끌어낸 것이다.

리버스 멘토링의 기대 효과

리버스 멘토링이란 멘토 위치를 뒤바꾸는 것이다. 부하가 상사, 후배가 선배의 멘토가 돼 젊은 세대의 감각과 취향을 머리, 몸, 가슴으로 느끼게 하는 역발상 소통방식이다. 앞서 구찌의 사례처럼 후배에게서 영감을 받거나 가르침을 얻는 것이다. 선배가 후배를 가르치는 기존 멘토링의 반대 개념으로 후배에게서 젊은 사람들의 감각과 아이디어를 배울 수 있다.

리버스 멘토링은 미국의 대표 기업 제너럴 일렉트릭GE의 잭 웰치Jack Welch로부터 시작됐다. 1999년 영국 출장 중 말단 직원으로부터 인터넷의 중요성을 설명받고 잭 웰치는 충격을 받았다. 출장 직후 500명의 임원에게 후배들로부터 직접 인터넷 사용법을 배우며 멘토로 삼으라고 지시했고, 잭 웰치 본인도 20대 직원의 멘티가 되었다. 이를 리버스 멘토링이라 명명한 것이다.

리버스 멘토링은 젊은 직원이 멘토가 되어 멘티인 경영진을 코칭하고 조언한다. 멘토링은 1:1 진행이 일반적이지만, 리버스 멘토링은 多(멘토):1(멘티), 多:多의 그룹 멘토링으로 운용하는 등 형식에 얽매이지 않고 다양한 방식을 적용한다. 리버스 멘토링은 그 효과성을 인정받아 Estee Lauder, IBM, Microsoft, Shiseido 등 여러 기업에서도 적극적으로 운영하고 있다.

시장 트렌드를 신속하게 이해할 수 있다

기업은 리버스 멘토링을 통해 시장과 고객 동향을 신속하게 파악할 수 있다. 프랑스 아코르 호텔Accor Hotels은 숙박 공유업체 에어비앤비의 급성장으로, 여러 대책안을 강구했지만, 별다른 성과를 내지 못했다. 그래서 창의적인 아이디어로 차별화된 비즈니스 모델을 개발하기 위해 젊은 직원들로 이뤄진 리버스 멘토링을 만들었다. 이 리버스 멘토링에서 밀레니얼 세대를 겨냥한 브랜드 '조앤조Jo&Joe'가 탄생했다.

조앤조는 외부에 개방적이고 공유와 자발성, 경험을 소중히 하는 트렌드 세터들을 위한 이코노미 호텔 브랜드로 기획됐다. 고객 수와 특성에 따라 요리도 직접 해 먹을 수 있으며 기존 호텔에서 볼 수 없었던 새로운 콘셉트의 다양한 룸과 서비스를 경험하고, 해당 지역의 식재료를 활용한 메뉴도 합리적인 가격에 즐길 수 있다. 또한, 지역 주민들과 여행객들의 활발한 교류를 제공해 사교와 엔터테인먼트 공간으로 지역 사회를 활성화한다. 리버스 멘토링의 새로운 시도로 아코르는 전통적인 숙박업에서 젊은

층과 교감하는 라이프스타일 브랜드로 변신할 수 있었다.

화장품 브랜드 Estee Lauder는 2가지 형태의 리버스 멘토링으로 시장의 변화와 트렌드를 파악하고 있다. 하나는 회사 내부 젊은 직원들을 활용한 리버스 멘토링이다. 이 프로그램에서는 임원과 젊은 직원을 연결시켜, 매달 'Retail Immersion Days'를 진행한다. 이때 밀레니얼 세대의 취향에 대해 학습하고, 최근 젊은 세대에게 인기 있는 핫 플레이스들을 함께 방문하여 시장의 변화 트렌드를 학습한다. 다른 하나는 외부 젊은 컨설턴트와 경영진 간의 리버스 멘토링이다. 경영진은 외부의 젊은 컨설턴트와 매칭되어, 고객과 시장 변화에 대해 주기적으로 논의하고, 마케팅 전략 등에 관한 조언과 논의를 하고 있다.

경직된 조직문화에서 혁신을 이끌어낸다

점점 다양한 세대들이 회사 조직으로 합류하게 되면서, 기존의 권위적인 조직 운영과 의사결정 방식이 조직 내에서 갈등을 일으킨다. 특히, 밀레니얼 세대의 비중이 점점 더 늘어나지만 세대 간 서로의 이해도가 낮아서 경영진과 직원들과의 소통이 중요한 이슈로 부각 됐다. MZ 세대의 사고방식을 이해하고, 이에 맞는 조직 운영 방식으로 변경하는 것이 중요해졌다. 이에 따라 자기 주도적으로 의견을 내는 이들의 특성을 반영해 조직문화를 개선하는 리버스 멘토링이 활용되고 있다.

최근 리버스 멘토링을 도입하는 국내기업들이 많아졌다. 통신사, 엔터테인먼트, 소비재뿐만이 아니라, 금융권, 건설업, 공공기관까지 다양한 분야에 걸쳐 진행된다. 각각의 목적이 다르겠지만, 여러 세대가 공존하며 즐겁게 일할 수 있는 기업문화 조성의 목적이 있다. 경영진과 MZ 세대 간의 리버스 멘토링으로 경직된 조직문화를 혁신하는 것이다.

이들 기업은 젊은 세대와 경영진과의 직접적인 소통 채널을 만들어 세대 간 이해도를 높이고 권위적인 조직문화의 개선을 도모한다. '주니어 보드', 'XYZ 컬쳐팀' 등의 프로그램을 구성해 세대 간 소통 활성화를 목표로 정기적인 리버스 멘토링을 진행한다. 이 세션에서는 일하는 방식의 변화 등 새로운 조직문화 트렌드에 대해 이야기를 나누면서, 경영진은 밀레니얼 세대의 가치관을 이해하고 자신의 의사소통방식에 대해 성찰하는 기회를 얻게 된다.

경영진의 디지털 역량 강화

최근 많은 사업 영역에 디지털 전환이 적용되면서, IT 기술을 능숙하게 다루고 또 언제 어떻게 활용할지를 아는 디지털 역량이 중요해졌다. 다양한 디지털 제품과 AI, 빅데이터 등 IT 기술의 발전으로 새로운 서비스들이 쏟아지고 있다. 연령이 높은 임직원들은 이를 따라가기가 벅차다. 그래서 기업들은 경영진의 IT 활용 능력을 높이고 회사 내 디지털 기기 사용을 활성화하기 위해 리버스 멘토링을 진행한다. 잭 웰치 역시, 리머스 멘토링을 시작한 것도 당시의 새로운 디지털 기술이었던 인터넷 때문이었다.

이는 간단한 스마트폰 기술뿐만이 아니라, 전문영역인 R&D의 신기술 학습에도 리버스 멘토링이 가능하다. 예전의 프로그램에 익숙한 고참 프로그래머의 경우, 새롭게 업데이트되는 ICT 기술 및 사용 방법을 가르쳐 줄 수 있는 젊은 직원에게 멘토링을 받고 멘토와 멘티 둘 다 성장할 기회를 만들 수 있다. 생활용품 업체인 P&G는 '멘토링 업(Mentoring Up)'이라는 프로그램을 통해 경영이나 관리 활동에는 능통하지만, 의약이나 제품 관련 지식이 부족한 경영진을 위해 연구소의 연구원들을 1 대 1로 매칭시켰다. 이를 통해 생명공학 기술이 실제 사업과 어떻게 연계되고 운영되는지에 대한 지식을 전수한다.

이외에도 리버스 멘토링을 통해 다양성을 존중하는 문화 형성, 인재를 육성하는 기회 확대 등의 효과를 얻을 수 있다. 물론 멘토로 참여하는 젊은 세대의 동기부여, 소속감 강화 등 개인 차원에서의 긍정적인 효과도 얻을 수 있다. 이처럼 리버스 멘토링은 여러 가지 장점을 제공하며 새롭게 등장하는 기술이나 외부의 신선한 아이디어를 학습할 수 있는 기회가 된다.

不恥下問(불치하문), 자기보다 신분이 낮거나 어린 사람에게 묻는 것은 수치가 아니다

공자가 귀한 구슬을 선물 받았는데, 그 구슬은 희한하게도 구멍이 아홉 개이고 또 굽어 있었다. 이리저리 궁리해서 구슬에 실을 꿰어보았으나 너무 어려워서 포기하다시피 했다. 어느 날 공자가 진陳나라를 지나가게 되었는데, 마침 뽕을 따는 아낙네들을 만나자 그 구슬 생각이 났다. 이들이 혹시 구슬에 실을 꿰는 방법을 알 수도 있겠다고 생각한 공자가 물어보자, 한 아낙네가 답을 했다. 그녀는 구멍 한쪽에 꿀을 묻혀 놓고 허리에 실을 묶은 개미를 다른 구멍으로 넣어보라고 했다. 그러자 개미는 꿀 냄새를 맡고 계속 구멍으로 들어가 이윽고 구슬의 다른 구멍으로 나와서 실이 꿰어졌다.

불치하문, 궁금한 것을 묻되 자기보다 신분이 낮거나 나이가 어린 사람에게 묻는 것을 부끄러워하지 말아야 한다는 뜻이다. 자신보다 지위가 낮거나 능력이나 학식이 자신만 못한 사람이라 할지라도 자신이 모르는 것을 알 수도 있기에, 모르는 것을 묻는 것은 부끄러울 것이 없다. 현대를 사

는 우리에게 배우는 일에 있어 나이나 신분은 크게 중요하지 않으며, 다시 말해 겸허한 자세로 배움을 좋아해야 한다.

여러분들은 회사에 입사 후 멘토에게 많은 가르침과 조언을 받으면서, 회사에 빨리 적응하고 역량을 개발하는 데 도움을 받았다. 또한, 젊은 사원들은 경영진이 접하기 어려웠던 생생한 지식과 정보를 빨리 체득하고, 이를 전달할 뿐만 아니라 신선한 자극을 동시에 제공할 수 있어야 한다. 이제 여러분들은 멘티로서 멘토의 경쟁력을 향상시켜 회사 조직의 생동감과 활력을 일으킬 수 있는 준비를 해야 할 것이다.

고민 사례 2 예스맨에서 벗어나고픈 장 대리

"

입사한 지 어느덧 5년 된 대리입니다. 저는 지원부서에만 쭉 있었고, 업무 특성상 다른 팀과의 업무협조 요청이 많습니다. 회사가 탄탄하게 성장하고 있어서 후임들도 매년 많이 들어오고 있고, 그래도 아직 누군가에게 일을 주는 것보다 제가 다 도맡아 일하는 경우가 많습니다. 사실 지금껏 '나 하나 희생하면 그만이지' 하고 그냥 주위에서 요구하는 부탁들을 다 들어주었는데, 계속 그렇게 일을 하다 보니, 후배들마저 당연히 제가 일을 다 해줄 거라고 기대하는 것 같습니다.

최근에 과장님이 제 후배인 A 대리에게 일을 맡기셨습니다. 그런데 A 대리가 자기 밑에 있는 사원에게 보고서를 작성하라고 일을 시키면서 어려우면 저에게 부탁하라고, 장대리님이 알아서 잘해줄 거라고 했다더군요. 속으로는 A 대리를 혼쭐내주고 싶었으나 중간에서 사원이 난처할까 봐 그러지도 못하고 또다시 그 일을 제가 맡아서 도와주었습니다.

이렇게 하다 보니 모든 일이 저에게 다 떨어지는 것 같고, 제가 마치 '속없는 사람'처럼 비치는 것 같아 답답할 따름입니다. 제가 다른 사람의 요청을 거절하면 그 사람이 저를 안 좋게 평가하지 않을까 하는 두려움도 사실 있습니다. 그 두려움 때문에 누군가의 요청을 거절하는 게 쉽지 않은 것 같기도 하고요. 어떻게 하면 좋을까요?

"

　스스로 주변 사람들과의 관계에서 '수용'과 '거절'의 적절한 균형점을 만드는 것이 중요합니다. 상대적이긴 하지만 회사에서의 업무는 거절하기 힘들 때가 많을 수 있습니다. 이럴 때는 당장 손해 보는 듯해도 장기적인 관점에서 볼 때 '신뢰'나 '평가' 측면에서 긍정적인 효과를 얻을 수도 있습니다. 그러므로 업무를 맡는 게 손해라기보다는 미래의 자신을 위한 투자로 생각해 보십시오.

　다만, 협조 요청이나 업무 요청에 대해 '요청하는 사람'과 '요청 업무'를 분리해서 생각해 보십시오. 혹시 장 대리님이 업무 요청을 거절했을 경우, 장 대리님은 업무에 대해 거절한 것인데, 상대방이 자신을 무시하거나 외면했다고 오해할 수 있겠다고 생각하지는 않으셨는지요? 그래서 주변 사람들의 요청을 무조건 다 들어주지는 않았는지 되새겨 보십시오.

　장 대리님은 상대방이 오해할까 싶어 걱정이 앞설 뿐입니다. 시간과 노력의 총량은 정해져 있으며, 이는 다른 사람들도 모두 알고 있습니다. 업무 요청을 받을 때, 우선 장 대리님의 현재 업무와 상황을 충분히 설명하십시오. 거절의 이유를 납득시키고, 더 나아가 도움이 될 다른 대안을 제시한다면 상대방의 오해 없이 원만한 거절을 할 수 있습니다.

조직에서의 '좋은 사람'은 모든 것에 '예스'를 하는 사람이 아닙니다.

진짜 '좋은' 사람은 장기적으로 좋은 평가를 받을 때 가치가 있습니다. 일시적인 소통에서 양보와 갈등 회피를 통해 관계에서 발생하는 마찰을 피할 수는 있어도 본인이 감당할 수 없을 만큼의 많은 업무를 떠맡음으로 인해 오히려 팀 성과에 좋지 않은 영향을 미칠 수 있음을 알아야 합니다.

조직은 특수한 목적을 가진 사람들의 모임이므로 엄밀히 얘기하면 누구도 '좋은' 사람이 되기 어려울뿐더러 그렇게 평가받는 것이 의미가 없을 수 있습니다. 목적에 맞게 나의 업무를 올바로 처리하는 것이 가장 중요한 가치일 수 있기 때문입니다.

평소에 거절하지 못했다면 완곡하게 거절하는 것부터 연습해보는 것이 좋습니다. '도와주고 싶은 마음은 간절하나 현재 걸린 일 때문에 그것에 투여할 물리적 시간이 부족하다'라고 표현하거나, '미안하지만 내가 처리하기 어려운 일인 것 같다' 등의 말을 입으로 소리 내 연습해보십시오. 거절도 익숙해져야 할 수 있고, 아주 작은 요청이라도 거절을 해보시기 바랍니다. 물론 어투는 최대한 정중하게, 관계나 감정이 상하지 않도록 유의하면 됩니다. 오히려 본인 업무에 집중하게 되어 유능하다는 평가를 받게 되면 이전보다 더 나은 관계도 형성될 수 있을 것입니다.

이 코치

　냉정하게 생각해봐야 합니다. 내가 거절하면 정말 그 일을 해낼 수 없을 것 같은가? 자문해보고 만약 그렇다면 본인의 업무 과정에 저해되지 않는 선 내에서 말 그대로 '도와주도록' 합니다. 상대방이 도움 이상을 요구하는 경우, 업무의 주체가 누구인지 명백하게 밝히는 과정도 반복해야 합니다. 상대방은 그동안 물심양면 대신 업무를 해주던 경험에 기대어 이번에도 대신해줄 것이라 기대할 것입니다. 따라서, 도와주기로 했다면 도와주기 이전, 어디까지는 도와줄 영역이고 어디까지는 그렇지 않은 지에 대한 영역도 명확히 하여 서로 합의해야 합니다. 아울러, 도와주기로 한 영역 이상은 도와줄 수 없다고 딱 잘라 말해보면 어떨까요? 당신이 현재 소화하고 있는 업무의 양도 더불어 밝혀, 상대방이 더 많은 도움을 기대하지 못하도록 사전에 명확히 선 긋기를 하는 것도 도움될 것입니다.

　현재 내가 하는 일만으로도 벅차다면 도와주지 않는 것이 더 바람직합니다. 감당하지도 못할 일에 매여 있다가 자칫 나의 일도, 그의 일도 제대로 완성하지 못하여 더 큰 사달이 날 수도 있음을 잊지 맙시다.

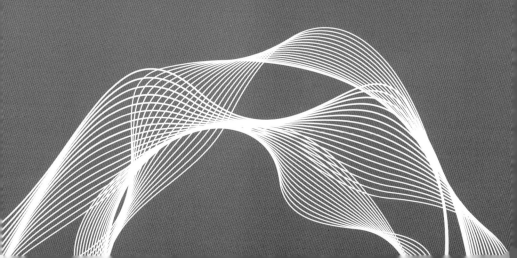

3장

직장인은
성과로 표현한다

07 바보야, 중요한 것은 실행이야

실행의 첫걸음은 변화를 받아들이는 것부터

알리바바의 창업자 마윈 회장과 소프트뱅크의 손정의 회장이 만나서, '일류의 아이디어에 삼류의 실행을 더 하는 것과 삼류의 아이디어에 일류의 실행을 더 하는 것 중에서 어느 것을 선택할 것인가?'라는 얘기를 나눴다. 두 사람은 모두 '삼류 아이디어와 일류의 실행력'을 선택했다. 마윈은 직원들에게 철저한 실행력을 강조하며, 창업 이후부터 늘 직원들에게 강한 실행력을 요구했다. '인터넷 경제시대에는 모든 것이 정보화되기 때문에 예측이 어렵다. 그래서 알리바바는 계획에 시간을 투자하기보다는 지금 즉시, 신속하게 바로 실행해야 한다'는 것이 마윈의 철학이다.

잘못된 실행으로 실패하더라도, 우유부단하거나 결정하지 않는 것보다 더 낫다는 것이다. 실행하는 과정에서도 실수나 잘못을 보완하고 고칠 수 있는 시간과 기회가 있기 때문이다. 마윈은 기업의 성공을 보장하는 것은 바로 조직의 실행력이라는 것을 잘 알고 있었다.

비단 기업뿐만이 아니라 인생에서도 실행력을 높이는 것이 바로 성공에 다가서는 지름길임을 우리는 알고 있다. 그리고 기업의 실행력을 향상시킬 수 있는 첫 번째 역할이 바로 사원, 대리 실무진이다. 우리는 회사에서 고민하는 업무성과, 더 나아가 우리 삶에서 꿈을 달성하기 위한 인생 목표까지, 이를 실행해 나가는데 어려움을 겪고 있다.

우리 삶에서 스스로 설정해 놓은 목표와 계획을 지키지 못하는 경우가 얼마나 많았던가. 이렇듯 우리들의 행동을 변화시켜 실행하는 일은 쉽지 않다. 실행과 변화 혁신을 주제로 한 책을 읽고, 강의도 듣고, 무엇보다도 바뀌고 싶은 욕망도 가득한데 왜 변화가 어려운 것일까? 왜 이리도 실행이 안 되는가? 포춘Fortune지에서도 '실패하는 기업의 70%는 치명적인 단 하나의 약점, 즉 실행력이 없기 때문이다'라고 말했다. 이처럼 실행력을 높인다는 것은 말처럼 쉬운 일이 아니다. 저마다 여러 가지 사정과 핑계가 있겠지만, 실행은 왜 이리 어려운 것일까?

익숙함에 벗어나지 못하는 관성 때문이다

우리는 익숙한 방식대로 행동하려는 관성慣性을 가지고 있다. 관성은 물리物理적인 정의뿐만이 아니라 우리의 사고 속에서도 그대로 적용된다. 인간의 뇌는 우리에게 도움이 되는 쪽으로 새롭게 변화하는 것보다 지금까지 행동했던 익숙한 것들을 선호한다. 나한테 좋은 결과를 가져다주는 행동보다 편한 행동을 하게 되며, 변화를 시도하다가도 다시금 예전으로 돌아가려는 성향이 있다. 많은 중독과 금단 현상들도 이러한 관성의 원리이다.

우리의 직장에서도 마찬가지이다. '지금까지 이렇게 해왔었. 원래 조직 생활은 다 그래', 이러한 생각들이 변화와 새로운 시도를 가로막고 있다. 결과가 달라지길 원한다면 행동이 달라져야 하는데, '우리는 원래 그래'라며 같은 방식을 고수할 뿐이다. 움직이지 않으면 다른 결과가 없듯이 변화가 없는 기존의 행동은 동일한 결과만 가져올 뿐이다. 익숙하지 않은 새로운 영역이라고 해서 지레 변화의 두려움에 굴복할 필요는 없다. 익숙한 관성에서 벗어나야 변화를 이끌고 우리가 바라는 성과 달성이 가능하다.

심각성을 못 느끼고 아직 견딜 만하기 때문이다

긴급한 위기상황임을 인식 못 하거나 절실한 상황이 아니기에 아직 견딜 수 있고, 좀 더 살 만하다는 점 때문에 변화가 어렵다. 이러한 생각을 가지게 되면 미룰 수 있는 데까지 미루어 놓고, 견딜 수 있을 때까지 기다릴 뿐이다. 그러다가 정말 견디기 힘들고 버틸 수 없을 때는 최악의 상황에서 억지로 스스로 변하게 한다. 그때는 너무 늦어 아주 비참하고 고통스러운 변화를 겪게 되는 경우가 일반적이다. 학창 시절 시험을 볼 때도 '나는 당일치기 효과가 좋아요'라고 말하는 친구들도 있지만, 결국 시험 성적은 기대 이하의 결과로 나온다. 아쉬운 부탁을 하거나 하기 싫은 일을 해야만할 때도 결국에는 막판에 몰려야만 행동하게 되는 게 사람의 속성이기 때문이다.

여러분들이 변화가 두려워 현재 상황에 안주한다고 해도, 어차피 변화는 일어날 일이다. 우리는 어떤 변화가 일어나도 되는 적당한 때라는 것을 알 수 없다. 예를 들어 회사에서의 승진을 위해 중국어를 배워야겠다는 생각이 있었다면, 아직 견딜 만하다며 무시한다고 해서 그 생각이 저절로 사라지는 것은 아니다. 매년 있는 인사평가 시즌과 진급 심사 철이 오면 다시금 이 생각이 떠오를 수밖에 없고 결코 피해갈 수도 없다. 조금씩 서서히 온도가 올라가서 점점 몸이 익어간다는 것을 인지하지 못하는 냄비 속의 개구리처럼, 견디기만 하다가는 최악의 상황에 닥칠 수 있다.

다른 이의 눈치를 보기 때문이다

우리는 '남들에게 내가 어떻게 보일까, 나를 어떻게 생각할까? 이렇게 하면 혹시 남들이 흉보지 않을까?' 생각하며 처음부터 변화를 거부한다. 그냥 남들처럼 대중의 유행을 따르는 게 편하고 남들 하는 대로 따라 하면서 튀지 않고 중간만 가면 제일 편하다 생각한다. 물론 다른 사람의 눈치를 살피면서 남의 흉내만 내는 게 편할 수도 있다. 하지만 남의 시선을 신경 쓰지 않고, 일반적인 관념을 거부할 수 있는 용기가 있어야 변화를 통해 새로운 성과를 달성할 수 있다. 다른 이의 시선에 눈치를 보기보다는 변화될 미래의 모습을 떠올리며 스스로 격려해 보자. 한꺼번에 너무 많은 것을 바꾸려고 하기보다는 작은 행동 변화부터 시작해서 작은 성과를 빨리 맛보는 것도 도움이 된다.

두려움을 이겨낼 강인한 용기를 유지하기가 어렵다

무엇보다 아는 것만큼 실행하고 실천하는 것이 중요하다. 실행에는 땀과 눈물이 필요하고 그런 실행을 위해서는 용기가 필요하다. 용기란 삶이 주는 상처에 무릎 꿇지 않는 것이다. 변화와 변신에는 많은 용기와 대담성을 가지고 지루함과 고통을 극복해야 원하는 목표를 달성할 수 있다. 변화를 두려워하는 마음은 누구나 마찬가지이다. 변화가 생길 때마다 또다시 미래의 불확실성을 마주하기 때문이다. 또한, 변화는 이제 막 애써 갖춰 놓은 안정과 균형을 여지없이 깨뜨리기 때문이다.

성과를 높이는 실행력 향상 방법들

처음부터 완전무결한 업무 계획을 세워놓고 실천하지 못하는 사람보다, 계획은 다소 부족하지만 하나씩 끈기있게 실행하는 사람이 결국 성과를 달성할 수 있다. 행동보다 중요한 건 없다. 지식은 다소 부족해도 실행력이 뛰어나면 어떻게든 변화된 결과가 나올 수 있다. 그러나, 지식이 풍부해도 실행력이 부족하면 어떠한 결과도 끌어낼 수 없다. 목표는 오직 실행하는 사람만이 달성할 수 있다. 회사에서도 마찬가지이다. 성과를 극대화하고, 경쟁에서 우위를 점하기 위해서는 실행을 해야 한다. 실행력은 생각하거나 기획한 것을 행동으로 전환하는 역량이기에 업무의 완성에서 절대적인 요소이다. 그렇다면 실행력을 높이는 방법은 어떤 것들이 있을까?

명확한 목표를 설정하라

목표가 없다는 것은 망망대해에 바다 위를 떠다니는 배와 같다. 당연히 한 방향으로 직진하지 못하고 여기저기 엉뚱한 곳으로 가게 되며, 헤매다 출발지로 되돌아오는 일도 있다. 그 과정 동안 물, 음식, 체력 등 귀중한 자원들을 낭비하고 목적지에 도착하지도 못한다. 우리 삶도 마찬가지이다. 목표가 있지 않으면 '이렇게 하는 게 맞는가? 내가 무엇을 하고 싶은 거지?'라는 고민이 떠나지 않는다. 목표 없이 무조건 열심히 달린다고 해서 달라지는 것은 아무것도 없다.

명확한 목표는 실행 과정에서 목표를 잃지 않게 해주며, 어디에서 어디로 가야 할지, 혹은 가지 말아야 할지를 가르쳐준다. 이는 자신이 어떤 길을 따라야 할지를 알려주는 것이다. 현재 가고 있는 길이 내가 바라는 목표와 맞지 않는다고 판단되면 여기에서 벗어나 다시금 목표와 일치되는 행동을 할 수 있다. 마치 지도위의 나침반과 같은 역할이다. 나침반이 장애물을 없애주는 것은 아니지만, 최소한 길을 잃지 않고 앞으로 나아가게 해준다. 그리고 내가 실행해야 하는 일에 있어서 어떤 일을 먼저 해야 하고 무엇이 가장 중요한지 우선순위를 정할 수 있게 한다.

우리가 바라는 것을 달성하기 위해서는 우선 목표로 하는 것을 구체적으로 선명하게 설정하자. 특히 어느 시점까지 달성하기 위해 합당한 의지와 노력을 기울여야 한다. 목표는 인간의 행동과 심리에 높은 영향을 끼친다. 목표를 설정하면 그와 관련된 의식적인 생각과 행동에 영향을 주며, 실행에 자극을 주는 효과가 있다.

계획을 step by step, 작은 목표로 재설계하라

우리가 일을 미루는 이유는 딱히 없다. 수만 가지 이유를 대기는 하지만, 그저 핑계일 뿐이다. '그냥 하기 싫어서'이다. 어렵고 복잡하고 까다로운 일일수록 더 격렬히 미루고 싶어질 뿐이다. 때로는 너무 높은 목표의 수준과 해야 할 많은 일 때문에, 지레 겁을 먹고 실행 자체를 하지 않는 일도 있다. 무엇을 어떻게, 어디서부터 시작해야 하는지 감을 잡을 수 없기 때문이다. 자신이 세워놓은 계획에 대한 생각만으로도 심한 압박감을 느끼기 때문에 실천을 하는 데 어려움을 느끼는 것이다.

그럴수록 다소 손쉽게 실현 가능한 난이도로 단계별 작은 목표로 낮춰야 한다. 실행해야 할 목표가 정해지고 나면, 그에 따른 범위, 일정, 목표까지도 세분화해야 실행력이 높아진다. 궁극적인 목표를 세운 후라면, 이를 나눠서 대·중·소 과제로 세분화하자. 그리고 아주 작은 것부터 실행으로 옮기면서 작은 성공을 만들고, 그 행동을 점차 큰 과제로 옮겨 가는 것이다.

처음에는 성공할 수밖에 없는 쉽고 간단한 계획을 세우고, 그것을 잘 지키고 나면 보상이 주어져야 한다. 물질적 보상이 따르면 좋겠지만, 스스로 '잘했어'라고 말 한마디 하는 것만으로도 충분하다. 실행에 대한 보람과 재미를 줄 수 있고, 지치지 않고 지속적인 실행을 유지할 수 있다. 애초부터 이루고자 하는 바를 거대하게 잡고 자기 자신을 채찍질할 필요는 없다. 사소한 상황에서도 나를 칭찬할 수 있는 요소를 찾는 게 중요하다.

단기적인 실패에 좌절 금지

'시행착오'는 실수를 통해 더욱 발전한다는 의미이다. 실행에 있어 단기적인 실패는 필수적이다. 오히려 한두 번의 실패는 아무런 문제가 되지 않고 더욱 성장할 기회가 될 수 있다. 하지만 대부분의 사람은 항상 완벽해야 하고 절대 실패하면 안 된다는 잘못된 믿음이 있다. 그래서 그들 앞에 완벽한 상황이 제시되지 않거나 또 조금이라도 불리한 상황이라면, 문제에 도전하기보다 실패에 대한 두려움으로 일단 상황을 모면하고 회피하는 경우가 많다. 한두 번의 작은 실패나 실수는 과감히 무시해도 된다. 면밀하게 계획을 세웠다 해도 실행을 시작하면 여러 가지 난관이 나타나게 마련이다. 외국어 학습을 목표로 삼았는데, 회사 일이 바쁘거나, 몸이 아프거나, 날씨가 좋지 않다는 핑계로 한두 번 학원을 빼먹다 보면 스터디룸에 가는 횟수까지 점점 줄어들게 된다. 여기서 '역시 난 안 돼. 이번 계획은 다 망쳤어'라고 자포자기해서는 안 된다. 잠시 나태했던 것은 '계획 실패'가 아니라 '고칠 수 있는 실수'일 뿐이다. 원래 실행이라는 것은 예전의 나를 극복해 나가는 힘든 과정이다. 이 과정에서 어느 정도의 실패는 당연한 일이다. 자책하지 말고 스스로 다독여 꿋꿋이 다시금 시도하는 것이 중요하다.

'실행의 문제는 대체로 무엇을 해야 하는지 모르는 데 있는 것이 아니라 하지 않는 데 있다' 독일의 경영컨설턴트인 헤르만 지몬Hermann Simon의 말이다. 성공학의 대가인 지그 지글러Zig Ziglar는 '행동가가 돼라. 목표를 정하고도 행동하지 않으면 목표는 이뤄지지 않는다'라고 얘기했다. 자기계발, 외국어 학습, 다이어트나 금연 등 우리 인생의 꿈을 이루기 위해서도 실행력은 그 무엇보다도 중요하다. 아무리 체계적이고 훌륭한 목표와 계획을 수립하더라도 실행하지 않으면 아무런 결과가 나오지 않는다.

꿈을 높이 갖고, 그 꿈을 이루기 위해 무엇부터 시작해야 할지 작은 것부터 생각하자. 실행에서 작심삼일은 겪을 수밖에 없는 필수적인 과정이다. 작심삼일에 의기소침하지 말고 묵묵히 그리고 꾸준히 실행한다면 어느 순간 더 높은 성과가 여러분의 눈앞에 찾아올 것이다.

08 사원만 가능한 아이디어가 있습니다

"이번에 오게 된 직원은 명랑한 분위기 메이커였으면 좋겠어.", "요즘 친구들 스펙이 그렇게 화려하다며? 일머리까지 갖추면 딱 좋겠구만.", "빠릿빠릿하게 일하고 업무 처리 속도만 빨라도 어디야.", "시키는 일만 하지 말고 주도적으로 일하는 게 최고지." 등 회사가 원하는 실무급 직원에 대한 기대들이 있다. 여러분들도 회사 생활하면서 선배나 상사들로부터 다양한 이야기들을 들었을 것이다.

글로벌 경제지 포브스Forbs는 세계 일류 50대 기업이 요구하는 신입사원의 능력을 팀워크, 창의적 문제 해결 능력, 원만한 대인관계, 구두 발표력, 인내력, 감정조절능력 6가지로 정리했다. 그 외에도 신입직원의 조건 같은 직장인 자기계발서, 각종 리서치 리포트에서도 직원들의 업무 능력, 커뮤니케이션, 협업 마인드 등 다양한 능력들을 이야기한다. 그중에서 조직의 당면한 문제들을 해결할 수 있는 창의적인 아이디어는 특히나 사원, 대리 직급에게 강조한다. 이미 관성적으로 업무를 진행하고 있는 기성세대의 관점보다는, 관습에 얽매이지 않고 기발한 창의성을 사원 직급에 기대하기 때문이다.

창의적인 아이디어의 첫 번째 단계는 소비자나 관계자, 그리고 그 문제의 상황들을 잘 관찰하고 공감하는 것에서 시작된다. 사용자가 무엇을 원하는지, 그들의 생활에 무엇이 필요한지, 또 그들이 어떤 점을 좋아하고 싫어하는지 등을 속속들이 듣고, 관찰하고, 느끼고 이해한 바를 원동력으로 삼아 이를 어떻게 개선해야 하는지를 고민하는 것이 바로 창의적인 아이디어 개발의 첫걸음이다.

유니버설 디자인의 탄생

유니버설 디자인이란 용어를 한 번쯤은 들어봤을 것이다. 2021년부터 신축 또는 증축되는 서울시의 공공건물과 시설물은 누구나 차별받지 않고 편리하게 이용할 수 있도록 '유니버설 디자인Universal Design'으로 설계된다. 또한, 2022년부터 우수 건축물과 제품에 대한 '유니버설 디자인 인증제'가 도입되고 실무 전문인력 양성을 위해 대학 교과목에 관련 커리큘럼 개설도 추진된다.

유니버설 디자인은 시민들이 연령, 성별, 장애, 국적과 무관하게 차별 없이 시설이나 서비스를 이용할 수 있게 한다는 디자인 개념이다. 예를 들어 도시재생으로 마을공원을 만들 때는 적어도 하나 이상의 출입구는 계단이나 턱이 없는 평탄한 접근로를 확보하고, 어르신이나 거동이 불편한 이용자를 위해 장애인용뿐 아니라 비장애인용 화장실에도 보조 손잡이를 설치한다. 최근 횡단보도 앞 보도블럭에 LED 신호등이 늘어나는 것도 유니버설 디자인이 적용된 것이다.

유니버설 디자인은 1980년대 패트리샤 무어Patricia Moore의 공감 실험에서

부터 널리 알려졌다. 패트리샤 무어는 1979년에 뉴욕 최고의 디자인 회사인 레이먼드 로위Raymond Loewy에서 제품 디자이너로 있었다. 하루는 냉장고 디자인을 위해 선배들과 냉장고 손잡이 디자인으로 토론하다 충격을 받았다. 패트리샤는 관절염이 있고 근력이 약한 노인들도 쉽게 여닫을 수 있게 디자인을 하자고 제안했지만, 선배들은 "우리는 일반 소비자들을 위해 디자인을 해야 해"라고 일축한 것이다. 이때부터 그녀는 연령, 성별, 장애나 인종 등에 상관없이 누구나 보편적으로 사용할 수 있는 유니버설 디자인의 길로 뛰어들었다.

그 당시는 건축이나 디자인뿐만 아니라 사회 전반에 걸쳐 노인은 소비자가 아니라는 시각이 있었다. 그런 편견을 없애보고자 그녀는 스스로 3년이 넘는 시간을 80대 노인으로 변장하여 살았다. 대충 노인처럼 분장한 것이 아니라 노인처럼 신체적 불편함을 느끼기 위해 분장 전문가의 도움을 받았다. 매번 변장할 때마다 두세 시간씩 걸렸는데, 흰머리 가발과 주름진 얼굴로 특수 분장을 했고, 귀에 솜을 막고 안경을 뿌옇게 만들어 청력과 시력을 노인 수준으로 떨어뜨렸다. 다리에는 철제 보조 기구를 달아 걷기 불편하도록 했다. 집 없는 거지 노인에서부터 부잣집 노인까지 아홉 명의 노인 역할을 돌아가면서 했으며, 그렇게 3년간 노인의 모습으로 미국과 캐나다의 116개 도시를 돌아다녔다.

그녀는 노인의 삶을 시작한 첫날부터 세상은 노인들에게 불편함 그 자체라는 사실을 깨닫는다. 보통 사람이라면 10분이면 가는 거리가 한 시간이나 걸렸으며, 택시를 타거나 화장실을 이용할 때, 식당의 문을 열거나 식품점에서 물건을 꺼낼 때 등 일상생활 곳곳에서 물리적인 불편함을 느꼈다. 신체적인 불편뿐만 아니라 가게 점원들로부터 일반인과 다른 취급을 받거나 심리적인 모멸감을 느낄 때도 잦았다.

'사람은 누구나 젊을 때 즐겼던 것을 나이가 들어서도 똑같이 즐기고 싶어 한다' 유니버설 디자인의 선구자적 역할을 한 패트리샤 무어의 결론이다. 이 같은 관찰과 공감의 체험으로 무어는 제품 디자인을 완전히 새로운 방향으로 이끌었다. 그녀는 자신의 관찰과 공감을 바탕으로 노인들이 사용하기에 적합한 혁신적 제품들을 디자인했다.

손에 관절염을 앓는 사람들도 쓸 수 있는 제품들이 그렇다. 그녀가 발명한 제품 중 옥소 굿그립OXO Good Grip은 어린이와 노인이 쉽게 사용할 수 있을 뿐만 아니라 누구에게나 그립감 좋은 제품으로 유명하다. 감자 칼, 두꺼운 고무 손잡이가 달린 조리용품 같은 것들인데, 요즘은 어느 집에서나 그런 제품을 쓰게 되었다. 어르신들만 사용하기 편한 게 아니라 보편타당하게 일반인들도 사용하기에 더없이 편리하기 때문이다. 이 유니버설 디자인은 주방용품뿐만이 아니라 제너럴일렉트릭, 존슨 앤 존슨, 킴벌리 클락과 같은 수많은 기업에 활용되었고, 이제 한국의 일상 속에서도 손쉽게 만날 수 있게 되었다.

실생활에 적용된 유니버설 디자인

유니버설 디자인은 이미 우리 일상에서 쉽게 찾아볼 수 있다. 단지 평범한 우리는 사용하는데 어려움을 못 느꼈을 뿐이다. 일반적인 우리는 잘 느낄 수가 없었지만, 노인들이나 아이들에게는 불편함을 초래하는 것들이었다. 우선 화장실이나 주방의 수도꼭지가 그렇다. 과거 수도꼭지는 냉수와 온수 꼭지가 별도로 있고 원형 손잡이를 돌려서 사용했다. 손아귀 힘이 약한 어린이나 노약자들에겐 불편했다. 그러나 이제는 손잡이가 하나로 합쳐졌고 레버를 위아래로 올리거나 내려 물을 틀고 잠근다. 수도꼭지는 이제 센서를 부착해 자동으로 물이 나오는데, 이런 변화들도 유니버설 디자인의 사례이다.

문을 열기 위해 손으로 잡고 돌려야 했던 문고리도 레버형이나 버튼형으로 바뀌었다. 손잡이를 돌리는 것보다 'ㄱ'자 모양의 레버가 훨씬 적은 힘으로 문을 여닫을 수 있기 때문이다. 비상구나 화장실 안내표시 등에 사용되는 픽토그램도 유니버설 디자인이다. 사물, 시설, 형태, 개념 등을 일반인들이 쉽게 알아볼 수 있도록 상징적인 그림으로 나타낸 픽토그램은 지식의 유무나 사용 언어와 관계없이 이해하기 쉽다. 특정한 정보를 간단명료한 이미지로 표현해 외국인, 노인, 글을 모르는 사람들도 이해할 수 있도록 한다는 점에서 유니버설 디자인의 철학이 녹아 있다.

왼손잡이와 오른손잡이 겸용 가위는 누구에게나 편할 것이고, 계단이 없는 저상버스는 노약자, 어린이, 임산부, 장애인 모두에게 승·하차가 용이하다. 이제는 필수품이 된 TV 리모컨도 유니버설 디자인의 관점이 적용된 제품이다. 리모컨을 발명한 사람은 처음에 전신마비 장애인 동생을 위해 리모컨을 발명하게 되었다.

유니버설 디자인을 위한 7가지 원칙

패트리샤 무어는 유니버설 디자인의 원동력은 공감이며 '한 가지 사이즈로는 모두에게 맞출 수 없다는 사실을 이해해야 한다'고 했다. 유니버설 디자인은 대단한 발명이 아니라 일상생활에서 느끼는 작은 불편함, 사소한 문제들에 대해 관찰하고 공감하여, 새로운 아이디어를 적용해 해결하는 것이다. 그래서 유니버설 디자인은 가능한 한 많은 사람이 편리하게 이용할 수 있는 디자인을 구현하는 데 초점을 맞추고 있다. 이 때문에 공평한 사용, 사용상의 융통성, 간단하고 직관적인 사용, 정보 이용의 용이함, 오류에 대한 포용력, 적은 물리적 노력, 접근과 사용을 위한 충분한 공간 등 7가지 원칙에 기반을 두고 있다.

① 누구나 공평하게 사용할 수 있어야 한다

차별 없이 누구나 불안감, 열등감을 느끼지 않고 공평하게 사용할 수 있도록 모두에게 같은 사용 방법을 제공해야 한다. 다리가 불편한 사람도, 키가 작은 사람도 수치심을 느끼지 않고 사용할 수 있는 디자인이어야 한다.

② 사용이 쉽고 간편해야 한다

어떤 환경, 어떤 생활 조건에서도 자유롭고 편리하게 사용할 수 있도록 해야 한다. 예를 들면 왼손·오른손잡이가 함께 사용할 수 있도록 하는 것이다.

③ 간단하고 직관적이어야 한다

두꺼운 매뉴얼을 들춰 보지 않아도, 누군가의 도움을 구하지 않아도 쉽게 사용할 수 있도록 간단한 조작법과 쉬운 설계를 해야 한다.

④ 제공되는 정보가 이해하기 쉬워야 한다

어떤 제품이나 시설을 보고도 어떻게 사용하는 건지 난감하지 않도록 쉬운 사용설명이 돼야 한다. 예를 들면 찬물은 파란색, 더운물은 빨간색을 표시한다든가, 화살표로 방향을 표시하는 것과 같은 심플한 표시들로 설명한다.

⑤ 오류가 생겼을 때 복구가 쉬워야 한다

잘못된 명령에도 쉽게 복구되고, 위험과 실수에 대한 안전책이 적용된 디자인이어야 사고 예방이 가능하다. 모서리가 둥근 테이블이나 정수기 온수 꼭지의 이중 안전장치가 대표적이다.

⑥ 신체 부담을 최소화해야 한다.

무의미한 반복 동작이나 무리한 힘을 들이지 않고 자연스러운 자세로 이용할 수 있어야 한다. 스위치형 콘센트, 지문 방식 도어락 등을 떠올리면 쉽게 이해가 될 것이다.

⑦ 이동과 수납이 편리해야 한다

다양한 신체조건의 사용자 누구든지 함께 사용할 수 있도록 이동과 수납이 편하고 공간 확보도 충분히 되어 있어야 한다.

유니버설 디자인의 7가지 원칙을 다시 살펴보면, 여러분들이 선임이나 상사분들에게 많이 들었던 내용과 비슷할 것이다. 쉽고 간편해야 한다. 간단하고 직관적이고 이해하기 쉬워야 한다. 등 여러분들의 제안에 대해 피드백으로 많이 받았던 것들이다. 그래서 여러분들의 아이디어가 제품이건 서비스이건, 팀 워크샵 기획부터 문서보고에까지 여러분들의 제안을 스스로 검증하는 Tool로 활용할 수 있다. 먼저 문제점들에 대해 충분히 관찰하고 공감을 한 이후, 여러분들의 아이디어들을 모두 나열하고, 그 아이디어는 차별 없이 공평하게 적용될 수 있는지, 사용이 쉽고 간편한지, 간단하고 직관적인지, 이해하기 쉬운지 등 이 유니버설 디자인의 7가지 원칙을 활용해 더욱 아이디어를 다듬고 고도화할 수 있다.

공감과 이해가 바탕이 된 아이디어가 강력하다

아이디어가 필요한 경우는 문제점이 발생한 경우이다. 그러나 소비자이든 회사의 담당자이든 문제로 인한 불편함을 정확히 깨닫지 못하는 경우가 많다. 또 알고 있다 하더라도 제대로 표현하지 못할 때도 있다. 그러므로 이제는 문제점에 대해 그 안으로 들어가서 관찰하고 공감을 해야 사람들이 진짜 원하는 아이디어를 떠올릴 수 있다. 우선 문제점이 어떻게 발생하는지, 소비자가 어떻게 행동하는지, 회사에서의 담당자가 어떻게 업무를 처리하는지 자세히 관찰하자. 그리고 그러한 행동을 하는 상황에 충분히 공감하게 된다면 이를 해결할 수 있는 아이디어를 찾을 수 있을 것이다.

쉽지는 않다. 패트리샤 무어는 3년이라는 긴 시간 동안 노인들을 관찰하고 직접 체험해 공감하고 그들의 결핍을 찾아냈다. 여러분들도 회사에서 직면한 문제점, 아니 그 이전에 문제점들이라 생각하지도 못한 것들에 대해서 면밀하게 관찰하고 공감한다면, 차별적인 아이디어로 회사 생활을 리딩할 수 있을 것이다.

09 성과는 설득에서 시작된다

**설득이 어려운 것은 상대의 마음을 알아내
거기에 맞출 수 있어야 하기 때문이다**

한비자의 '세난편說難篇'에서 설득의 어려움과 그 기법을 말해주고 있는데, 그중에서 핵심이 되는 구절이다. 설득은 다른 사람에게 영향을 줘서 내가 의도하는 대로 이끄는 것이다. 하지만 안타깝게도 설득은 절대 쉽지 않다. 사람들은 누구나 설득을 하고 싶지, 설득당하고 싶지 않기 때문이다. 사람들이 쉽게 설득되지 않는 데에는 여러 가지 요인이 있는데 상당히 복합적이다. 상대에 대한 불신, 내 생각을 굽히기 싫은 자존심, 설득은 곧 패배라는 인식, 다른 사람의 이목을 의식하는 체면 등 셀 수 없을 정도의 방어막을 뚫어야 설득에 성공할 수 있다.

설득說得은 '상대편이 이쪽 편의 이야기를 따르도록 여러 가지로 깨우쳐 말하다'의 의미이다. 결국, 설득은 다른 사람에게 영향을 줘서 내가 의도하는 대로 이끄는 것이다. 강압이나 무력을 쓰지 않고 상대방의 마음을 얻어 나를 따르도록 하는 것이 바로 설득이다. 비즈니스 상황에서 설득은 '상대방의 태도, 신념, 가치, 행동 등을 바꾸는 영향력을 행사하는 시도'로 표현된다. 이렇듯 비즈니스라는 것은 어쩌면 설득하려고 준비하는 사람들과 설득당하지 않으려 애쓰는 사람들과의 전쟁터 같다. 사회과학자와 심리학자들은 설득의 과정에서 어떻게 하면 보다 더 효과적인 설득이 가능한지, 과학적인 실험부터 심리상황에 이르기까지 마음을 얻어내는 설득 방법에 관해서 연구했다. 다양한 상황에서 사람들의 행동을 관찰하며 사람들의 행동을 유발하는 중요한 요인이 무엇인지, 그리고 상사 및 주변 사람들을 효과적으로 설득할 방법들에 대해 알아보자.

부채의식에서 벗어나려는 상호성의 법칙

상호성의 법칙은 상대방이 나에게 호의를 베풀면, 나 역시도 상대방에게 호의를 베풀게 된다는 법칙이다. 쉽게 말해 '가는 정이 있어야 오는 정도 있다'는 속담과 같은 의미이다. 우리는 누군가에게 선물이나 호의, 어떠한 정보 등 도움을 받게 되면, 이를 기억하고 다시금 이를 그대로 갚겠다는 의무감을 느낀다. 상호성의 법칙 원리에서 남에게 받은 호의는 결코 공짜가 아니라 언젠가 내가 갚아야 할 빚으로 기억하는 것이다. 받았던 호의를 갚아야 한다는 이 부채의식은 상당이 부담스럽고 꺼림칙하다. 그리고 사람들은 이 불편한 부채의식에서 빨리 벗어나려는 경향이 있다.

'남에게 대접받고 싶은 만큼 남을 먼저 대접하라'는 성현의 말씀처럼 이는 다른 사람들과 집단과 사회를 이루었을 때부터 인류에게 유전적으로 내려오고 있다. 이 상호성의 원칙이 서로서로 잘 지켜지게 된다면, 내가 가지지 못한 것을 얻게 되고, 또 나의 도움이 필요한 사람을 도와주는 협동과 협력이 더욱 빈번하게 일어난다. 이로 인해 서로 부족한 부분을 채울 수 있어 상호 이익이 되며, 집단에서의 관계가 탄탄해지는 경험이 인류의 유전자에 남은 것이다. 즉, 받은 호의를 갚아야 한다는 것은 개인적인 양심의 결정이 아니라 다른 이들과의 사회적 의무감으로 발전한 것이다.

최근 배달 음식을 시키면 간혹 손글씨로 감사하다는 내용의 포스트잇이 부착돼 있다. 일반적으로 포스트잇을 본 여러분들은 가게 주인의 손글씨 정성에 감사함을 느낀다. 그리고 맛있게 음식을 먹고 배달앱에 후기를 남길 때, 여러분들은 부채의식이 떠오르게 될 것이다. 식당 입장에서는 진심으로 고객에게 감사하기도 하지만, 배달앱의 주문 후기와 평가점수 역시 중요하다. 이에 대해 잘 부탁한다는 암묵적인 요청과 설득이 포스트잇에 포함된 것이다. 실제 손글씨는 아니고 프린터가 된 스티커이지만 바쁜 상황에서도 마음을 전하기 위해 스티커를 붙이는 것 또한 주인의 정성으로 느낀다. 그냥 배달된 음식에 비해 포스트잇 한 장의 정성은 충분히 전달되고 평가점수는 높아지게 된다.

이렇듯 우리가 다른 사람에게 부탁이나 설득을 하기 위해서는 다른 사람에게 도움이나 선물, 자원을 '먼저' 주어야 상호성의 법칙이 활성화된다. 그래서 효과적으로 설득을 잘하는 사람은 스스로 '누가 내게 도움이 될까?'를 묻지 않는다. 그보다는 '내가 먼저 도움을 줄 수 있는 이는 누구지?'라고 생각한다. 누군가에게 무엇인가를 베푸는 행위가 '먼저' 있어야 상대에게 같은 행동을 유발하는 부채의식을 강하게 형성할 수 있다. 결과적으로 이렇게 의무감이 형성된 분위기에서는 신세를 진 사람의 부탁에 상대방이 설득될 확률이 높아지는 것이다.

직장에서 동료의 프로젝트에 조언이나 자원, 중요한 정보 등으로 도움을 준 사람은 자신 역시 앞으로 하게 될 프로젝트에서 도움을 받을 수 있으리라 기대한다. 결국, 주위의 다른 사람을 먼저 돕는 행위는 실제로 자기 자신을 위한 행동이 될 수 있다. 주위 사람들에게 도움을 주는 것은 상대방에게 빚을 지게 하고 나에게는 필요할 때 언제든지 출금할 수 있는 '저축'이 된다. 다만, 그 호의와 선물에는 진성성이 있어야 한다. 노골적으로 나중에 도움을 받기 위해 호의를 베풀고 있구나라고 상대방이 느끼면 당연히 설득의 효과는 떨어질 수밖에 없다. 설득에는 진심이 통해야 한다.

전문성을 활용하는 권위의 법칙

비스니스에 있어서 상대방의 직급에 따라 설득의 힘이 달라지는 것이 현실이다. 외부 영업을 담당하는 실무자의 경우, 과거에는 실제 경력보다 높은 직급으로 명함에 표기하는 관행이 있었다. 실제 직급과는 다르게 명함 직급만 부풀리는 것인데, 고객이나 거래처와 영업상 필요에 의해 높은 직급을 남발하는 경우이다. 즉 효과적인 설득을 할 수 있는 권위를 활용하기 위해 직급을 높이는 것이다.

사람들은 전문가나 권위 있는 사람들의 말과 행동에 주목하고, 그들의 요구에 충실히 수행하려는 경향이 있다. 이런 현상을 권위의 법칙이라고 한다. 권위는 회사의 직급도 해당되지만 권위를 가질 수 있는 핵심 요인은 바로 '전문성'이다. 여러분이 병원에 가서 의사를 대할 때를 떠올리면 쉽게 이해될 것이다.

우리의 뇌는 무의식적으로 전문성을 가진 사람에게 순응하는 것이 나에게 더 이득이 된다고 생각한다. 어릴 때부터 '부모님'의 권위에 순응하도록 교육을 받아온 것도 있고, 경찰, 소방관, 교수, 대표이사 등 권위자와 비교하면 스스로 지식이나 정보가 부족하다는 인식이 있다. 그래서 이들의 권위를 따르는 것이 나에게 더 이득이 되고, 바람직하다고 믿는다. 권위자들의 의견을 내가 받아들였을 때 더 많은 성과를 가져갈 수 있고, 곤란한 상황을 벗어날 수 있다는 경험과 인식이 쌓인 것이다. 또한, 권위에 대한 복종은 책임을 회피하기 위한 수단이 된다. 사람들은 누구나 책임지기 싫어한다. 어떠한 결정을 내렸을 때 권위에 기대어 다른 사람의 의견에 따르면, 혹시 잘못돼도 책임에서 회피할 수 있기 때문이다.

이는 대중들을 설득하는 광고와 마케팅에 많이 적용되고 있다. 전문가들을 광고에 출연시켜 그 효과를 활용하는 것이다. 학습지나 교육 서비스에 교수님들이 광고하고, 스포츠 스타에게 스포츠용품 스폰서가 붙는 것역시 전문가인 광고 모델의 권위를 활용하는 사례이다. 여러분들도 회사에서 자신의 분야에 대해 전문성을 쌓아가며, 그 누구보다 많은 정보와 지식, 그리고 다양한 경험치를 하나씩 쌓도록 하자. 직급에 상관없이 자신만의 전문성으로 '권위'를 높이고 설득력을 한층 배가시킬 수 있는 방법이다.

호감도를 높이는 것도 설득에 용이하다

호감의 법칙이란 설득하려는 내용과는 직접적인 관련이 없지만, 상대방에 대한 호감이 설득력을 높이고 우호적인 결과를 가져온다는 법칙이다. 즉, 매력적이고 호감 있는 상대에게 우리는 더 잘 대해주고, 심사나 평가를 할 때도 긍정적인 좋은 평가를 한다. 신체적인 매력이 호감을 주는 상황은 여러분들이 많이 겪어봤을 것이다.

그렇다면 호감도를 어떻게 하면 높일 수 있을까? 너무나 쉽지만, 또 확실한 방법의 하나가 바로 자주 보는 것이다. 별로 좋아 보이지 않는 물건도 내 주위에서 자주 계속 보다 보면 어느 순간 호감이 가기 마련이다. 첫

인상은 그다지 좋지 않았지만 계속 만나다 보면 어느 순간 그 사람의 진면목을 보게 되고 그러한 것들이 쌓이면 결과적으로 그 사람에 대한 좋은 이미지를 가지게 된다. 접촉하고 노출되는 횟수가 많아질수록 호감도가 증가하는 현상을 심리학에서는 단순노출효과Mere Exposure Effect라고 한다. 도시의 시민 전체를 대상으로 호감도를 높인 사례를 살펴보자.

1880년대, 프랑스 대혁명 100주년을 기념하는 건축물을 파리에 건립하기로 했다. 그리고 여러 건축가에게 파리를 대표하는 건축물로 설계안을 공모했다. 프랑스 정부는 전문가들의 심사를 거쳐 최종안을 확정하게 되는데 이 건축물이 바로 에펠탑이다. 하지만 에펠탑 설계도를 본 시민들은 금속과 나사못으로 이루어진 거대한 철골구조물이 흉물스럽고 천박한 철덩어리라며 실망했다. 오히려 파리의 고풍스러운 분위기를 망친다고 강력하게 반대하고 시위에 나섰다. 이렇게 시민들의 반대가 심해지자 프랑스 정부는 1889년 에펠탑을 완공했으나, 20년 후인 1909년에 에펠탑을 철거하겠다는 선언까지 한다.

그러나 에펠탑이 건설되고 나자 이에 대한 부정적인 인식은 점차 긍정적으로 바뀌게 된다. 파리 시내 어디에서나 볼 수 있어서 사람들에게 많이 노출되다 보니 파리 시민들의 생각이 달라지게 된 것이다. 자꾸 보니까 나름대로 매력을 느끼기도 하고, 흉물스러운 게 아니라 오히려 근사하다고 하는 등 에펠탑에 대한 호감이 점점 더 높아졌다. 이제는 파리 시민들뿐만 아니라, 관광객들에게 반드시 들려야 하는 랜드마크가 되어 프랑스의 상징이 되었다. 결국, 철거는커녕, 100년 넘게 파리를 대표하는 건축물로 1991년에는 세계문화유산으로 등재된다. 처음에 건립조차 반대했던 에펠탑이었지만, 오랜 시간 동안 자주 노출되고 반복해서 보게 되니 정이 들고 호감이 높아진 것이다.

반대가 극심했던 때와 지금의 에펠탑이 외형적으로 달라진 것은 아무 것도 없다. 그저 파리 시민들에게 익숙해지다 보니, 그리고 반복해서 노출되다 보니 이에 대한 호감도가 높아지게 된 것이다. 호감도가 높아진 결과로, 에펠탑은 흉물스럽지 않고, 철거할 필요가 없다는 것에 파리 시민들이 설득된 것이다. 이는 단순노출효과의 대표적인 사례로 에펠탑 효과Eiffel tower Effect라고도 불린다.

이러한 단순노출효과는 일상생활에서도 자주 일어나는데, 대중가요가 유행하는 상황이 바로 그렇다. 카페 등 여기저기에서 노래가 들려오고, 주위 사람들이 자주 부르는 노래를 어느 순간 나 자신도 모르게 흥얼거리고 있다. 처음 노래를 들었을 때는 그저 그랬었는데, 주위에서 자주 들리고 익숙해지면 더욱 친근함을 느낀다. 음반 제작사들이 어떻게 해서든 방송에 노래를 내보내려고 하는 이유가 바로 이것이다. 마케팅에서도 소비자에게 제품 광고를 계속 노출시켜 보여줌으로써 브랜드의 인지도와 호감도를 높이려는 것이다. 그래서 고객이 제품을 구매할 때, 평소에 자주 보고 익숙해져 이미 호감도가 높아진 상황이라 큰 고민 없이 구매하는 것이다.

직장에서 우리는 주변 사람들을 설득시켜야 하는 경우가 빈번하다. 업무를 추진해야 할 때 상사의 설득은 필수적이다. 하지만 열심히 준비했음에도 불구하고 부족하다는 피드백을 듣거나, 보고할 때 설득이 잘되지 않으면 '아, 내 의도와 다르게 생각하는구나', '이런 부분은 이해가 되지 않으시나?'와 같은 생각이 들고, 아쉬웠던 경우도 많을 것이다.

직장에서 설득은 내가 추진하고자 하는 업무를 수행하기 위한 첫 단추이다. 아무리 좋은 기획안도 상사의 관문을 통과하지 못하면 무용지물이 된다. 처음에는 실패할 수 있다. 그러나 실패가 몇 번 반복될수록 설득의 과정보다는 상사 탓을 하거나 스스로 자신감이 떨어진다. 여러분들이 상사와 주변 사람들을 설득하는 과정에서 여러분들의 의견과 생각을 효과적으로 전달할 수 있는 설득 스킬을 적극적으로 활용하자.

고민 사례 3 아이디어맨 정 사원의 고민

"

저는 중견기업에 다니는 3년 차 사원입니다.

저는 대학교에서 광고 동아리에서 공모전도 많이 수상했고, 친구들로부터도 나름 아이디어맨이라고 얘기를 많이 듣습니다. 제 성향이 그래서인지, 회사 업무를 하면서도 다양한 아이디어들을 많이 제안합니다. 고객 응대 부서에서 나오는 컴플레인도 살펴보면서 나름대로 개선 방법에 대해서 생각하고, 또 담당 팀장님께 건의를 드리기도 합니다. 몇몇 건들이 제가 제안한 내용으로 바뀌게 되면 뿌듯하고 보람도 느낍니다. 팀장님께서도 인정해 주시고, 칭찬도 해주셨어요.

그런데 언제부터인가 팀장님께서 저의 아이디어 제안에 대해 시큰둥해지셨습니다. 한번은 사수와 업무 보고를 하는데 마음에 들지 않으셨는지, '정사원이 생각들이 많은 건 좋은데, 업무에 집중이 떨어지는 것 아냐? 이번에 진행한 건은 좀 아쉽네'라는 얘기까지 들어서 충격이었습니다. 이때부터인지 선배들도 예전의 반응과는 좀 달라졌어요.

회사에서는 직원들의 아이디어 공모도 적극적으로 많이 받으려고 하는 분위기이고, 저 성향도 이렇게 아이디어 내는 것을 좋아하는데, 그냥 조용히 지내는 것이 맞을까요? 즐겁게 회사 생활을 했었는데, 요즘 상황이 이런 상황이라 다소 힘이 빠집니다.

"

아이디어가 많다는 것, 에너지가 높다는 것은 장기적으로 봤을 때 새롭고 다른 시도를 해볼 수 있게 하여 급변하는 환경에 잘 대응할 수 있게 한다는 측면에서 긍정적 요인입니다. 다만 우리가 짚었으면 하는 부분은 나의 아이디어가 과연 조직의 방향성과 잘 맞춰져 있는 것인지 판단해야 한다는 것입니다. 나의 아이디어가 조직의 방향성과 맞는다면, 팀장님 및 선배들이 당신의 아이디어를 마다할 이유가 전혀 없습니다. 더불어 체크해 봐야 할 것은, 나의 아이디어가 조직의 현 상황에 빗대어 가늠해 봤을 때 즉시 실현이 가능한 것인가의 여부입니다. 보통 우리가 '일잘러'라고 일컫는 이들은 조직의 돈과 시간을 절약하는 방향으로 의사결정을 하고 일을 추진합니다. "아이디어는 좋지만…"이라는 피드백을 받았다면 지금 현재 조직의 비용과 시간 투입이 크게 발생하는 성격의 기획은 아닌지, 아이디어 자체를 현실화하기에 어려움이 많은 것은 아닐지 점검할 필요가 있습니다. 투입 대비 예상 결과가 낮을 것으로 예측된다면 그 아이디어는 환영받기 쉽지 않습니다. 아이디어를 제시하기에 앞서, 과연 나의 아이디어가 조직의 비용과 시간을 줄여주고 조직의 경영 방향과 맞는 것인지를 자문하는 단계를 거치면 어떨까요?

홍 코치

    사람은 끊임없이 변하고 성장하는 존재입니다. 본인은 물론이고 다른 사람도 그렇게 성장하기를 기대하는 마음이 있습니다. 갓난아이가 태어나서 처음으로 스스로 몸 뒤집기에 성공했을 때 부모가 환호성을 지르며 칭찬을 연발하지만, 곧 걸음마와 같이 난도가 더 높은 행동을 기대하게 됩니다. 나의 업무 수준에 대한 상사의 기대도 시간이 지나면서 자연스럽게 높아지게 됩니다.

    신입사원 수준에서 좋은 아이디어를 많이 냈지만, 책임이 따르는 실행력을 보여주지 못한 것은 아닌지 점검해 볼 필요가 있습니다. 즉, 그것에 걸맞은 실행능력과 책임을 지속적으로 보여줌으로써 더 높은 수준으로 성장했는지 한번 돌아보는 것이 좋겠습니다. 내가 파악하고 있는 나의 업무 수준이 나 자신의 기대에 비하여 낮은 것인지, 아니면 일반적인 업무 능력에 비하여 떨어지는 것인지 확인할 필요가 있겠습니다. 본인의 현재 상황에 대해 솔직한 피드백을 받을 수 있는 동료나 선배와 자신이 가지고 있는 고민에 대하여 진솔하게 얘기를 나누어 보는 것이 도움 될 것입니다. 아이디어도 숙성의 시간이 필요합니다. 실행될 아이디어의 기대 수준을 높일 수 있도록 더욱 분석하고, 효과적이고 현실적인 실행방법에 대해 더 많은 방법을 찾는 노력을 진정성 있게 보여줄 수 있다면 팀장님의 만족도는 더욱 높아질 것입니다.

본인의 역량을 개발할 때 장점을 강화할 것인지, 단점을 더욱 보완할 것인지 항상 고민에 빠집니다. 일반적으로는 단점을 보완하여 평균에 맞추기보다는 본인이 자신 있는 장점을 더욱 극대화하는 선택을 권장합니다.

다만, 정 사원님이 회사의 모든 상황에서 아이디어를 제시하기보다는 TPO에 맞게 제시해 보십시오. T.P.O는 시간Time, 장소Place, 상황Occasion의 약자로 '때와 장소, 경우에 따른 방법과 태도, 복장 등의 구분'을 이를 고려하여 복장을 착용하라는 패션업계의 용어입니다. 이는 옷을 입을 때 외에도 업무의 보고 시에도 적용될 수 있습니다. 특히 보고를 받는 상사의 상황에 대해 충분히 관찰하고 언제쯤 제안이나 보고를 해야 하는지 파악을 해야합니다. 나의 눈에는 충분히 좋은 아이디어지만, 상사의 현재 상황이 어떠한지, 고민하는 것 중 우선 해결해야 하는 것이 무엇인지를 알고 제시했을 때, 정 사원님의 아이디어는 한층 더 빛을 발할 수 있습니다.

정사원님의 강점인 아이디어를 더욱 강화하는 것을 추천해 드리며, 다만 아이디어를 제시하는 TPO만 고려해서 제안해 보시기 바랍니다.

CHAPTER · 2

그들로
흥하거나,
망하거나

중간관리자편

시작하며

몇 년 전, 모 회사의 초급 관리자분들을 대상으로 강의하던 중 질문을 하나 받았다. '리더십은 타고나는 것인가요? 아니면 길러지는 것인가요?' 세무 업무를 하시던 분이 리더십도 세무나 회계 업무와 같이 정형화된 학습 방법을 통해 배울 수 있는 것인지 궁금해했던 것이다. 그때는 '리더십 능력은 타고난 것도 있고 향후에 향상되는 부분도 있지만, 재능적인 비율이 조금 더 많은 것 같다'라는 답변을 했었다.

확실히 리더십은 다른 업무 능력과는 다르다. 혼자서는 습득할 수 없기 때문이다. 하지만 리더와 리더십의 다양한 사례들에 대해서 좀 더 깊게 연구하면서 리더십도 다른 능력과 마찬가지로 교육을 통해 충분히 성장시킬 수 있다는 것을 알게 되었다. 어느 정도의 기본적인 재능, 즉 가정과 학교를 통해 형성된 성격이나 기질, 성품 등을 바탕으로 적절한 교육과 경험이 더하여지면 더 높은 수준의 리더십을 발휘할 수 있다는 확신이 들었다.

그런데도 대부분의 사람들이 리더십을 어렵게 생각하는 이유는 세상에 이름이 알려진 리더들 때문이다. 탁월한 성과를 내는 축구팀 감독이나 글로벌 기업의 유명한 경영자들을 보면서 우리는 탁월한 리더십에 감탄하고 나는 그렇게 될 수 없음에 좌절한다. 사실, 우리는 누구나 리더의 역할을

리더십 트랜스포메이션

하고 있다. 그리고 유명한 축구 감독이나 거대한 조직의 CEO가 발휘하고 있는 리더십과 우리가 가져야 할 리더십의 본질은 크게 다르지 않다. 속해 있는 조직의 규모의 차이는 있을지 몰라도, 리더십의 핵심 역량이나 1차 대상의 범위는 같은 것이다.

리더십의 핵심적인 개념과 원리를 알면 누구나 어느 정도의 리더십을 발휘할 수 있다는 것은 매우 중요한 이야기다.

어떤 일을 시작할 때 처음부터 한계를 느끼는 것과 나도 할 수 있다는 자신감을 가지고 시작하는 것 사이에는 엄청난 차이가 있기 때문이다.

처음 하는 일이 쉬운 사람은 없다. 운전 면허증을 따기 전에는 운전하는 모든 사람이 무척 경이롭게 느껴진다. 그 크고 무거운 쇳덩이를 능숙하게 다루는 모습이 신기하면서 존경스럽기까지 하다. 그러다가 운전이 익숙해 지면 동작 하나하나를 일부러 인식할 필요가 없이 능숙하게 차를 몰고 있는 자기 모습을 발견하게 된다. 기본적인 운동신경에 운전 교육과 경험이 합쳐지면서 나온 결과다.

리더십도 마찬가지다. 내게 주어진 업무를 벗어나 다른 누군가를 움직이게 하고 이끌어 주는 일이 처음부터 쉬운 사람은 없다. 거대한 조직을 이끌어 나가는 CEO도 마찬가지다. 수많은 경험과 시행착오, 독서를 통한 지식의 습득, 끊임없는 교육으로 리더십을 키워갔다. 리더십에 대한 목표와 비전이 분명하다면 누구나 원하는 리더십 수준에 도달할 수 있는 잠재적인 가능성을 가지고 있음을 믿어야 한다.

리더십은 조직에서 반드시 갖추어야 할 핵심 역량이지만 우리는 리더십을 충분히 배우지 않은 채 리더가 된다. 리더의 역할을 하면서 리더십은 스스로 만들어가야 하고 온전한 리더십을 갖추지 못한 것은 전적으로 본인의 책임이 되어 혹독한 평가를 받게 된다. 하지만 한 명의 리더를 키우는 일은 조직 전체가 관심을 가지고 지원해 주어야 하는 일이다. 누구나 성장에는 도움이 필요하기 때문이다. 그리고 리더십의 성장을 함께 바라보고 격려해 주어야 한다.

조직에는 다양하고 복잡한 인간관계와 책임이 존재한다. 리더십이라는 막연한 부담감이 주는 어려움을 극복하고 이겨낼 수 있는 능력은 타고난 사람만이 가지고 있는 것이 아니다. 우리와 비슷한 경험을 한 이들이 축적해온 지혜와 방법을 활용하면 누구나 할 수 있다.

만약 누군가가 나에게, '리더십은 타고나는 것입니까?'라는 질문을 다시

한다면 이렇게 재질문하고 싶다. '세무와 관련한 업무 능력은 타고나는 것입니까? 아니면 길러지는 것입니까?' 그리고 리더십에 대한 질문은 이렇게 바뀌어야 한다. '당신은 진짜 리더가 되고 싶습니까?' 그 답이 예스라면 이 책 또한 미약하게나마 도움이 되리라 확신한다.

　탁월한 리더는 혼자서 만들어가는 것이 아니다. 선배와 후배, 동료들의 힘이 절대적으로 필요하다. 다양한 직급의 리더십에 대하여 다각도로 살펴보는 이 책이 리더십을 종합적으로 이해하는 데 도움을 줄 것이다. 그리고 특별히, 관리자로서 새로운 출발을 하게 된 분들과 이미 리더로서 여러 가지 어려움을 겪고 있을 조직의 수많은 관리자와 중간 책임자들이 이 책을 통해 작은 용기와 소소한 지혜를 얻었으면 하는 바람이다.

홍창기

LEADERSHIP
TRANS
FORMATION

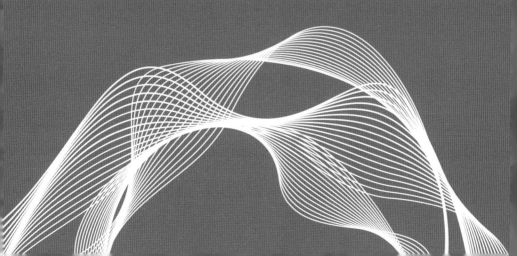

1장

하는 일부터
다시 정립

10 관리자는 커넥팅이 알파와 오메가다

리더로서의 출발

중간관리자가 된다는 것은 조직에서 리더로서의 첫 출발을 하는 것과 같다. 중간관리자로 승진하게 되면 챙겨야 할 것이 현저하게 많아진다. 사원 때는 앞서가는 사람만 부지런히 따라가면 되었지만, 중간관리자부터는 앞사람이 너무 빨리 가는 것은 아닌지, 뒤따라오는 사람이 잘 따라오고 있는지 확인하며 가야 한다. 지금까지는 크게 신경 쓰지 않았던 동료 직원들은 물론 부하직원들의 업무까지 챙겨야 하는 상황이 된 것이다.

이제는 팀장과 나 사이에 방패로 여겼던 존재가 없어졌다. 이제 스스로 그 역할을 해야 한다. 어느새 자신이 방패가 된 것이다. 상사에게도 인정받고 부하직원들로부터도 존중받는 리더가 되어야 하는 중간관리자, 커넥팅 리더십을 발휘해야 하는 중간 리더들의 부담감은 작지 않지만, 조직에서 중간관리자의 역할은 우리가 생각하는 것보다 훨씬 더 중요하다.

프랑스의 유명한 국제 경영대학원인 인시아드InSead의 휴이HUY 교수는 하버드 비즈니스 리뷰의 기고문에서 중간관리자의 중요성을 강조했다. 그는 주요 기업에 종사하고 있는 200명 이상의 중간관리자들을 대상으로 한 연구를 통해 중간관리자는 기업의 혁신 과정에서 매우 중요한 역할을 할 수 있다고 했다.

사업가(Entrepreneur)

중간관리자는 상위 경영자들보다 현장에 가까이 있다. 따라서 현장에서 발생할 수 있는 문제를 잘 알 수 있다. 그러면서 일선 업무에서는 어느 정도 떨어져 있으므로 중간 위치에서 조율하며 새로운 가능성도 볼 수 있는 위치이다. 또한, 작은 단위의 팀이나 파트를 책임지는 사람으로서 수익의 관점으로 조직을 운영하는 역할도 하고 있다. 따라서 중간관리자는 기업 안에 있는 또 다른 사업가라고도 할 수 있다.

의사소통자(communicator)

중간관리자는 조직의 가치를 퍼뜨리는 역할을 한다. 조직의 각 부분을 연결하고 있는 중간관리자는 조직에서 추진 중인 변화를 조직 내부에 확산시킬 수 있도록 공식, 비공식적인 네트워크를 통하여 영향력을 행사할 수 있다. 최고 경영자들이나 팀장 등 부서의 리더보다도 일선에 있는 조직원들과 훨씬 가까운 위치에 있으므로 이러한 면에서 의사소통자로서 역할을 누구보다도 효과적으로 수행할 수 있다.

치료사(Therapist)

중간관리자들은 조직의 변화로 인해 불안감을 가질 수 있는 조직원들의 정서적 안정을 위해 모종의 역할을 할 수 있다. 아픈 몸을 효과적으로 치료하기 위해서는 문제가 되는 부분에 직접 약을 바르거나 손을 대야 하듯이, 구성원 사이에 밀접하게 포진해 있는 관리자들이 서로 격려하고 이해해주는 이타적인 행동을 보여줌으로써 조직원들의 전체적인 사기를 진작시킬 수 있다. 이런 면에서 중간관리자는 눈에 보이지는 않지만, 조직 내의 작은 상처들을 치료하여 조직이 큰 문제 없이 앞으로 나아가게 할 수 있는 치료사이다.

골리앗에 맞선 다윗

중간관리자가 되었다면 리더가 되기 위한 기본적인 출발선에 선 것이다. 역사적인 사건을 통해 리더가 성장하는 과정을 살펴보자. 우리는 흔히 이기기 힘든 상대와 맞붙는 것을 흔히 다윗과 골리앗의 싸움에 비유한다. 이스라엘의 역사서에 의하면, 이스라엘이 블레셋이라는 나라와 전쟁을 벌이고 있었는데 블레셋 진영에서 골리앗이라는 기골이 장대한 장수가 있어 이스라엘은 번번이 전투에서 패하고 있었다.

당시 전쟁에서의 전투는 처음부터 한꺼번에 양 진영 전체가 맞붙는 것이 아니라 각 진영의 대표가 한 사람씩 나와서 먼저 실력을 겨루는 형태로 전개되었다. 단체전인데 초반부터 우리 팀에서 제일 잘한다는 대표선수가 맥없이 무너지니 경기에서 이길 재간이 없었던 것이다.

이러한 상황에서 등장했던 사람이 바로 다윗이다. 당시 다윗은 나이도 어렸고, 정식으로 훈련받은 군인도 아니었다. 이스라엘 군사들이 괴물 같은 골리앗과 싸우기를 두려워하여 앞에 나서기를 꺼리고 있던 사이에 본인이 믿고 있는 신을 모욕하고 있는 골리앗의 행동을 도저히 참지 못하고 직접 나선 것이었다. 골리앗과 맞붙은 다윗은 칼을 들고 달려오는 골리앗의 이마를 물맷돌로 정확히 명중시켜 단숨에 쓰러뜨린다.

다윗이 골리앗을 물리친 후에 이스라엘은 블레셋에게 큰 승리를 거두게 된다. 다윗의 물맷돌 하나가 전쟁에서 아주 큰 역할을 담당한 것이다. 이후에 다윗은 군대의 장군으로 발탁된다. 그리고 점점 더 많은 공을 세워 결국 이스라엘의 왕의 자리에까지 오르게 된다.

나의 업무에 충실한 것이 리더의 시작

다윗의 공적을 현대적으로 말하자면 우연히 채용면접에 참여했다가 입사하여 거대 기업 회장의 자리에까지 오른 셈이다. 그 시작은 물맷돌이었다. 물맷돌은 돌을 날려서 사자나 곰을 물리칠 때 쓰던 작은 무기였다. 당시에 다윗의 직업은 양을 치던 목동이었는데 양들이 들판에서 풀을 먹고 있을 때 양을 놀라지 않게 하면서 짐승들을 쫓아내기 위해서 물맷돌 날리는 기술을 연마했던 것이다. 평소 자신의 업무에 충실했던 것이 결국 왕의 자리에 오를 수 있는 기반이 되었다고 할 수 있다.

목동이었던 다윗에게는 양들을 다루는 능력과 물맷돌 다루는 기술이면 충분했다. 그러나 장군이 된 다윗에게는 물맷돌 이상의 능력이 필요하게 된다. 치열한 전쟁터에서 장수가 물맷돌만 날려서는 병사들을 통솔하는 데 한계가 있었다. 가까운 곳에서 여러 명의 적과 싸우는 데도 물맷돌은 적합한 무기가 아니었다. 다윗은 정식으로 군복을 입고, 칼과 활 그리고 방패를 다루는 기술을 익히게 된다.

리더에게는 또 다른 무엇이 필요하다

그리고 다윗은 이제 다른 장수들과 병사들을 다루는 리더십의 기술을 익혀야 했다. 양을 치는 일은 주로 혼자 하는 일이다. 아침 일찍 도시락을 싸 들고 밖으로 나와 양들을 데리고 풀을 먹이고 다시 집으로 돌아오면 되는 일이었다. 다른 사람들을 상대하는 일은 극히 드물었다. 그랬던 다윗이 이제 장군의 자리에 올랐으니 다른 군사들이 자신의 수족처럼 움직이게 하는 새로운 리더십의 기술이 필요해진 것이다.

장군이 된 다윗은 여러 전쟁에서 큰 공을 세우고 결국 왕이 된다. 왕이 된 다윗에게 이제 칼과 방패를 휘두르는 것과는 또 다른 능력이 필요했다. 더 높은 단계의 리더십이다. 왕은 이제 전쟁에서 군대를 이끄는 장군들을 통솔해야 하며 정치적인 역량을 발휘하여 나라를 다스려야 한다. 물맷돌이나, 칼과 방패를 다루는 기술로는 해결할 수 없는 문제들이 쌓여 있다. 더 높은 단계의 리더십, 정치적인 결단이나 인재를 적재적소에 배치하는 능력, 이전 왕과의 관계, 사람들로부터 존경받는 능력을 보여주어야 한다.

조직에 처음 들어가면 본인에게 주어진 업무에 집중해야 한다. 그것이 아무리 작고 하찮아 보이는 일이라도 그것은 조직 전체를 보았을 때 꼭 필요한 일이고, 우리는 그것을 충실하게 수행하여 전문가가 되기 위하여 노력해야 한다. 그것이 결국 내가 더 성장할 수 있는 기회를 가져다주기 때문이다.

다윗이 평소에 물맷돌 기술을 열심히 익혔고 그것을 활용하여 기회를 잡을 수 있었던 것처럼, 조직에서 꼭 필요한 어떤 일이 있고, 누군가가 그것을 탁월하게 해낼 수 있다면 그 사람에게는 분명히 기회가 온다. 이렇게 자신의 업무에 충실했던 사람들에게 승진의 기회가 주어지는 것이다. 그리고 이제부터는 다른 사람들을 관리하는 역할을 담당하게 된다. 중간관리자로서 커넥팅 리더십을 발휘해야 한다.

물맷돌에서 창검으로

　조직은 중간관리자들에게 어떤 역량을 기대하고 있을까, 자신을 승진하게 해준 물맷돌은 잠시 내려놓고 이제부터 필요한 창·검술을 배워야 하는 시점이다. 지금까지 집중했던 자신만의 업무에서 벗어나 리더로서 갖추어야 할 역량을 목표로 폭넓은 시야를 가지고 리더십을 키워야 한다.

　먼저 일에 대한 필요성과 역할에 대하여 정확히 알아야 한다. 지금까지는 주어진 일을 기술적으로 처리하는 것에만 관심을 가지고 집중했다면 이제 업무의 전반적인 의미와 프로세스를 다시 살펴볼 필요가 있다. 즉, 왜 이 일을 해야 하며 왜 이것이 중요한지를 먼저 알아야 하고 정확히 무엇을 해야 하는지 파악해야 한다. 리더가 되어서도 여전히 혼자 하는 업무에 집중하고 있는 관리자가 있다면 이제는 눈을 들어 더 넓은 곳을 바라봐야 한다.

　리더는 다른 사람이 하는 업무를 더 잘할 수 있게 도와주는 사람이어야 한다. 그렇게 하려면 다른 업무에 대해서 알아야 하고 왜 그런 식으로 처리하고 있는지도 파악해야 한다. 나와는 다른 업무 처리방식과 생각에 대해서도 이해하고 올바르게 소통하려는 노력이 필요하다.

　리더는 결정해야 하는 사람이다. 지금부터는 과감하게 결정을 내리는 연습을 해야 한다. 단순하고 반복적인 업무에서 벗어나 조직 구성원과 부서 간, 혹은 고객과 관련하여 복잡하게 얽혀있는 문제들을 해결할 수 있는 능력을 키워가야 한다. 최선의 결과를 가져올 수 있는 결정을 내리려면 문제를 정확히 파악하고 과감하게 결단을 내릴 수 있어야 한다. 또한, 결정에 따라 부여되는 책임도 경험해 보는 시간이다.

이제는 함께 일해야 한다

리더는 혼자 성과를 내는 것이 아니라 다른 사람에게 영향력을 발휘하여 함께 목표를 달성하도록 이끌어가는 사람이다. 서로 생각이 다른 구성원들에게 끊임없이 공동의 목표를 상기시켜 구성원 자신의 능력을 최대한 끌어낼 수 있도록 코칭도 해 주어야 한다.

처음에는 서툴던 업무가 시간이 지나면서 능숙해지듯이, 리더십도 한순간에 길러지지 않는다. 다른 사람들을 이끄는 능력은 다른 어떤 업무에 관한 기술보다 어려운 것이다. 부단한 노력과 수많은 시행착오를 거쳐 형성되는 것이 바로 리더십이다.

다양한 이해관계를 조정하고 연결해주어야 하는 커넥팅 리더십을 발휘하는 것이 처음에는 어려울 수 있지만 정확한 방향과 방법을 알면 훨씬 수월하게 느껴질 수 있다. 부담은 생겼지만 걱정할 필요는 없다. 조직에서의 모든 직책은 조직의 목표를 효과적으로 달성하게 한다는 나름의 존재 이유가 있다. 중간관리자와 같은 커넥팅 리더들도 조직의 목표달성을 위해서 나의 위치를 잘 활용하면 된다. 리더로서 나의 리더와 동료 직원, 그리고 나의 팔로워들을 잘 활용하면 되는 것이다.

중간관리자는 조직 구성원이라면 누구나 거쳐야 하는 필수적인 역할이다. 따라서 팀장이나 임원 등 더 높은 위치로 가기 위해서라도 지금부터 필요한 역량을 쌓을 필요가 있다. 이것은 기회다. 커넥팅 리더는 상대적으로 적은 부담감으로 여러 리더십의 능력을 발휘해 볼 수 있는 절호의 기회이며 다시 오지 않을 황금 같은 시간이라는 것을 명심하자.

11 불변의 리더십 다지기 원칙

리더는 한 명이 아니다

1914년 1월 영국, 한 탐험선이 남극을 향해 출발했다. 이 탐험선에는 유명한 탐험가였던 어니스트 섀클턴대장을 비롯해 인류 최초의 남극 대륙 횡단을 목표로 했던 탐험대원 27명이 타고 있었다. 탐험대는 철저한 준비를 하고 의기양양하게 떠났지만, 출발한 지 1년이 지난 무렵, 남극대륙을 바로 앞에 두고 유빙에 갇히게 된다. 배가 심하게 파손되고 식량이 떨어져 탐험대가 큰 위험에 처하게 되자 섀클턴은 탐험대원 중 5명만을 데리고 1,300km 떨어진 섬으로 구조를 요청하러 떠난다.

이후 섀클턴은 구조대와 함께 나머지 탐험대원이 있던 곳으로 돌아왔고, 영국을 출발한 지 634일 만에 탐험대 전원이 무사히 집으로 귀환할 수 있었다. 비록 남극대륙 횡단이라는 원래 목표를 이루지는 못했지만 극심한 추위와 배고픔이라는 극한 상황에서 전원 생존이라는 더 힘든 일을 이루어냈다고 해서 사람들은 어니스트 섀클턴을 '위대한 실패자'라고도 부른다.

우리가 기억하는 것은 리더였던 어니스트 섀클턴뿐이지만 모든 대원이 무사히 돌아올 수 있었던 이유는 선원들이 극한 상황에서 각자의 리더십을 발휘했기 때문이었다. 조직에서 가장 높은 곳에 있지 않더라도 본인이 있는 곳에서 묵묵히 리더십을 발휘하고 있는 사람들이야말로 조직 전체를 유지하는 리더십의 핵심이다.

리더십을 이야기하면 우리는 보통 세종대왕이나 빌 게이츠, 스티브 잡스처럼 조직의 최상층에 있는 사람을 떠올린다. 리더십을 강조하고 있는 사회에서, 리더십을 발휘하려면 조직의 최고위층이 되어야 한다고 생각하기 때문이다. 하지만 조직이 거대해질수록 한 사람이 미칠 수 있는 영향력은 줄어들게 되어 있다. 따라서 우리는 먼저 조직을 대표하는 리더와 그 조직을 움직이는 리더십을 구분해야 한다. 그리고 톱(Top)리더가 아니면 리더십을 발휘할 수 없다는 생각을 바꾸어야 한다.

먼저 인간적으로 친해지되, 선은 지키면서

리더십은 무엇보다도 사람을 상대하는 것이기 때문에 인간관계 구축은 중요한 리더십의 기초가 된다. 따라서 관리자라면 직원들과 긴밀한 인간관계를 맺을 필요가 있다. 사람들과 긴밀한 관계를 유지하고 타인들의 근황을 지속적으로 파악하는 가장 좋은 방법은 비공식적으로 편안하게 대화하는 것이다. 사무실 등의 업무 공간이 아닌 곳에서도 직원을 만나면 시간을 좀 더 내어 가벼운 대화를 나눈다거나 공식적인 회의시간보다 조금 일찍 도착해서 미리 이야기 나누는 시간을 갖는 것이다. 이러한 소소하면서 지속적인 소통이 더 끈끈한 인간관계를 형성하게 해준다.

주의할 점은 타인에게 관심을 표현할 때 일정 선을 넘지 않도록 유의해야 한다는 것이다. 선을 넘으면 오히려 상대방에게 큰 부담이 될 수 있다. 취미나 관심사에 대해 가볍게 물어보는 것이 좋다. 상대방이 자신에게 어느 정도 관심을 가지고 있다고 생각하는 정도면 된다. 가벼운 대화 중 더 살펴볼 내용이 있다면 추가 질문을 하는 것도 필요하다. 직원의 개인 생활이 업무에 어느 정도 영향을 미치기 때문이다. 하지만 이러한 상황에서도 대답을 강요해서는 안 되고 그 자리에서 성급하게 조언하는 것도 피해야 한다.

리더로서 사람들과 대화를 많이 나누는 것도 중요하지만 때로는 침묵도 무엇인가를 얘기해 준다는 것을 알 필요가 있다. 따라서 사무실이나 주변의 전반적인 분위기를 살피는 것도 중요하다. 주변 사람들이 관리자인 나에게 말을 걸어오는 빈도가 이전보다 확연히 줄어들었다면 무엇인가 잘못되어가고 있다는 신호일 수도 있다. 사람들은 리더에게 은 소식을 전하는 데는 빠르게 나서지만, 나쁜 소식을 전하는 것은 본능적으로 피하기 때문이다.

어려운 대화도 나눌 수 있어야

사람은 누구나 다른 사람에게 좋은 이미지로 보이길 원한다. 리더도 마찬가지다. 남들이 듣고 싶어 하지 않는 얘기를 계속 말하고 싶은 사람은 없다. 하지만 때로는 따끔한 교훈이 필요할 때가 있다. 성장은 대부분 부족한 현실이나 상황에 발전적인 방식으로 반응할 때 일어난다. 좋은 리더들은 다른 사람의 성장을 위해서라면 불편한 대화도 감수해야 한다. 쉽지 않은 일이지만, 까다로운 대화를 피하고 싶을 때 리더 자신에게 이런 질문을 던져볼 수 있다. '상대방이 다칠까 봐 피하는 것인가, 아니면 내가 다칠까 봐

피하는 것인가?' 자신에게 해가 될까 봐 그러는 것이라면 이는 리더로서 이기적인 행동일 수 있다. 탁월한 리더는 다른 사람과 어려운 대화도 나눌 수 있어야 한다. 사람들은 리더가 자신을 진정으로 존중해 주고 있다고 믿으면, 어느 정도의 어려움은 참고 견딜 수 있다. 나를 위한 것이 아닌, 공동의 목표와 상대방의 성장을 위한 진정성을 가진 소통을 해보자. 지금이 아니라 훗날, 나도 누군가의 존경받는 멘토로 기억될 것이다.

누구나 뛰어난 장점이 있다

많은 사람들에게 존경받는 스승이나 멘토들에게는 눈에 띄는 특징이 있다. 바로 타인을 존중하는 태도가 탁월하다는 것이다. 즉, 제자나 멘티가 뛰어난 성장 잠재력을 지니고 있다는 확실한 믿음으로, 포기하지 않고 그들이 성장할 수 있도록 끝까지 지원했다는 것이다.

좋은 리더는 함께 일하는 사람들에게서 더 많은 것을 끌어내려고 노력한다. 그렇게 할 수 있는 이유는 간단하다. 그들이 더 많은 것을 할 수 있는 사람이라고 생각하기 때문이다. 사람을 바라보는 긍정적인 마인드와 사기를 북돋우는 태도가 생산적인 업무 환경을 만든다. 따라서 리더는 다른 사람들이 가지고 있는 잠재력을 찾아야 한다. 그리고 잠재력을 찾으면 그것을 끌어내기 위해 최선을 다해야 한다.

함께 일하고 있는 사람들에게서 특별한 잠재력이나 성장 가능성을 찾기 힘든 경우에도 반드시 기억해야 할 것이 있다. 사람은 누구나 특정 영역에서는 매우 뛰어난 강점을 지니고 있다는 사실이다. 마커스 버킹엄과 도널드 클리프턴은 저서 『위대한 나의 발견, 강점혁명 Now, Discover Your Strengths』에서 사람들은 누구나 10,000명 중 1명으로 꼽힐 만큼 뛰어난 능력을 지닌 분야가 최소한 하나씩은 있다고 했다. 모든 사람이 특정 분야에서 최고가 될 수 있다는 의미이다.

반면, 다른 사람에게서 강점을 찾기보다 뛰어난 인재가 될 만한 사람을 보면 불안해하면서 오히려 그 사람의 탁월한 재능을 막으려는 리더도 있다. 부하직원의 뛰어난 실적 때문에 자신의 가치가 하락해 보이지는 않을까 하는 염려에서 나오는 행동이다. 하지만 리더는 사람들의 가치를 높여주고 그들이 또한 좋은 리더로 성장하는 과정을 통해서 본인도 더 탁월한 리더로 성장해 갈 수 있다는 사실을 명심해야 한다.

모든 사람을 잠재력 있는 인재로 여기고 잘하는 모습을 발견하도록 노력하고 격려하는 것이 옳은 행동이지만 이것은 매우 어려운 일이다. 우리 사회의 관습과는 배치되는 행동이기 때문이다. 우리는 치열한 경쟁사회에서 생존하기 위해서는 남들이 잘못하는 것을 찾아내야 한다고 교육받아 왔다. 우리가 잘하는 행동을 발전시키기보다는 조직이나 사람들의 기대에서 벗어난 행동을 억누르면서 성장해 왔기 때문이다. 부모님이나 학교 선생님이 우리 일에 관심을 가지면, 십중팔구는 무엇인가를 잘못하고 있다는 의미였다. 그렇게 자라 왔기 때문에 우리도 남의 잘못을 찾아내야 한다고 생각하는 경향이 있다.

하지만 부정적인 것에 집중하고 잘못하는 것을 찾아낼 경우, 부하직원의 발전에는 실질적으로 도움이 되지 않는다. 잘못하는 것을 찾아내면 그들은 방어적이 되기 때문이다. 그리고 변명을 하고 피하게 된다. 반면, 잘하고 있는 것을 포착하면 그들이 긍정적으로 발전하는 계기가 될 수 있다. 스스로 더 잘하고 싶은 마음이 들게 하는 것이다.

개인의 강점에 집중하려면 조직 전체보다 개별적으로 다가가야 한다. 초보 리더가 저지르는 실수 중 하나는 모든 사람을 같은 방법으로 지도한다는 것이다. 사실 모든 사람이 동일한 리더십에 똑같이 반응하지는 않는다. 기본적으로 모든 사람에게 친절과 존중으로 대하는 것은 맞지만, 모든 사람에게 같은 전략과 방법으로 접근하는 것은 효과적이지 않을 수 있다. 물질적 보상을 중시하는 직원이 있는가 하면, 명예나 직위를 소중하게 생각하는 사람이 있다. 또한, 리더와의 친밀한 관계를 가장 중요하게 여기는 사람들도 있다. 따라서 개인이 진정으로 목표로 하는 것이 무엇인지 파악하고, 주도/신중형 같은 고유의 업무 성향, 외향/내향성 같은 개인의 타고난 성격에 따라 적절한 방법을 각각 다르게 적용하는 것이 효과적이다.

12 따르는 것이 리딩의 시작이다

누가 오래 버틸 수 있는가?

　일본 나가노현 스와시에서는 7년마다 한 번씩 '온바시라마츠리'라고 불리는 축제가 열린다. 이 축제에서 가장 인기 있는 것은 통나무 타기다. 30여 명의 사람들이 길이가 20m에 달하고 무게가 15톤이 넘는 통나무를 타고 무작정 가파른 산기슭을 미끄러져 내려오는 경기다. 많은 참가자가 부상을 입고 심지어는 목숨을 잃는 경우까지 생긴다. 이 대회에 참여한 사람들의 목표는 산기슭 아래까지 내려오는 동안 통나무 위에서 떨어지지 않는 것이다. 과연 어떤 사람이 가장 마지막까지 통나무 위에서 떨어지지 않고 버틸 수 있었을까?

　수십 년간 이 대회의 결과를 조사해 본 바에 따르면, 통나무 위에서 가장 오래 버틴 사람들은 특별히 체격이 좋거나 운동신경이 뛰어난 사람이 아니었다. 가장 오래 버틴 사람들은 통나무의 가장 앞에 탄 사람들이었다. 가장 앞자리에 있으면 통나무가 내려가는 방향과 표면의 요철 등을 한눈에 볼 수 있고, 사람들의 이목이 쏠리는 자리여서 그에 따른 책임감과 자부심이 시너지 효과를 일으킨 것이라고 분석했다.

그렇다면 두 번째로 통나무에서 오래 버티는 사람들은 누구였을까. 분석에 따르면 맨 앞자리를 제외하고는 어떤 자리에 앉았느냐가 그다지 중요한 사항은 아니었다. 다른 사람보다 오래 통나무 위에 남을 수 있었던 사람은 바로 맨 앞에 앉아 있는 사람의 움직임에 집중하여 그와 호흡을 같이하며 움직인 사람이었다. 즉 리더에 주목했던 팔로워였다.

리더십은 팔로워를 꼭 필요로 한다. 리더십의 영역은 리더가 다른 사람들, 즉 팔로워로부터 원하는 팔로워십(리더십이 상사가 부하에게 영향력을 행사하는 과정이라면, 팔로워십은 부하로서 바람직한 특성과 행동을 의미한다)을 발생시키는 데까지라고 할 수 있다. 그리고 리더십에 대한 평가의 기준은 리더의 행동에 대한 평가가 아니라, 팔로워의 능력발휘, 팔로워십의 발현 수준에 대한 평가가 되어야 한다. 리더십은 팔로워십과는 따로 생각할 수 없는 개념인 것이다.

팔로워도 마찬가지이다. 제대로 된 팔로워십을 발휘해서 리더로 하여금 조직을 올바로 이끌 수 있는 리더십을 발휘할 수 있도록 하는 것이 그 최종적인 결과가 되어야 한다. 그러므로 조직에 문제가 생겼을 때 리더와 팔로워를 구분하지 않고 상호 유기적인 관계의 측면에서 함께 살펴보는 것이 바람직하다.

나는 어떤 유형의 팔로워인가?

미국 카네기멜런대 교수인 로버트 캘리는 『팔로워십의 힘The power of Followership』이라는 책에서 비판적 사고와 참여의 정도를 기준으로 하여 팔로워의 유형을 4가지로 제시했다. 이 유형들을 기준으로 중간관리자로서 나의 리더에 대하여 어떤 생각과 태도를 지니고 있는지 점검해보고 나 역시 리더이자 팔로워로서 지향해야 할 팔로워십은 무엇인지 살펴볼 수 있다.

모범적 팔로워

비판적 사고능력과 참여도가 모두 높은 유형이다. 결정된 사항에 대해서 불만이 있을 때 그것을 개선하기 위한 생산적인 대안을 적극적으로 제시한다. 그리고 그것이 초래한 결과에 대해서도 책임을 회피하지 않는다. 리더가 사적인 기준으로 판단을 내리거나 좀 더 공동의 목표에 부합하는 대안이 있을 때 강하게 의견을 제시하는 유형이다. 리더의 입장에서는 이러한 팔로워들이 어떤 결정을 내리는 데 있어 부담으로 작용할 수 있으나 리더십 성향에 따라서는 모범적 팔로워를 적극적으로 활용하여 조직의 성과를 달성하는 데 큰 도움을 받을 수 있다.

나 홀로 간다

팔로워로서 비판적인 사고능력은 뛰어나지만, 실제 조직에 대한 기여도나 참여도는 낮은 경우다. 예를 들어 공식적인 회의시간에는 침묵하다가 회의가 끝나면 결정사항에 대해 사석에서 거침없이 비판하는 부류의 사람들이 이런 팔로워 유형에 가깝다고 할 수 있다. 평소 본인이 제시하는 비판적 의견이 책임감 있는 행동으로 이어지는 경우가 드물어서 이들의 의견이 실제로 반영되기는 쉽지 않다. 생산적인 대안을 제시하기보다 비판을 위한 비판을 목적으로 하는 팔로워로서 리더에게는 가장 부담이 되는 유형이다.

예스맨

말 그대로 예스맨이다. 웬만해서는 본인의 의견을 피력하거나 독단적으로 행동하지 않는 유형의 팔로워다. 적극적으로 조직활동에 참여하지만, 비판적인 사고를 할 수 있는 능력이 극히 낮은 유형이다. 문제는 이들이 조직의 목표를 생각하기보다 개인적 평안을 우선시하려는 경향이 있다는 것이다. 대부분 상사가 지시한 내용 그대로 따른다. 리더의 의견에 반대 의사를 표현하거나 다른 의견은 가급적 제시하지 않는 유형으로 단기적으로는 리더가 선호할 수 있는 유형이며 대부분의 조직에서 가장 비율이 높은 팔로워의 유형이기도 하다.

순한 양

순종적 팔로워이다. '순한 양'이라는 별칭이 붙은 유형으로, 조직에 특별한 해를 끼치지 않지만, 일정 수준 이상의 기여도 하지 않는 유형이다. 조직이 추구하는 목표나, 리더의 리더십 방향에 대해서 큰 관심이 없고 개인적 안정을 극도로 추구하는 경향이 있다. 향후도 리더가 되기를 꺼리거나, 리더가 되어도 리더십 부재로 큰 고민을 할 가능성이 큰 유형이다.

앞서 살펴본 네 가지 팔로워 유형 중에서 조직적인 관점에서 볼 때 가장 바람직한 유형은 모범적인 팔로워라고 할 수 있다. 모범적 팔로워의 핵심은 자신만의 결정을 해보고 의견을 피력한다는 것이다. 팔로워는 언젠가 자신이 따르던 리더의 길을 간다. 그러므로 팔로워로서 리더의 결정을 판단해보는 연습을 해야 한다. 본인이 리더라면 내렸을 결정에 대해 책임이 따르지 않는 편안함을 누리면서도 결과에 대한 피드백을 확인해 볼 수 있다. 미래의 리더로서 부담 없이 연습할 기회를 놓쳐서는 안 되는 것이다.

또한, 리더로서도 모범적인 팔로워는 큰 도움이 된다. 성과를 달성하는 것이 리더십의 궁극적인 목표이므로 더 완벽한 결과를 도출하기 위해서는 다른 사람들의 도움이 절실히 필요하기 때문이다. 리더 자신의 결정을 보완해 줄 수 있는 의견을 제시하는 사람이 있다면 성과를 달성하는 데 큰 도움이 된다. 리더가 평소에는 자신의 말을 잘 따라주는 순종형 팔로워를 더 선호하는 것 같아도 중요한 순간에는 모범적인 팔로워를 찾게 되는 것이다.

비판적 의견보다 실행 능력을 키워라

더 나은 성과를 내기 위한 비판적 의견은 나의 행동이 밑바탕이 될 때 리더에게 받아들여질 수 있다. 본인의 의견을 관철하려면 그만한 책임감 있는 실천이 필요하다. 사람들은 의견이나 아이디어를 받아들일 때 그 아이디어 자체를 판단하기보다 그 의견을 누가 제시했느냐를 더 중요한 판단 기준으로 삼는다. 아무 좋은 아이디어라 할지라도 이제 막 조직에 들어온 신입사원이나 곧 퇴사를 앞둔 경력이 오래된 직원의 의견은 채택되기 어렵다.

비판적 의견 자체는 문제가 되지 않는다. 다만 본인이 생각하는 판단의 기준이 어디에 있냐 하는 것은 매우 중요하다. 의견을 제시할 때는 먼저 목표를 상기하고 합리적 근거를 바탕으로 하여 제시해야 한다. 판단의 기준이 본인의 성과나 안락함에 있다면 문제가 된다. 공동의 이익을 생각하는 진정성에서 나오는 의견은 다른 사람들도 받아들일 가능성이 크다.

예스맨형 팔로워에 해당하는 유형은 스스로 사고하는 능력을 키워야 한다. 세상에 완벽한 리더는 없다. 때로는 리더가 내리는 결정이 조직의 목표에 부합하지 않을 수 있다는 사실을 알아야 한다. 리더 본인의 사적 이익을 위한 의사결정이나 비윤리적 방안이라고 판단되는 경우에는 과감하게 조정 의견을 제시할 수 있어야 한다. 또한, 상사에 대한 아부와 칭찬을 구분해야 한다. 아부는 사람 자체를 무조건 따르는 것이고, 칭찬은 그 사람이 내린 결정에 대하여 존중해 주는 것이다. 아부는 리더가 구체적으로 어떠한 결정을 내리는가에 관한 관심이 없다. 결정에 대한 기준이 무엇인지, 어떠한 결과를 낳을 것인지에 대한 진지하게 고민하지 않는다. 그것이 아부다. 리더에게는 아부가 아닌 격려와 칭찬이 필요하다.

감정에 대응하는 법을 알아야

비행기 안에서는 많은 일이 일어난다. 가끔 특별히 불만이 많은 승객이 발생하는 경우도 있는데, 승무원으로서 이런 상황에서 적절하게 대응할 수 있는 서비스 기법이 있다.

불만을 항의하기 위해 찾아온 고객에게 무엇을 먼저 해야 할까. 이러한 경우 무작정 고객에게 사과나 해명을 하기보다는 먼저 승객에게 음료수 한잔을 권하며 진정시키는 것이 효과적이다. 이때 차가운 아이스티와 따뜻한 녹차 중 어떤 것을 주어야 더 효과가 있을까? 언뜻 진정하고 냉정하게 판단하라는 의미로 차가운 음료가 더 효과적일 것으로 생각하지만, 정답은 뜨거운 녹차이다.

감정적으로 화가 난 고객이 승무원에게 불만을 쏟아내려고 할 때, 따뜻한 차를 받아 들게 되면 차를 식히기 위해 잠시 시간을 갖게 된다. 그러면서 자신이 하고자 했던 이야기를 이성적으로 다시 생각해 보는 것이다. 이때 지나치게 감정적이었던 부분은 어느 정도 감소되고 화가 난 고객을 논리적으로 납득시키거나 이성적으로 해결 가능한 부분만 남게 된다는 것이다.

직장에서 리더에게 대응할 때도 이와 같은 방법이 유용할 때가 있다. 무슨 문제가 있어서 리더로부터 꾸중 섞인 이야기를 들었을 때 리더의 이야기로부터 논리적인 부분과 감정적인 부분을 분리해 낼 수 있는 시간적 여유를 갖는 것이다. 리더와 팔로워 사이의 감정 교류에서 서로 냉정함과 객관성을 유지할 수 있는 영역을 만드는 것이다. 리더도 감정적으로 대화할 경우가 있으므로, 자신의 감정을 추스르고 팔로워에게 전달해야 할 객관적인 정보, 지시 등만 추려낼 수 있도록 시간의 간격을 두고 대응하는 것이 필요하다.

적극적 경청으로 리더를 도울 수 있다

탁월한 팔로워들은 상대가 더 많이 말할 수 있도록 적극적으로 경청하는 사람들이다. 경청은 상호 보완적인 대화법이다. 말하고-듣는 관계에서 말하는 입장에 있는 것이 항상 유리한 것은 아니다. 경청하는 입장에서 상대방에게 지속적인 관심을 표현함으로써 더 많은 정보를 얻을 수 있다는 것을 증명한 실험이 있다.

총 90명의 사람들을 3인 1조로 묶고 각각 말하는 사람, 듣는 사람, 기록하는 사람을 지정했다. 말하기를 담당한 사람에게 어떤 이야기가 적힌 종이를 한 장씩 나누어 주고 10분간 반복하여 읽어서 내용을 숙지하도록 한후 자신이 속한 조에 돌아가 듣는 역할을 맡은 사람에게 그 종이에 적힌 내용을 그대로 이야기하게 했다.

그리고 듣는 역할을 맡은 사람들을 두 그룹으로 나누어 한 그룹에는 말하는 사람에게 적극적으로 맞장구를 치게 한 반면, 나머지 그룹의 듣는 사람들에게는 '다른 곳을 쳐다보고', '상대방의 눈을 쳐다보지 않고' 소극적으로 들을 것을 요구했다. 시간이 지난 뒤 각 조에서 나온 이야기를 기록한 결과를 비교해 보았다. 예상대로 적극적으로 맞장구를 치며 이야기를 듣게 했던 그룹에서 나온 데이터들이 건성으로 듣게 했던 조의 결과들보다 훨씬 정확하고 정보의 양도 많았다.

팔로워들은 리더의 이야기를 적극적으로 경청해 주는 것만으로도 자신들이 원하는 바를 얻어낼 수 있다. 그리고 이것은 리더에게도 큰 도움이 된다. 다른 사람들이 적절한 질문을 던져 줌으로써 리더는 생각의 폭을 넓힐 수 있고 의사결정에 따라 예상되는 결과를 생각해 볼 수 있기 때문이다. 팔로워는 주로 듣고 리더는 이야기함으로써 팔로워는 도와주는 역할을, 리더는 스스로 이끌어 간다는 협력의 관계가 생산적으로 이어질 수 있다.

특히 커넥팅 리더십은 리더와 팔로워의 사이에서 균형을 잡고 지속적인 협력 관계를 유지하는 것이다. 사람들이 나를 리더로서 진심으로 따르기를 원한다면, 먼저 내가 좋은 팔로워가 되어야 한다. 리더를 따르는 것이야말로 진정한 리더십의 시작이다.

고민 사례 4 친절하면서 유능한 상사는 불가능한가요?
(대학병원 근무, 35세 간호 파트장)

"

저는 얼마 전 간호사 파트장으로 승진했습니다. 앞으로 어떤 파트장이 되고 싶냐는 간호부장님의 물음에 '부서원들의 이야기를 잘 들어주는 파트장이 되겠다'라고 대답했습니다. 간호부장님은 '다른 무엇보다 일을 잘하는 사람이 되어야 한다'라고 말씀해 주셨습니다. 사실 그때는 그것이 무슨 의미인지 잘 몰랐습니다.

승진 후에는 실제로 간호사들의 이야기를 많이 들어주려고 노력했습니다. 환자들을 돌보면서 생긴 고충이나 업무 환경에 대해 불만을 들어주다 보면 정작 필요한 업무 지시를 제대로 전달하지 못할 때가 많았습니다. 이야기를 잘 들어주어도 파트장의 위치에서 실제로 해결해 줄 수 없는 것이 많았고 그다지 생산적이지 않은, 그야말로 신세 한탄에 불과한 이야기들도 많았습니다.

파트장으로서 간호부장의 업무 지시를 일방적으로 전달하고, 때로는 야간 근무 같은 힘든 업무를 종용해야 할 때도 잦았습니다. 간호사들과 이야기를 하던 중간에 저도 모르게 험한 말이 나올 때도 있습니다. 공평하게 업무 스케줄을 짜야 함에도 불구하고 개인적인 친분으로 자신이 원하는 근무타임으로 조정해줄 것을 따로 요구하는 때도 있습니다. 다른 간호사들이 업무 처리에서 중요한 실수를 해도 파트장으로서 평판이 나빠질까 봐 두려워 혼내거나 지적하기가 힘듭니다. 잘 들어주겠다고 했는데, 들어주는 것만으로는 업무를 잘할 수 없다는 것을 깨닫고 있습니다.

파트장으로서 다른 간호사들의 의견을 잘 들어주겠다고 했는데, 현실적으로 도와줄 수 있는 권한이 있는 것이 아니고 각자의 의견을 모두 맞추어주기가 현실적으로 어렵습니다. 잘 듣겠다고 했던 약속을 어기지 않으면서 동료들과의 관계도 잘 유지하고 중간관리자로서 잘해나갈 수 있는 방법은 없을까요?

"

홍 **코치**_____

  좋은 리더가 되고 싶은지, 좋은 사람으로 인정받고 싶은지 구별할 필요가 있습니다. 먼저, 직장은 삶의 또 다른 무대라는 것을 받아들여야 합니다. 직장은 확실한 공동의 목표가 있는 곳이며 인간관계와 소통은 그러한 목적을 이루는 범위 내에서 제한될 수밖에 없습니다. 학교에서는 선생님과 학생 간의 지켜야 할 소통의 방식이 있고 가정에서는 가족 간의 소통방식이 있듯이 직장은 내가 살아가는 모습 중에 일부의 능력과 인격을 사용하여 소통해야 하는 곳입니다.

  간호부장님께서 먼저 일을 잘해야 한다고 이야기를 한 이유는 리더로서 직장에서의 1차적인 목적을 항상 상기하라는 뜻입니다. 직장 밖에서 좋은 사람으로 평가받는 것과 직장 안에서의 평가는 완전히 다를 수 있습니다. 먼저 조직의 목적을 우선시하는 소통방식이 궁극적으로는 본인에게도 도움이 된다는 뜻입니다. 다른 사람의 말을 잘 들어주는 것은 물론 좋은 리더의 역량이지만 어디까지나 업무에 도움이 되는 경우에만 효과가 있습니다. 따라서 인간관계와 업무 관계를 어느 정도 분리해서 다루는 것이 필요합니다. 나뿐만 아니라 동료 직원이나 부하직원들도 업무의 목적을 확실히 알고 있어야 합니다. 회의나 업무 지시 전에 항상 조직과 부서의 목표를 부서원들과 먼저 상기하고 충분히 공유한 후 업무 소통을 하는 것이 좋겠습니다.

  업무 스케줄을 짜는 일 등은 공적인 자리에서만 협의한다는 것을 확실히 인지해야 합니다. 개인적으로 부탁을 해오는 부서원들에게는 업무회의에서 다시 함께 이야기할 것을 권유하고 실제로도 투명하고 공정하게 모든 부서원과 소통해야 합니다. 리더가 된 초기에 인간적인 친근함에도 본인의 요구를 들어주지 않는 부서원들의 불만은 생길 수밖에 없으나 일정 기간을 공적인 기준으로 결정하는 모습을 보여준다면 오히려 유능한 파트장이자 리더로서 부서원들도 인정하게 될 것입니다.

배 코치

간호사님께서는 이미 답을 알고 계십니다. 사연에서도 말씀하셨다시피, 도와줄 수 있는 권한이 있는 것이 아니고 각자의 의견을 모두 맞춰주기가 현실적으로 어렵습니다. 사실 어려운 정도가 아니라 불가능한 상황이지요. 이는 중간관리자 대다수가 겪는 상황입니다. 다시금 말씀드리지만, 이 두 가지 상황을 모두 만족시킬 수는 없습니다. 단, 중요한 것이 있습니다. 어떤 상황에서건 최대한 일관될 수 있는 판단 기준을 가져야 합니다.

즉, 간호부장님의 지시에 무조건 따르는 것이 아니라, 파트장님께서 나름의 기준을 가지고 부장님의 지시와 부서원들의 요구 사항을 조율하셔야 합니다. 이 기준이라는 것은 회사의 규정이 될 수도 있고, 파트장님의 철학이나 중요시하는 가치가 될 수 있습니다. 예를 들어 근무 타임 조정 시 월 1회는 받아들인다든지, 시간 외 업무 요청 시 1시간이 넘어가면 다음 번 근무에 반영한다는 등, 파트장님의 기준이 있어야 부장님과 부서원들 간의 팀워크에 도움이 됩니다.

그리고 이 기준들을 혼자만 알고 있지 말고, 부장님과 부서원들과 공유하십시오. 우리 파트장님의 이러한 판단 기준을 다른 이들이 알고 있으면, '이미 한번 근무 타임 변경을 했으니 이번 달에는 다시 요청해도 안 되겠구나'라며 요청하지 않을 것입니다. 대신 이 기준들을 최대한 유지하십시오. 이 기준이 흔들려서 예외상황들이 많이 발생하면 도리어 변덕스럽다거나 파트장님 마음대로 정한다고 오해받을 수 있습니다. 파트장님의 기준을 세우고 나서 부서장과 부서원들과 허심탄회하게 이야기를 나눠보시기 바랍니다.

이 코치

신뢰 관계가 선결되어야 합니다. 신뢰가 쌓인 사이라면 업무 지시와 관계의 유지라는 두 마리 토끼에서 균형을 갖출 수 있을 것입니다.

그러나 균형을 찾기가 애매한 상황일 경우 일반적으로 추천하는 방법은, 일할 때와 그렇지 않을 때를 구분하여 다르게 대하는 것입니다. 일할 때는 일에 집중하도록 유도하고, 핵심업무에 집중하지 못하여 그르칠 경우는 대충 넘어가지 않고 반드시 피드백을 하는 것이 좋습니다. 협업과 팀워크가 무엇보다 중요한 간호사의 업무 특성을 고려하여 신뢰 관계를 형성할 수 있는 환경을 조성하는 것 역시 간과하시면 안 됩니다. 출퇴근 과정에 이뤄지는 일일 인수인계부터 휴가일의 설정까지, 무엇 하나 혼자 결정할 수 있는 일이 없으며 혼자만의 기준으로 일하는 환경이 불가능하다는 것을 팀원들이 인지할 수 있도록 꾸준히 강조해야 합니다. 그라운드룰에 대한 상호 이해만 잘 형성된다면 개별적인 고충이나 불만은 다소 줄어들 것입니다.

물론 때때로 팀원들과 개별적으로 만나 티타임을 갖고 선배이자 파트장으로서 팀원의 고민에 귀 기울이며 인간적인 관계를 쌓기 위한 노력도 게을리해서는 안 됩니다.

문제는, 친밀한 관계를 형성하게 된다면 지나친 하소연이나 도를 넘어서는 행동이 허락되는 것으로 상대방이 오인할 수 있다는 것입니다. 따라서 마음을 나눌 수 있는 선배의 역할과 파트장의 역할을 섬세하고 현명하게 잘 오가도록 하고, 팀원들이 그것에 혼란을 겪지 않도록 잘 구분해야 합니다. 가령, 업무 지시 등은 구두 상으로 전달하기보다 문서화 된 도구인 이메일, 단체 카톡 등의 시스템을 통하여 전달하는 것이 어떨까요. 도제식으로 일하는 간호사의 업무 특성상 어쩔 수 없이 구두 상으로 지시해야 하는 상황이 발생한다면, 업무 지시의 핵심 내용을 사전에 정리한 인쇄물을 전달하며 지시를 한다면 덮어놓고 불만을 드러내거나 관계를 내세워 상황을 모면하려는 팀원의 태도를 다소 차단할 수 있을 것입니다.

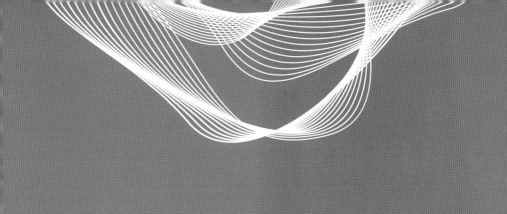

2장

결국,
갈등 풀라고 있는 자리

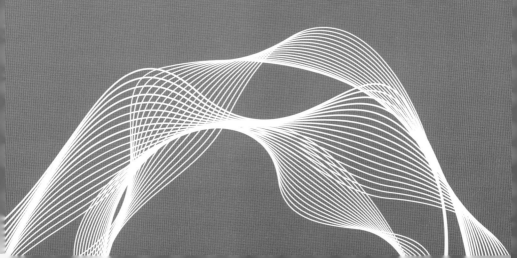

13 너의 소통방식, 나의 소통방식

천재와 협업 사이

역사적으로 뛰어난 업적을 남긴 인물들이 있다. 한글을 만든 세종대왕, 전구를 발명한 에디슨, E=mc2라는 공식을 만든 아인슈타인 같은 사람들이다. 흔히 천재라고 불리는 이들은 어떻게 이토록 뛰어난 성과를 만들어 낼 수 있었을까? 그야말로 '천재'라서 가능했던 것일까? 미래를 위한 창조성을 다룬 책 『그룹 지니어스』의 저자 키스 소여 교수는 단호하게 아니라고 말한다. 한 명의 천재가 세상을 바꾸는 것은 신화에 불과하다는 것이다.

예를 들어, 한글 창제라는 위대한 업적은 세종대왕이 혼자서 연구한 결과가 아니라 수많은 연구원과 전문가, 방대한 조직을 활용하여 오랜 기간의 협업 연구 끝에 나온 결과다. 에디슨은 천재는 1%의 영감과 99%의 노력으로 만들어진다고 했지만, 그가 강조한 99%의 노력은 연구실에서 혼자 연구에 집중하였다는 의미가 아니었다. 실제로 발명왕 에디슨은 혼자 연구하는 사람이 아니라 뛰어난 사교가이며 협업가였다고 전해지고 있다.

천재 과학자로 불리는 알베르트 아인슈타인 역시 사실은 협업의 전문가였다. 다른 연구원들과 지속적이고 광범위한 협력 관계를 맺으며 정보를 교환한 결과 위대한 업적을 남길 수 있었다는 것이다. 실제로 E=mc2라는 유명한 공식은 여러 사람이 제안한 개념들에 기반하고 있다고 전해진다.

미국 컬럼비아대 경영대학 윌리엄 더간 교수는 그의 저서 『전략적 직관 Strategic Intuition』에서 '혁신은 한 명의 천재가 자신의 놀라운 능력으로 창출하는 것이 아니라, 다양한 사람들과의 직간접적인 소통을 통해 이루어지는 경우가 많다'라고 지적했다. 그는 '기업이 천재라고 하는 소수 인재들에게만 혁신적인 결과물을 기대하는 것은 위험한 생각이다. 오히려 창의성이 발현되는 메커니즘을 조직 내부에 널리 확산할 수 있다면 천재 한 명의 성과보다 더 우수한 성과를 얻을 수 있을 것이다'라고 주장 한다. 그가 말하고 있는 전략적 직관의 핵심은 개인의 창의성을 넘어선 집단 지성을 제대로 활용할 줄 아는 능력을 의미한다.

집단 지성을 위한 소통

현대사회에서의 위대한 업적은 주로 기업에서 발생한다. 기업은 협업과 집단 지성을 활용하여 목표를 달성하고 혁신을 추구해 나간다. 이 집단 지성을 제대로 활용할 수 있게 해주는 도구가 바로 소통이다. 조직 내 소통이 원활하게 이루어질수록 서로 다른 의견을 가진 사람들의 지각 차이를 좁혀주며 선입견을 줄이거나 제거해 나갈 수 있다.

이렇게 목표를 이루어 나갈 수 있는 기업 전략을 조직 전체에 효과적으로 확산시킬 수 있는 사람은 조직 내의 많은 리더들이다. 그중에서도 조직에 가장 하단 부분에까지 기업의 핵심가치와 비전을 촉촉하게 스며들게 해야 하는 역할을 감당하는 것은 바로 조직의 중간 리더, 커넥팅 리더십을 발휘해야 하는 중간관리자들이다.

조직에서 업무 능력이 뛰어나다고 인정받는 사람들은 탁월한 소통능력을 지니고 있다고도 할 수 있다. 행동과학자들의 연구에 의하면 조직 구성원들은 일하는 시간의 약 70%를 이러한 커뮤니케이션 활동에 쓴다고 한다. 목표달성을 위한 전략과 방향을 정하는 일이 중요하지만 결국 그것을 성공시키는 원동력은 다른 사람들 혹은 다른 조직과 어떻게 소통하느냐에 달려 있다.

무엇을 말하느냐 하는 것보다 어떻게 전달하느냐가 중요할 경우가 많다. 그래서 뛰어난 업무 능력을 지닌 사람들은 전략과 방향을 세우는데 상대적으로 그리 오랜 시간을 보내지 않는다. '이 문제의 완벽한 해결책은 무엇일까'를 생각하는 것보다 '어떻게 하면 담당자에게 이것을 이해시키고 설득할 수 있을까'에 더 많은 시간과 에너지를 쏟는 것이다.

경영의 대가로 불리는 피터 드러커는 '기업에서 발생하는 문제의 60%는 잘못된 커뮤니케이션에서 비롯된다'면서 리더들이 소통에 있어 보다 많은 주의를 기울여야 한다고 강조했다. 리더의 소통방식은 이처럼 조직 전체에 큰 영향을 준다. 문제는 중간관리자로서 이제 기본적인 업무를 벗어나서 다른 사람의 소통까지 책임져야 할 위치에 있다는 것이다. 다른 사람의 소통에 대한 책임은 나와 관련된 사람들과의 직접적인 의사소통뿐만 아니라 내가 직접 하지 않은, 다른 사람들 간의 소통에 대한 과정과 결과도 포함된다.

소통은 양보다 질이다

리더가 소통하는 주요 목적은 기본적으로 자기의 생각을 상대방이 잘 이해할 수 있도록 전달하고 설득하는 데 있다. 그렇게 해서 상대의 생각과 행동을 자신이 원하는 방향으로 끌고 가는 것이다. 그래서 리더는 무조건 말을 많이 해야 하는 사람으로 생각하는 경우가 있는데, 말을 너무 많이 하는 것은 기대하는 효과를 얻는데 오히려 장애가 될 수도 있다.

캐나다 몬트리올 대학의 엘라인 고셸린 교수는 '탁월한 커뮤니케이션을 향한 욕심을 가진 리더들은 한 번의 커뮤니케이션에 너무 많은 정보를 담으려 하는 경향이 있다'고 지적하면서, '리더들은 지나치게 자주 커뮤니케이션을 하려 한다'고 말한다. 이런 경우 조직원들은 리더로부터 받는 정보의 양에 질려버려서 상당한 스트레스를 받게 될 수도 있다는 것이다.

중간관리자로서 직원들에게 달변으로 다가서지 않아도 된다. 리더의 말이 너무 많으면 본래 전달하고자 했던 핵심 메시지의 본질이 흐려져서 제대로 전달되지 않을 뿐만 아니라 상대적으로 덜 중요한 주변 메시지들에 묻혀버릴 수도 있다. 특히 중간관리자들은 상부로부터 전달받은 메시지의 핵심을 파악하여 간략하게 전달할 수 있어야 한다. 메시지가 복잡하면 조직의 하부로 흘러가면서 중요한 내용이 사라지거나 왜곡될 가능성이 크기 때문이다. 따라서 커뮤니케이션을 잘하는 중간관리자들은 자기 생각을 압축하여 꼭 필요한 핵심적인 내용만 간결하게 전달하려고 노력한다.

필요하다면 침묵도 사용하라

꼭 말을 해야만 소통이 이루어질 것이라는 생각도 바꾸어야 할 소통에 대한 고정관념 중 하나이다. 가끔은 말하지 않고 침묵을 지키는 것이 말하는 것 이상으로 명백한 메시지를 전달하기 때문이다.

세계적인 제약회사 로슈Roche의 CEO였던 프란츠 허머의 사례를 보자. 한때 제약회사 시장에 로슈사가 다른 제약회사에 흡수합병될 것이라는 소문이 돌았다. 회사 구성원들은 불안감을 느끼고 있었고 당연히 조직 분위기도 어수선해졌다. CEO에게 소문의 사실 여부를 확인하고자 하는 언론사의 인터뷰 요청이 쇄도했다. 로슈 임직원들도 그가 무슨 말을 할 것인지에 잔뜩 촉각을 세우고 있었다. 그에게는 리더로서 분명한 입장표명을 해야 한다는 압박감이 있었을 것이다. 그러나, CEO 허머는 아무것도 하지 않았다. 언론 인터뷰나 사내 연설을 통해 인수합병과 관련한 어떤 메시지도 발표하지 않았다. 대신 그는 주말에 스키를 타러 훌쩍 떠났다.

주말 스키 여행을 통해 허머가 전달한 메시지는 분명했다. 흡수 합병설은 루머에 불과하며 자신이 모든 상황을 효과적으로 통제하고 있다는 자신감을 말이 아닌 침묵, 그리고 행동으로 보여준 것이다. CEO의 스키 여행 소식은 모든 루머를 잠재워버렸고, 불안해하던 회사 조직원들 역시 안정을 되찾았다.

조직원 개인과 부서에 관한 잘못된 소문이 돌고 있을 때, 혹은 팀내 업무가 잘 진행되고 있지 않을 때 때로는 리더가 침묵으로 대응할 필요가 있다. 평소에 하던 대로 담담히 일하는 모습을 보면서 조직원들이 안정을 찾을 수 있기 때문이다. 물론 이것은 평소 리더에 대한 신뢰가 어느 정도 구축되어 있어야 가능한 일이다.

말과 글만이 소통이 아니다

정보의 전달과 교류가 소통의 본질적인 목적이라고 한다면, 말이나 글이외의 방법을 통해서도 커뮤니케이션이 가능하다는 것을 알 수 있다. 대표적인 것이 바로 보디랭귀지이다. 1960년대 메라비언이라는 심리학자는 오랜 실험을 통해 대화에서 목소리와 표정이 전달하려는 내용 자체보다 더 중요한 부분을 차지하고 있다는 것을 알아냈다. 소통하려는 주제보다 전달자가 그것을 어떤 억양과 표정으로 전달하고 있느냐가 훨씬 더 많은 것을 전달하고 있다는 것이다. 리더 스스로는 적극적으로 커뮤니케이션을 하고 있다고 생각하지 않는 순간에도 사실은 의사전달이 이루어지고 있다.

세계적인 보험회사 메트라이프社의 CEO였던 로버트 벤모쉬는 직원으로부터 갑작스러운 보고를 하나 받았다. 임원 회의실에 있는 의자 전부를 교체한다는 내용이었다. CEO는 멀쩡한 의자를 왜 갑자기 교체하려고 하는지, 또 왜 이런 사소한 일까지 자신에게 보고하는지 의아해했다.

발단은 지난주에 있었던 임원회의였다. 로버트 벤모쉬는 앉아 있던 의자를 낮추려고 여기저기를 만져보다가 방법을 찾지 못해 결국 포기했다. 그 모습을 보던 한 임원이 회장님 의자가 불편해 보이니 교체하는 것이 좋겠다는 말을 가볍게 꺼냈고, 그 말은 점점 확대되어 결국 급하게 회의실 의자 전체를 교체하는 것으로 결론이 나버린 것이었다.

리더는 자신의 행동을 사람들이 어떻게 해석하고 받아들이고 있는지 항상 주의를 기울여야 한다. 누군가와 대화하기 위해 잠시 멈춰 서거나, 다른 사람의 말에 특정한 제스쳐를 취하는 등의 행동도 다른 사람들에게는 매우 중요한 커뮤니케이션 정보로 간주 된다. 이런 과정에서 오해가 발생할 소지가 크고, 리더의 의도와는 전혀 무관하거나 반대방향으로 해석하는 경우가 많다는 것을 명심해야 한다. 따라서, 중간관리자들은 자신의 비언어적 행동과 몸짓이 구성원들에게 어떤 영향을 미치는지도 관심을 가져야 한다.

자신이 말한 것을 직접 행동으로 실천하는 것이 소통의 중요한 원칙 중 하나이다. 소통의 목적이 행동을 통해 궁극적으로 성과를 달성하는 것이라는 점에서 실천은 매우 중요한 소통법이다. 이것은 누구나 잘 알고는 있지만 가장 지키기 어려운 원칙 중 하나 이기도 하다.

메리어트 호텔의 창업자인 월라드 메리어트와 그의 아들 메리어트 주니어는 직접적인 행동으로 고객 만족을 실천한 것으로 유명하다. 메리어트 부자는 매일 아침 일과를 고객들이 남긴 메모를 읽는 것으로 시작했다. 그리고 신속한 사후 조치가 이루어지도록 했다. 이와 같은 언행일치의 모습은 그 자체로 구성원들에게 명확한 메시지를 전달했다. 고객 만족을 말로만 외친 것이 아니라 경영자들이 몸소 보여주었다.

작은 소통이 큰 성과를 부른다

경영자들이 소통에 가장 많은 시간과 노력을 기울일 때는 아마 신년사나 월례 조회 같은 공식적인 자리일 것이다. 그런데 공식적인 커뮤니케이션이 구성원들에게 미치는 영향력은 리더들의 기대(?)와는 달리 그다지 크지 않다. 조직원들은 공식적인 자리에서 이야기되는 내용에 크게 주의를 기울이지 않는다. 시무식이나 월례 회의 같은 자리에서는 대개 회사가 나아가야 할 방향과 같은 거시적이고 거창한 이야기가 대부분이기 때문이다. 공식 커뮤니케이션은 전체 구성원을 대상으로 하는 만큼 개인에게는 큰 의미로 다가오지 않는다.

반면, 회사 복도나 엘리베이터에서 관리자가 지나가면서 던지는 말 한마디가 더 큰 영향을 발휘한다. 리더가 말하는 상대가 바로 '나'임이 분명하기 때문에 나에게 하는 말에 대한 집중도가 높아진다. 따라서 소통을 잘하는 리더는 일상 속에서 의미 있는 대화를 자주 나눈다.

피터 드러커와 함께 경영의 대가로 불리는 『초우량기업의 조건』의 저자 톰 피터스는 현장을 끊임없이 돌아다니면서 관리하는 MBWA Management by walking around를 강조한 바 있다. 그 본질이 바로 일상의 작은 커뮤니케이션이다. 『실행에 집중하라』의 저자인 래리 보시디도 '월마트의 샘 월튼이나 사우스 웨스트 항공의 허브 캘러허 같은 이들이 뛰어난 리더로 평가받을 수 있었던 것은 현장에 가서 솔직한 대화를 자주 하고, 이 과정을 통해 리더 본인의 생각과 지식을 전파할 수 있었기 때문이다'고 확실하게 주장했다.

최고 경영자들도 짧은 시간 동안의 조직원들과의 대화를 소중히 여겨야 하는 것이 중요한데, 업무의 최일선에 있는 담당자들을 관리하는 중간관리자들의 작은 소통 중요성은 말할 것도 없다. 중간관리자들은 끊임없이 소소한 소통을 지속해야 한다. 팀의 공식적인 회의에서뿐만 아니라 조직원 개개인과의 갖는 시간에서도 대화로 풀어나가는 것이 좋다. 회의가 끝난 직후의 짧은 면담 시간, 업무 중간에 갖는 티타임, 그리고 식사 시간 등을 통해 지속적으로 메시지를 전달할 뿐만 아니라 일이 어떻게 진행되고 있는지 살펴야 한다.

조금만 더 들어라

소통은 기본적으로 말하기와 듣기라는 두 가지 행동의 결합된 프로세스라고 할 수 있다. 즉 커뮤니케이션의 50%는 듣는 것이다. 나의 의견이나 생각을 상대방에게 전달할 뿐만 아니라 상대방이 이야기하는 것도 받아주어야 한다. 주고 받는 행위는 '서로 통한다'라는 의미의 소통에서 기본 중의 기본인 원칙이다.

세계적인 리더십 전문 컨설팅 회사 링키지의 CEO였던 필립 하킨스는 뛰어난 리더는 다른 사람이 먼저 말하게 하고 자신은 듣는 '70-20-10'의 규칙을 따른다고 말한다. 즉, 대화의 시간 중 70%는 상대방의 이야기를 듣고, 20%는 적절할 질문을 던지고, 나머지 10%는 지금까지의 대화 내용을 정리하고 향후의 방향을 제시하는 데 사용한다는 것이다.

리더의 입장에서 잘 듣는다는 것은 현실적으로 매우 어려운 부분이기도 하다. 처리해야 할 일이 많고 여러 사람과 조직의 이해관계를 조정해야 하는 처지에서는 다른 직원들이 어떻게 받아들이고 있는지에 대해 일일이 신경 쓰기보다는 일방적인 지시를 하는 방법을 통해 이끌어가는 것이 훨씬 편할 수 있다. 그러나, 이런 일방적인 커뮤니케이션은 단기적으로는 효과를 거둘 수는 있지만, 장기적으로 보면 상하 간의 거리감만 더 멀어지게 될 뿐 공감대를 형성하지는 못한다. 결국, 소통은 갈수록 더 어려워지게 되는 것이다.

중간관리자로서 모든 시간을 부하직원들의 이야기를 듣는 데에만 할애할 수는 없다. 하지만 소통의 목적이 의사를 교환해서 우리가 원하는 목표를 이루어가는 것이라면 장기적으로 더 효과적인 방법을 사용해야 한다. 직원들에게 조금만 더 귀를 기울여 준다면 오히려 더 큰 동기부여와 몰입을 가져올 수 있다.

좋은 리더가 되고 싶다면 커뮤니케이션을 잘해야 한다. 중간관리자로서 본인의 소통방식도 점검해보고, 나에게 맞는 가장 효과적인 방법도 찾아야 한다. 소통을 잘하는 리더가 되고 싶다면 좋은 커뮤니케이션 습관을 지금부터 실천하면 된다. 사람마다 자신만의 커뮤니케이션 스타일이 있다.

이 스타일은 경험을 통해 몸에 베여 잘 바뀌지 않는 일종의 습관과도 같은 것이다. 『대화의 기술The Art Of Communication』의 저자인 폴렛 데일은 '커뮤니케이션을 하는 것도 외국어 회화나 바느질, 피아노를 배우는 것처럼 배워야 하는 또 하나의 기술'이라고 했다.

처음부터 커뮤니케이션을 잘하는 타고난 리더는 많지 않다. 탁월한 관리자는 더 좋은 리더가 되기 위해 연습과 시행착오를 통해 좋은 커뮤니케이션 습관을 만들어간다. 연습이라고 표현한 것은 앞으로 더 큰 책임이 따르는 역할을 맡기 전, 다양한 소통의 방식을 시도해 본다는 뜻이다. 중간 관리자로서 장황한 말은 줄이고, 일상의 소통을 소중하게 여기면서 실천에 집중해 보자. 달라진 주변의 시선을 곧 체험하게 될 것이다.

14 1더하기 1을 10으로 만드는 팀워크의 기술

같은 재료를 가지고 남보다 더 맛있는 음식을 만들어내는 뛰어난 요리 사들이 있다. 마찬가지로, 같은 인적자원을 가지고 더 뛰어난 성과를 이끌어 내는 것이 가능할까? 1970년대, 미국의 한 고등학교 농구팀에서 일어났던 일을 살펴보자.

미국 캘리포니아주에 있는 리치몬드 고등학교에는 가정형편이 매우 어려운 아이들이 주로 다니고 있었다. 아이들은 공부하는 것보다 가족을 돌보거나 생계를 위해서 돈을 버는 일에 더 많은 시간을 보내야 했다. 당연히 학생들의 대학 진학률은 매우 낮았고, 쉽게 돈을 벌 수 있는 범죄에 노출되어 감옥에 가는 경우도 많았다. 이처럼 공부에 전념할 수 없는 환경이었기 때문에 그곳의 학생들은 학업을 끝까지 마치는 경우가 거의 없었다.

리치몬드 고등학교 농구팀의 상황도 마찬가지였다. 잠재적으로 뛰어난 실력을 지닌 학생들이 모여 있었지만, 운동에만 전념할 수 없는 환경으로 인해 팀 성적은 항상 최하위를 기록했다. 그러던 어느 날 그 학교 출신의 유명했던 농구 스타가 코치로 부임하게 된다. 켄 카터라는 이 코치는 농구

팀 아이들에게 확실한 목표를 제시한다. 농구팀 전원이 고등학교 학업 과정을 끝까지 마치고 대학에 진학해야 한다는 것이었다.

새로 부임한 코치가 제시한 목표를 달성하기 위해서는 우선 농구대회에서 우승해야 했다. 그리고 학생들이 일정 수준 이상의 학업 점수도 얻어야 했다. 이것을 위해 코치는 학생들을 혹독하게 훈련시키고 모든 학교 수업에 무조건 참여하도록 요구했다. 강한 압박감에 학생들은 불만을 품게 되었고, 코치의 새로운 정책에 대한 학부모와 학교 관계자들의 거센 저항이 있었다. 하지만 모든 어려움에도 불구하고 카터 코치는 본인의 철학을 지키고 학생과 학부모를 설득해 결국 목표했던 것들을 이루어냈다.

영화 〈코치 카터〉는 이러한 실제 사례를 바탕으로 만들어진 영화다. 카터 코치는 아이들이 가진 잠재적인 능력을 중요하게 생각했다. 대회에서 우승할 수 있고, 학업도 함께 해낼 수 있다는 가능성을 확신했다. 그리고 모든 노력은 코치가 아니라 학생들을 위한 것이었다는 사실을 결국 다른 사람들도 깨닫게 될 것이라는 믿음을 가지고 끊임없이 그들과 소통했다. 동일한 학생들과 변하지 않은 환경 속에서도 전혀 다른 결과를 만들어 낼 수 있었던 것은 리더가 제시한 새로운 비전과 꺾이지 않은 투지 덕분이었다.

조직문화를 바꿔야 성과가 바뀐다

지난 2016년과 2018년, 두 차례에 걸쳐 대한상공회의소와 맥킨지사가 공동으로 한국 기업들의 조직문화에 대한 조사를 시행했다. 그 조사 결과가 언론에 공개되면서 보도자료와 함께 사진 3장이 함께 실렸다. 그중 하나는 먼 곳을 함께 바라보고 있는 미어캣 사진이었다.

한 실무자는 인터뷰에서 '미어캣 사진을 보면 꼭 우리 회사 직원을 보는 것 같다. 리더는 저 앞에 혼자 서있고 중간관리자는 눈치만 보고, 직원들은 거기서 또 한 발짝 떨어져 구경만 하고 있다'고 했다. 많은 일이 주어졌지만 적극적으로 업무에 나서지 못하고, 리더의 도움도 적절하게 받지 못하고 있는 조직원의 모습을 서로 먼 산을 쳐다만 보고 있는 미어캣으로 표현한 것이다. 세계적으로 우수한 인적자원을 보유한 대한민국의 기업들이 인재의 역량을 충분히 끌어내지 못한 채 낮은 생산성으로 고전하고 있다는 것이다.

더 생산적인 조직문화를 만들기 위해서는 지금까지 우리가 해왔던 방식에서 벗어나야 한다. 대한상공회의소는 이와 같은 기업문화의 문제점들을 극복할 수 있는 개선과제로 '플레잉 코치형 리더십 육성'을 제시했다. 이것은 탑-다운top-down방식의 전통적 관리자형 리더십을 버리고, 구성원들과 함께 뛰며 업무를 지원하는 '플레잉 코치형' 리더십으로 변화를 의미한다. 이른바 티칭 리더십에서 코칭 리더십으로의 획기적인 변화이다.

가르칠 것이냐 도와줄 것이냐

어떤 일을 해내는 데 필요한 도구는 크게 두 가지다. 방법과 태도다. 즉 그 일을 어떻게 할 것인가에 관한 방법이 하나이고, 주인 의식을 가지고 얼마나 몰입해서 할 수 있는가에 대한 태도가 그 하나이다. 어떤 일을 하는 방법을 알려주는 것이 티칭이라면, 태도를 형성하게 하는 것은 코칭이다. 일정 수준 이상의 업무 능력을 갖추었다면 그 이상의 성과를 낼 수 있게 하는 것은 태도에 달려 있다.

골프를 처음 배울 때 올바른 스윙 자세를 배우는 것 못지않게 골프를 쳐야 하는 이유, 골프를 치면 좋은 점 등에 대해서 깨달아 가는 것도 매우 중요한 부분이다. 탁월한 코치는 자세뿐만이 아니라 운동을 배우는 사람과 끊임없이 대화하면서 더 오랫동안 포기하지 않고 그 운동을 할 수 있게 해 준다.

기업의 업무도 마찬가지이다. 기술의 진보, 글로벌화, 정부의 규제, 노동 시장의 지속적인 변화로 인해 더욱 복잡해진 시장 환경에서, 한 기업의 성 공 여부는 구성원들의 유연하고 대응력 있는 업무 태도에 달려 있다. 현대 와 같이 지식 공유가 수월해진 시대에는 기술이나 정보력보다는 업무를 수행하는 태도가 업무성과에 더 영향을 미치게 되는 것이다. 따라서 코칭 력은 기업의 성공을 위한 필수 요인이라 할 수 있다.

중간관리자들은 기술적인 역량과 지식을 전달하는 것뿐 아니라, 올바 른 조직문화를 만들어내는 데 관심을 가져야 한다. 직원들에게 있어서 그 들의 리더는 조직의 문화를 대표하기 때문이다. 중간 리더들은 코칭을 통 해서 직원들이 어떻게 업무를 처리해야 하는지, 고객과 어떠한 상호작용 을 해야 하는지, 또 성장을 위해 자기계발을 어떻게 해야 하는지에 대해 함께 고민할 필요가 있다.

능력과 태도가 일치하는가?

앞서 티칭에서 코칭으로의 변화가 중요하다고 언급한 바 있지만 티칭의 방법도 여전히 유효하게 성과를 내는 도구다. 티칭과 코칭을 적절하게 사 용하는 것이 중요한데, 문제는 언제 누구에게 무엇을 적용하느냐 하는 것 이다. 즉, 직원의 업무성과를 저해하는 요인이 '능력'인지 아니면 '태도' 쪽인 지 파악해야 한다. 방향을 잘못 잡으면 코칭의 효과는 떨어질 수밖에 없다.

한 사람의 업무성과를 주도하는 요인을 능력과 태도로 정확하게 나누어 분석하기는 힘들다. 다만 어느 쪽이 더 성과를 끌어내는 주된 요소인지 판단해 볼 수는 있다. 가상의 상황을 적용해 보면 된다. 만약, 특정한 업무 성과 결과에 따라 평상시보다 상당히 큰 보상이 주어질 경우, 그것을 어떤 팀원이 해낼 수 있다는 판단이 된다면 그만큼의 능력은 있다는 뜻이다. 이 경우에는 그 직원의 태도에 중점을 두고 코칭으로 이끌어야 한다.

반대로 큰 보상에도 불구하고 그것을 해낼 수 없다는 판단이 된다면 그 직원에게는 태도보다는 능력에 중점을 두고 업무 방법을 알려주는 리더 십을 발휘해야 한다. 앞에서 나온 리치몬드 고등학교 농구팀의 코치도 잠 재력을 가진 학생들에게는 농구의 기술을 알려주기보다 본인들이 가지고 있는 능력으로부터 승리라는 성과를 끌어내기 위해 노력했다. 먼저 '능력' 과 '태도'의 우선순위를 파악하여 적합한 동기부여 방법을 적용하는 것이 효과적이다.

긍정적 기대가 인재를 만든다

아이들을 두 그룹으로 나눈 뒤 한 그룹의 학생들은 뛰어난 재능을 가진 아이들이라고 교사들에게 소개하면, 이렇게 뛰어난 아이들로 평가된 그 룹에서의 학습효과가 실질적으로 월등히 높게 나타난다는 실험 결과가 있다(1968년, Rosenthal & Jacobson).

사실 그 학생들은 무작위로 선택된 것이고, 무작위로 선택된 아이들 중 에서도 아무런 기준 없이 그룹을 나눈 것이었다. 특별히 뛰어날 것이 없는 동일한 능력의 학습 수준을 가진 학생들이었다는 것이다. 학습효과가 높게 나타나는 그룹의 아이들이 학습 시작 시점에서는 다른 그룹 친구들과 특별 한 차이점이 없었다는 것을 생각해보면 이 결과는 매우 인상적인 것이다.

교사들이 그 학생들을 어떻게 대했느냐에 따라 커다란 결과적 차이점을 만들어 낸 것이기 때문이다. 학기 초나 새로 진학한 학교에서 자녀들이 처음 받는 성적을 좋게 받기 위해 애쓰는 학부모들은 이처럼 기대감의 효과를 알고 있을 가능성이 크다. 이와 같은 '피그말리온 효과'는 교육뿐만 아니라 조직문화 연구에서도 오랫동안 검증되어 왔다(Fiske & Taylor, 1991).

리더는 직원들이 성장하고, 보다 독립적으로 일할 수 있도록 도와주기 위해 존재한다. 직원들은 리더가 본인에 대해 높은 기대감을 품고 있다는 확신이 있어야 한다. 물론 이것은 리더의 몫이다. 특히 중간관리자들은 직원들이 처해 있는 상황에 대해 공감을 하고 성과에 초점을 맞추어서 직원들이 배우고 성장할 수 있도록 지원해 주어야 한다.

신뢰가 탄탄한 조직문화를 만든다

성공적인 조직문화는 신뢰를 기반으로 형성된다. 우리는 정보 교환을 시작으로 다른 사람과 관계를 만들어 가는데, 어떤 관계는 매우 빨리 발전하는 반면, 어떤 관계는 매우 천천히 성장한다. 정보를 교환하는 과정에서의 신뢰 여부가 발전 속도를 결정하는 것이다. 상대방이 제공하는 정보의 신뢰성이 높을수록 빠른 시간 내에 탄탄한 관계가 형성될 가능성이 있다.

신뢰가 없는 관계에서 리더십을 발휘하기는 어렵다. 리더십은 직원들이 새로운 기술을 시도해 본 후, 그것에 대한 피드백을 받고, 다시 다른 시도를 해 보는 일종의 학습 과정을 지원하는 일이기 때문이다. 직원은 리더가 본인과 다른 사람에 대해서 공정한 태도를 지니고 있으며, 업무 과정에서 알게 되는 모든 사적인 사항에 대해서 비밀을 보장해 줄 것이라는 믿음을 가지고 있어야 한다.

『신뢰의 기술』이라는 책에서 저자인 마이스터는 대인관계에서 신뢰 수준을 결정하는 핵심요소를 설명하기 위한 '신뢰방정식'을 제시하였다.

* 신뢰(trust) = (진실성+확실성+친밀감) / 자기중심성

진실과 확실성 그리고 친밀감이 높을수록 신뢰가 높아지고 자기중심성이 높을수록 신뢰는 낮아진다는 것이다. 진실성credibility은 얼마나 정확하게 정보를 주는지, 그리고 얼마나 정직하고 솔직하게 보이는지의 정도이다. 확실성Reliability은 약속한 기간 내에 말한 것을 행동으로 옮기는 정도를 말한다.

친밀감Intimacy은 인사문제나 예산 등과 같이 어려운 주제를 다룰 때 만들어 낼 수 있는 편안함의 수준을 뜻한다. 개인 면담 등의 상황에서 상대방에 대해 이해하거나 공감할 수 있는 정도가 포함된다.

자기중심성self-orientation은 자기 이익과 관심의 정도를 뜻한다. 관심에서 자신과 다른 사람에 대한 균형의 정도를 의미한다. 만약 리더가 자기 자신에 관해서만 관심을 지니고 있다면 다른 사람이 그 리더에게 갖는 신뢰의 수준은 현저히 낮아진다.

사람들은 그들의 리더나 조직의 이익보다 자신을 위해서 일한다고 느낄 때 더 몰입하게 된다. 따라서 전반적인 신뢰 수준이 높은 조직문화를 만들려면 신뢰방정식의 세 가지 요소인 진실성, 확실성, 친밀감의 수준은 증대시키고 자기 중심성은 낮출 수 있는 조직문화를 만들어야 한다.

단적으로 말하자면, 중간관리자에게는 음식의 재료를 바꿀 힘은 없다. 다만 그 재료가 낼 수 있는 가장 강점의 맛을 찾아 최적의 조합을 찾는 노력을 할 수는 있다. 매번 최고의 맛을 내는 요리사가 될 수도 없고 그럴 필요는 없다. 다만 중요한 것은 다음에는 더 좋은 음식을 만들 수 있을 것이라는 확신을 갖는 것이다. 그러기 위해서 중간관리자에게는 두 가지의 믿음이 필요하다. 나에게 주어진 사람들이 최고의 인적자원이라는 점, 그리고 내가 그들을 그렇게 믿고 있다는 것을 그들도 알게 하는 것이다.

리더들은 구성원들을 희망적인 시선으로 바라보아야 한다. 함께 일하는 팀원의 능력이 많이 부족하고 앞으로도 성장할 희망이 없다고 규정해 버리면 긍정적인 소통보다는 억압적이고 일방적인 지시를 하게 된다. 하지만 엄청난 발전 가능성이 있고, 앞으로 나의 부족한 부분을 채워줄 수 있는 사람이라고 생각하면 믿고 일을 맡길 수 있다. 그것이 그 사람을 성장시키는 원동력이 된다. 기본적인 신뢰가 형성되면 직원들의 실수는 오히려 성과를 내는 밑거름이 될 수 있다. 팀원들은 리더가 보여주는 신뢰에 부응하여 궁극적으로 탁월한 성과로 보답할 것이다.

15 갈등을 넘어서 우리를 만들어 보자

사람들은 누구나 서로 갈등을 겪으며 살아간다. 본래 갈등은 칡덩굴과 등나무에서 나온 단어다. 둘 다 대를 타고 올라가는 성질이 있는데 칡은 오른쪽, 등나무는 왼쪽으로 휘감고 올라간다. 이 둘이 같은 나무를 타고 올라가다가 서로 맞닿게 되어 어느 쪽으로든 올라가긴 힘든, 얽히고설키게 되는 상황이 바로 갈등이라는 단어의 유래다. 조직에는 수많은 칡덩굴과 등나무가 얽혀있다. 서로 다른 성향을 지닌 사람들이 모인 조직에는 필연적으로 수많은 갈등상황이 생길 수밖에 없다.

조직 갈등의 주요 원인

조직 갈등은 조직 내·외부의 이해 관계자들이 업무를 추진하는 과정에서 발생한다. 문제에 대한 인식이나 해결 방식의 차이로 인해 충돌이 발생하거나 불편한 감정이 개입되는 상황을 의미한다. 효과적인 갈등 관리를 위해서는 갈등의 원인을 명확하게 파악하는 것이 중요하다. 조직에서 갈등의 원인은 주로 어디에서 오는 것일까?

조직 갈등은 크게 관계 갈등과 업무 갈등으로 구분할 수 있다. 관계 갈등은 개인 및 집단 간 관계에서 생기는 심리적 불편함을 의미하며 구성들의 태도, 성향 및 가치의 차이로 인해 발생한다. 업무 갈등은 업무를 수행하는 과정에서 나타나는 서로 다른 의사결정 방향, 업무 우선순위, 업무 처리방식 등으로 인해 발생한다.

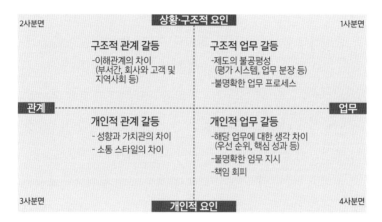

예를 들어, 1사분면에 해당하는 구조 - 업무 갈등은 회사의 제도나 구조적 문제로 갈등이 발생할 수밖에 없는 경우다. 상대평가로 진행되는 연말 성과평가, 부서 간 인센티브 차등 지급 등 주로 한정된 자원을 분배하면서 발생하게 된다.

조직에서 가장 많이 발생하는 갈등은 2사분면에 해당하는 관계 - 구조 갈등이다. 갈등의 원인이 조직적 차원에 있고 업무 수행보다는 관계적 불편함에서 오는 갈등으로서 직장인이 가장 많이 겪고 있는 상사와의 갈등 역시 대부분 구조 - 관계 갈등에 속한다.

2019년 비영리 공공조사네트워크 '공공의 창'이 기획한 리서치 결과에 따르면, 조직 내 가장 큰 갈등의 대상은 상사(25%)였다. 이어서 동료(14%), 후배(6%), 타부서(6%), 고객(5%) 순으로 차지하는 것으로 나타났다. 업무 지시를 해야만 하는 리더로부터 가장 큰 스트레스를 받게 되고 그것이 갈등으로 이어지는 것이다. 업무를 지시하고 평가를 수행하는 관리자로서의 상사와 관리의 대상이 되는 구성원간 관계적 불편함은 불가피한 것이기도 하다.

갈등 관리에서 상사의 역할은 매우 중요하다. 리더의 갈등 대응 방식은 구성원의 직무 몰입과 팀 문화에 막대한 영향을 주기 때문이다. 리더는 필연적으로 발생할 수밖에 없는 갈등상황을 관리하여 조직의 목표에 부합하도록 이용해야 한다. 문제는 갈등은 불편한 감정을 동반한다는 것이다. 그래서 우리는 본능적으로 갈등을 피하고 싶어 한다. 하지만 갈등을 지속적으로 피하고 방치하게 되면 구조적, 감정적 골이 깊어져서 조직문화가 성과에 심각한 결과를 초래할 수 있다. 따라서 갈등이 발생하지 않도록 막는 것이 아니라, 갈등을 올바르게 바라보고 대응할 수 있는 최선의 방법을 찾아야 한다.

갈등, 어떻게 대응하느냐가 중요

일반적으로 갈등 발생의 빈도가 구성원들의 관계와 업무성과에 부정적 영향을 줄 것이라고 생각하지만 실제로는 갈등에 대처하는 방식이 성과에 더 많은 영향을 미친다. 갈등을 발생하지 않게 막는 것보다 대응하는 방식의 수준을 높이는 것이 더 효과적이다. 사람마다 성격이 다르듯, 갈등 상황을 해결하는 스타일도 사람에 따라 다르게 나타난다. 토마스와 킬만 Thomas & Kilmann은 이러한 갈등 관리 성향을 5가지로 구분했다.

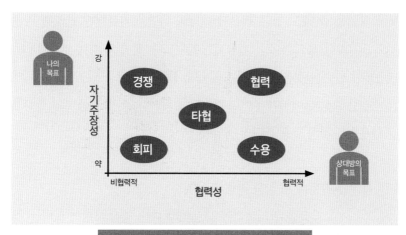

Thomas & Kilmann의 5가지 갈등 대응 유형

다섯 가지 유형 중, 리더가 가져야 할 가장 기본적이면서 바람직한 갈등 대응 성향은 협력형이다. 협력형은 일반적으로 창의적으로 문제를 해결하는 방식에 속한다. 갈등에서 오는 스트레스를 일종의 긍정적 자극으로 받아들이고, 나와 상대가 원하는 것을 끝까지 포기하지 않고 해결안을 찾는 방식이다. 모든 사람이 만족할 만한 대안을 찾는 방식이라고 할 수 있다.

협력할 때 우리는 차이점을 인정하면서 생각과 정보를 공유하게 된다. 자연스럽게 문제 해결적 태도를 보이면서 서로에게 도움이 되는 방식을 언급하게 되는 것이다. 갈등을 피해야 할 대상이나 싸움으로 바라보기보다는 긍정적인 도전이라고 생각할 때 협력형 방식은 조직과 관계에 있어 큰 이점을 가져다줄 수 있다.

물론 항상 협력의 방식을 사용하기는 불가능하다. 사소한 문제까지도 이해 관계자 모두의 의견 차이를 수렴하려면 그만큼 시간과 에너지를 낭비할 수 있기 때문이다. 때로는 일방적으로 자신의 의견을 피력하거나, 적절하게 타협을 할 때도 있다. 혹은 상대방의 의견을 과감하게 반영해 주는 것도 필요하다. 중요한 것은 협력적인 마인드다. 꼭 필요할 때 협력적으로 대응해야 한다는 것을 알고 있는 것이다. 불편한 관계를 넘어서면 서로에게 적절한 보상과 이익이 주어질 것이라는 확신이 들 때, 집중하여 협력형을 활용하는 것이 갈등 관리의 핵심이다.

다름을 인정하는 것이 갈등 관리의 시작

협력형으로 갈등을 관리하려면 사람마다 다른 점이 분명히 있다는 것을 인정해야 한다. 몇 년 전 미국의 시사잡지 뉴욕타임스에 실린 광고가 화제가 된 적이 있다. 당시 메이저리그에서 활약하고 있던 추신수 선수가 젓가락으로 불고기를 들고 있는 사진과 함께 한국 식당에 가서 불고기를 먹어 보라는 짧은 글이 실린 광고였다.

불고기를 미국 사람들에게 홍보하려는 광고였지만 정작 미국에서는 이 광고의 정확한 의도를 모르겠다고 한 사람들이 많았다고 한다. 왜 미국 사람들에게는 그것이 명확하게 느껴지지 않았던 것일까. 전문가들은 이것이 서로 다른 문화에서 발생하는 인식의 차이에서 비롯된 것이라고 설명한다.

한국인들은 존재와 관련하여 소속감을 중시하고, 종속적 인식이 강한 반면, 미국은 비슷한 특성을 가진 대상을 동등하게 분류하는 문화라는 것이다. 예를 들어, 호랑이, 원숭이, 바나나를 놓고 한국인은 대부분 원숭이와 바나나를 연관성 깊은 것으로 짝지었지만, 미국인들은 원숭이와 호랑이를 짝짓는 경향이 있다. 한국인에게 추신수 선수는 한국 사람이고 한국 사람이 한국 고유의 음식인 불고기를 홍보하는 것을 지극히 당연한 것으로 여기지만, 미국인들에게는 이러한 연결 고리가 쉽게 보이지 않았던 것이다. 추신수 선수는 프로야구 선수일 뿐인데, 야구와 별 관련이 없는 불고기와 추신수 선수, 그리고 한국이라는 나라의 연관성을 쉽게 찾을 수 없었다.

리더는 조직원들의 서로 다른 성향과 강점을 알고 있어야 한다. 상대방과 나의 다른 점이 무엇인지 먼저 파악해야 한다. 서로 다른 성향을 파악하기만 해도 갈등이 해결되는 부분이 있기 때문이다. 왜 서로 다른지를 이해하게 되면 상대방은 '이상한' 사람에서 '이해할' 수 있는 사람이 된다. 아예 갈등 자체가 생기지 않게 예방할 수 있다. 물론 생산적인 갈등은 피하기 힘들지만, 감정상의 싸움, 소모적이기만 한 갈등은 상당 부분 줄어들 수 있다. 앞에서 살펴본 조직 갈등 중 개인적 요인에 해당하는 3사분면에 해당하는 관계 - 개인이나 4사분면의 업무 - 개인의 갈등 중 상당 부분을 줄일 수 있는 효과가 있다.

우리 팀원들은 어떤 성향인가?

분업화되어있는 조직에서 서로 다른 구성원의 성향을 아는 것은 중요하다. 함께 일하고 있는 사람의 성향을 정확하게 파악하면 그만큼 강점에 집중하게 되면서 더 빠른 시간 내에 큰 마찰 없이 일을 진행할 가능성이 커지기 때문이다. 사람의 성향을 파악하기 위한 노력은 약 100년 전부터 본격화되었는데, 정신분석학자인 카를 융이 인간의 행동을 무작위적인 것이 아니라 예측할 수 있고 분류할 수 있다고 가정한 데서 시작했다. 그리고 융이 1921년 발표한 〈심리유형〉을 바탕으로 나온 심리 모델이 유명한 마이어스 브리그스의 MBTI다.

조직의 관점에서 MBTI는 한 사람의 성향을 세심하게 보여주는 일종의 사용 설명서라고 볼 수 있지만, 현실적으로 16가지에 이르는 다양한 성향에 대응하기는 어려울 수 있다. 좀 더 간편하면서도 실용적으로 성향을 파악할 수 있는 도구는 DISC다. 사람의 성향을 4가지로 나누고 있어서 MBTI와 비교하면 섬세함은 다소 떨어질 수 있지만 각 유형에 대응하는 방법 습득이 용이하고 맞춤식 동기부여를 하기에는 부족함이 없다. DISC의 분류 기준 축은 단 2가지다. 업무 시 주된 관점이 목표 지향적인지 혹은 관계 지향적인지, 성격이 외향성 혹은 내향적 성격인지에 따라 주도형, 사교형, 안정형, 신중형의 4가지로 구분한다.

주도형은 상대적으로 목표 지향적이며 외향적이다. 따라서 실행력이 강하고 본인의 의견을 외부에 강하게 표출한다. 신중형도 일에 대한 관점이 높긴 하나 다소 내향성을 지니며 업무 절차나 옳고 그름에 강한 기준을 가지고 있다. 사교형과 안정형은 일의 목표보다는 사람의 관계나 감정에 보다 중점을 둔다. 사교형은 전체적으로 밝고 유쾌한 분위기 속에서 일하기를 선호하는 반면 안정형은 소통하는 상대방의 기분에 따라 민감하게 반응하여 맞춰주는데 능하다.

DISC 분류에 의한 업무 성향이 다른 사람들이 함께 일하는 경우, 업무를 하는 스타일이 조금씩 다르므로 갈등이 생길 여지가 있다. 주도형은 목표달성 여부에 중점을 두고 실행이 빠르지만, 신중형은 업무 프로세스를 중요하게 여긴다. 그런 면에서 주도형과 신중형은 마찰을 빚을 가능성이 있다. 시종 진지한 분위기를 원하는 주도형은 사교형이 인간관계, 소통으로 풀어가는 등의 업무 태도가 다소 가볍다고 여길 수 있다. 외향성을 지닌 주도형과 사교형의 갈등은 쉽게 포착되는 반면, 내성적인 성향의 안정형과 신중형의 불만이나 갈등은 잘 드러나지 않는 경향이 있다.

따라서, 팀원이나 상사, 부하직원, 업무 상대방의 성향을 어느 정도 알게 되면 마찰은 최대한 피하면서 업무를 원활하게 진행할 가능성이 커진다. 주도형에게는 강력한 목표와 시책을 주지시키고 성과에 집중하게 하되 다소 떨어질 수 있는 세밀함이나 경미한 실수는 어느 정도 용인해 주는 것이 좋다. 사교형에게는 다양한 인간관계나 정보 등에 의지하는 업무 처리방식을 인정해 주면서 단기간에 나타나는 단계별 업무성과에도 크게 격려를 해주면 도움이 된다. 안정형에게는 구체적인 업무 지시, 지속적인 개인 면담을 통한 업무 피드백이 필요하다. 신중형은 충분한 동기부여가 된 상태에서 업무 프로세스를 정확히 파악한 후에야 실행에 옮기려는 경향이 강하다는 사실을 알면 도움이 된다.

갈등을 팀워크 강화의 도구로

모든 갈등을 단번에 해결할 수 있는 마법 같은 방법은 없다. 다만 갈등을 긍정적 상황으로 바라보고, 적극적으로 대처하면 팀워크가 강화되고 업무성과의 질이 높아질 수 있다는 것을 인식해야 한다. 이러한 인식을 토대로 한 효과적인 갈등관리는 조직 성장의 바탕이 될 수 있다. 조직원은 불편한 관계를 해소하기 위해 시간과 에너지를 소모하지 않고 자신의 업무에 더 집중할 수 있게 되므로 팀의 성과에도 긍정적인 영향을 미치게 되는 것이다.

칡덩굴과 등나무가 항상 마찰을 빚는 것은 아니다. 서로 다른 방향으로 움직인다는 것을 인정하고 서로에게 의지하여 함께 엮어간다면 더 높이 올라갈 수 있다. 갈등을 피하지 않고 오히려 팀워크 강화의 도구로 유연하게 활용하는 리더가 되어보자.

고민 사례 5 당근이냐 채찍이냐
(건설회사 마케팅팀 근무, 35세 박 과장님)

"

  같은 부서에서 근무하고 있는, 입사한 지 1년이 조금 넘는 신입사원이 자신의 능력을 업무에 100% 몰입하고 있는 것 같지 않아 보입니다. 업무 능력이 많이 떨어지는 것 같지는 않은데 입사 당시보다 일의 처리 속도가 오히려 느려지고 있는 것 같습니다.

  근무시간에 항상 분주하게는 보이지만 특정한 업무에 대해서 중간에 점검을 해보면 생각보다 진도가 많이 나가지 않은 경우가 많습니다. 무언가 열심히 하고는 있는데, 성과가 나타나는 것이 느리고 일의 완성도가 떨어지는 것 같습니다.

  회의시간을 통하여 업무에 대해 함께 점검할 때는 큰 문제가 없다고 말을 하는데, 간단한 보고서의 경우에도 평소 걸리던 시간보다 더 걸려서, 몇 번 직접 언급을 해도 업무 진척이 빨라지는 것 같지 않습니다. 업무 능력과 관계없이, 직속 상사인 내가 요청한 업무보다 팀장님이나 차장님이 지시한 업무를 우선순위로 처리하고 있는 것 같기도 합니다.

  이제 곧 그 사원과 함께 일할 신입사원이 또 들어올 예정인데, 그 신입사원에게 업무 지도를 할 이 직원의 업무 능력을 빨리 끌어 올리고 싶습니다. 더 많은 업무를 주고 강하게 밀어붙이는 것이 좋을지, 아니면 시간이 걸리더라도 차근차근 이야기하는 것이 좋을지 모르겠습니다. 어떻게 하면 좋을까요?

"

홍 코치 _____

   먼저 현재 신입사원이 일하는 환경 등 업무 수행상 물리적인 장애 요인이 있지 않은지 살펴봅니다. 책상의 위치나 어두운 조명 등 때로는 생각지도 않은 사소한 원인 때문에 업무에 어려움을 겪는 경우가 있기 때문입니다.

   또한, 저성과를 나타내는 요인이 능력 때문인지, 태도 때문인지 파악해야 합니다. 능력 때문이라면 업무를 하는 기초적인 방법에 대해서 다시 한번 자세히 알려주어야 합니다. 필요하다면 외부 교육기관 등을 통해서 훈련받을 수 있도록 지원해 주는 것도 방법입니다.

   어느 정도 기본적인 능력을 갖추었는데도 업무에 몰입하지 못하고 있는 것이 태도 요인이라고 판단되면 코칭식 면담을 통해 본인이 더 집중할 방안을 스스로 찾아낼 수 있게 도와주어야 합니다. 두 사람이 함께 이야기할 수 있는 공간을 확보해야 합니다. 반드시 업무회의 중이나 본인 책상이 있는 사무실이 아닌 별도의 자리를 마련해야 합니다. 현재 상황을 같이 짚어보고 어떤 문제가 있는지, 어떻게 하면 본인이 좀 더 업무에 몰입할 수 있는지 질문을 통해서 스스로 이야기해 보도록 하는 것이 좋습니다. 속마음을 꺼내는 데에는 상당한 시간이 걸릴 수 있으므로 짧은 시간에 상사인 내 입장에서 원하는 답을 끌어내려고 하지 말고 인내심을 가지고 불편함을 견디면 분명히 속마음을 이야기할 것입니다.

배 코치

    박 과장님이 신입으로 입사하고 선임에게 모든 것을 배웠던 시절을 떠올려 보십시오. 그리고 기간이 지나 처음으로 후임을 맡았을 때를 생각해 보십시오. 신입 때에 가장 목마르고 필요한 것은 업무의 경험입니다. 여기서 말하는 경험은 반드시 좋은 성과가 나온 성공 경험만 말하는 것이 아닙니다. 실패한 경험 역시 시행착오를 줄여주고 조직원의 성장에 큰 자양분이 됩니다. 사원급에서는 성과의 측정과 보상에 민감하기보다는 과감한 실행력을 바탕으로 많은 업무를 체득하는 것이 무엇보다 중요합니다. 그리고 그러한 업무들을 통해 스펀지처럼 자신의 능력치들을 높일 수 있습니다.

    새로운 신입직원 코칭에 박 과장님이 직접 나서기보다는 2년 차 직원의 업무 능력을 높일 수 있도록 많은 업무를 부여하는 것을 권장합니다. 다만, 그 업무들을 부여할 때, 새로운 신입직원에 대한 코칭을 위한 것이라는 목적을 상기시켜 주십시오. 그리고 가급적이면 작고 단기간에 끝날 수 있는 업무 위주로 일을 맡겨 보십시오. 성공 경험이 쌓이다 보면 자신감이 붙고, 오히려 더 높은 난이도의 업무를 원하게 될 것입니다. 만약 업무의 성과가 부진하더라도 질책하기보다는 더 나은 결과를 끌어낼 수 있는 노하우와 팁을 제공하고 동기를 지속적으로 부여하는 것을 추천해 드립니다.

직속 상사가 부여한 업무에 대한 책임감은 낮고 상위 상사(팀장·차장)의 지시 업무에 몰입하는 것으로 보입니다.

이런 경우는, 사연자 님과 사원 간의 대화가 무엇보다 중요할 듯합니다. 서로 중요하게 생각하고 있는 부분에 대하여 상이한 관점을 가지고 있을 확률이 높습니다. 대화와 소통을 통해 서로의 관점에 대한 일치점을 찾아야 합니다. 그렇지 않으면 오해가 쌓이게 될 것이고, 쌓인 오해는 스노우볼 효과snowball effect: 눈덩이 효과로 종래에는 걷잡을 수 없이 커질 수 있습니다. 대화의 말미에는 팀원에게 업무 태도에 대해 본인이 스스로 판단할 수 있게끔 의사결정의 자율을 주는 것이 좋겠습니다. 그리고 그것에 맞춰 대응책을 구축하는 것이 어떨까요? 만약 팀원이 팀장·차장의 지시를 여전히 우선시하겠다고 한다면 팀 내에서는 그만큼의 인력 부족 상황 즉, T.O가 발생하는 것이므로 이에 대한 인력 충원 기획안을 쓴다든지, 아르바이트나 인턴 인력의 타당한 배정 요구서를 작성한다든지 하는 방법을 택해야 합니다. 혹은 새로 입사할 신입사원과 현 팀원의 역할을 완전히 다르게 설정해보는 것도 좋겠습니다. 현 팀원은 본인의 일이 덜어져 신입사원에게 옮겨지게 되는 것에 당장은 기뻐할 수 있으나, 그것이 결국은 본인 스스로 핵심업무에 멀어지도록 자초한 것임을 깨닫게 될지도 모를 일입니다.

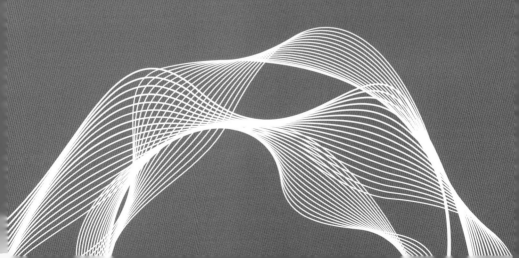

3장

성과는 동기부여와
비례한다

16 몰입을 끌어내는 동기부여의 비책

코브라 농장을 찾아라

1800년대, 인도가 아직 영국의 식민지였을 때의 일이다. 인도 뉴델리에서는 독뱀인 코브라가 들끓어 이로 인한 피해가 속출하였다. 영국 정부는 델리에 있는 코브라의 수를 줄이기 위해 코브라 사체에 포상금을 내걸었다. 시행 초기에는 당국의 의도대로 코브라 사태가 진정되었다. 사람들은 돈을 받기 위해 닥치는 대로 코브라를 잡았다. 코브라의 수는 줄어들었고, 도시는 코브라의 공포에서 곧 벗어나는 것처럼 보였다.

하지만 시간이 어느 정도 지나자 코브라 포상금 계획은 예상과는 다른 방향으로 전개되었다. 일부 판단이 빠른 사람들은 죽은 코브라로 큰돈을 벌 수 있다는 사실을 깨달았다. 그들은 코브라를 키우기 위해 아예 코브라 사육장을 만들어 버린 것이다. 사태를 파악한 영국 정부는 코브라 사체에 대한 포상 제도를 없애 버렸다. 코브라를 팔 수 없게 되자 코브라의 가치는 급락했고 코브라 농장에서는 뱀을 도시에 방생했다. 결국, 델리의 코브라 개체 수는 포상 제도를 실시한 이전보다 더 늘어나게 되었다.

당시 영국 정부가 원한 것은 코브라의 사체가 늘어나는 것이 아니라 살아 있는 코브라의 개체 수가 줄어드는 것이었다. 그들은 측정하기 쉽다는 이유만으로 잘못된 행동을 보상하는 방식을 택했다. 이처럼 어떤 문제를 해결하기 위해 사용한 방법이 본래 의도와는 달리 부정적인 결과를 가져오는 것을 '코브라 효과'라고 한다. 특히 가장 편하고 손쉬운 방법을 적용해서 문제가 더 악화되는 경우를 의미한다.

기업에서도 이런 일은 자주 발생한다. 예를 들어, 고객을 직접 상대하는 콜 센터에서는 가능한 많은 고객을 신속하게 응대하기 위해서 담당 직원당 통화 건수를 바탕으로 직원들의 급여를 책정할 수 있다. 하지만 직원들이 급여를 좀 더 높이기 위해서 고객이 전화를 받자마자 끊는 방식으로 통화 건수만을 높일 가능성이 있다.

고객 한 명당 통화 시간으로 수수료를 책정할 경우도 마찬가지이다. 직원들은 단지 통화 시간을 늘리기 위한 '스킬'을 발견하고 업무와는 관계없는 이야기 등을 통해서 시간을 늘리려고 애쓸 것이다. 이처럼 직원들은 자신이 느끼는 압박감을 해소해 줄 가장 쉽고 빠른 방법을 우선적으로 찾게 된다. 하지만 이런 방법으로는 고객 만족도를 효과적으로 높일 수 없다. 직원들의 수수료 책정 방식과 영업의 목표를 달성하는 것 사이에 큰 괴리가 생기는 것이다.

이러한 현상이 바로 업무 현장에서의 '코브라 효과'이다. 조직에서는 직원들의 몰입을 이끌어내기 위해 다양한 동기부여책을 실시하지만, 실제 몰입으로 이어지는 경우는 많지 않다. 급여를 높이고, 물리적인 근무환경을 개선하는 것이 직접적인 생산성 향상으로 이어지지 않을 수 있다는 것이다.

코브라 효과는 그 실체가 잘 드러나지 않는다. 또한, 실체가 드러나기 전까지는 그 효과를 측정하기가 불가능하다. 따라서, 조직 내의 코브라 농장을 즉각 조치해야 한다. 부작용을 일으키는 동기 요인을 감소시키고 더 적합한 동기부여 방법을 찾아야 한다.

몰입을 부르는 세 가지 업무 동기

GE의 전 회장인 잭 웰치는 '기업의 건강 정도를 측정하는 3가지 요소는 고객들의 제품과 서비스에 대한 만족도, 기업의 재무 건전성 그리고 직원들의 업무와 회사에 대한 몰입도이다. 그중에서도 직원들의 몰입이 가장 중요하다'며 몰입의 중요성을 강조했다.

그러나 실제 기업 현장에서 구성원들의 몰입 수준은 그리 높지 않다. DDI Development Dimensions International, CEB Corporate Executive Board, 타워스 패린 Towers Perrin 의 세 가지 연구 및 컨설팅 기관의 직원 몰입에 관한 설문 결과가 이를 잘 말해준다. 세 조사에서 현재의 업무와 조직에 몰입하고 있다고 응답한 사람들은 각각 19%, 11%, 17% 수준으로, 모두 20%를 넘지 못했다. 10명 중 8명은 본인의 능력만큼 일에 집중하지 않고 있다는 뜻이다. 이처럼 구성원들이 업무에 대한 몰입을 끌어내는 일은 생각보다 간단하지 않다.

어떠한 요인이 몰입을 끌어낼 수 있는 주요 동기가 될 수 있는지 알아보자. 예를 들어 피아노 학원에 다니고 있는 12살 된 여자아이가 있다. 이 아이가 왜 피아노를 배우는지 그 주된 동기를 알면 앞으로 이 아이가 얼마나 더 피아노를 칠 것인지 가늠해 볼 수 있다. 그리고 이 아이가 지금 당장 피아노 학원 다니는 것을 그만두게 할 수도 혹은 더 오랫동안 다니게 할 수도 있다.

1980년대 중반 로체스터 대학의 에드워드 데시와 리처드 라이언은 인간의 동기 요인에 관한 프레임워크를 제시했다. 사람들이 어떤 행동을 하는 이유를 정리해 하나의 스펙트럼으로 설명한 것인데 이것이 자기 결정론 이론self determination theory이다. 그리고 이것이 수십 년 동안 다듬어 지면서 나온 것이 총 동기 이론이다. 총 동기 이론은 피아노를 치는 아이처럼 그 사람을 움직이게 하는 주요 원인이 어디에 있느냐에 따라 동기를 총 6가지로 나누어 본 것이다.

아이가 피아노 학원에 다니는 이유가 피아노 치는 것 자체를 즐거워하기 때문이라면 그 아이는 더 오랫동안 그리고 더 깊이 피아노를 다루게 될 확률이 높아진다. 다른 외부적 환경과 조건이 변해도 큰 영향을 받지 않기 때문이다.

이처럼 '즐거움 동기'는 단지 어떤 일을 좋아해서 그 일을 할 때 생기게 된다. 어떤 일을 하는 동기가 일 자체의 즐거움에 있을 때 몰입을 통해서 탁월한 성과를 낼 확률이 가장 높다. 일 자체가 보상인 셈이다. 업무에서의 즐거움이란 직원들이 휴식시간에 탁구나 비디오 게임을 하며 느끼는 재미와는 다르다. 즐거움 동기는 오락활동이 아닌 업무 자체에서 비롯되어야 한다.

두 번째, '일의 의미' 동기는 우리가 어떤 행위를 함으로써 나온 결과를 가치 있게 여기기 때문에 그 행위를 할 때 발생한다. 어떤 일 자체를 좋아할 수도, 아닐 수도 있지만, 그 일을 함으로써 발생하는 영향력을 중요하게 여기는 것이다. 일터에서는 자신의 가치와 신념이 업무의 결과와 뜻이 같을 때 의미 동기를 느끼게 된다.

예를 들어 아픈 사람을 치료해 주고 싶어서 간호사 일을 한다거나 누군가에게 도움을 주고 싶어서 적십자 같은 구호 단체에서 일을 하는 경우가 해당한다. 월마트의 금융서비스 부서의 경우 경영진 회의를 시작할 때 기업이 얼마나 많은 이윤을 남겼는가가 아닌, 부서가 고객의 돈을 얼마나 절약해 주었는가에 관해 이야기를 나눔으로써 직원들의 의미 동기를 북돋워 준다고 한다.

세 번째 동기는 일의 성장 동기이다. 업무에서 오는 2차 결과가 자신이 믿는 가치와 신념에 상응할 때 발생한다. 개인의 목표 등 자신이 중요하다고 여기는 무언가를 결과적으로 끌어내기 때문에 일에 몰입하는 경우이다. 피아노를 잘 치게 되면 얻을 수 있는 더 좋은 기회가 있을 때 피아노를 치는 것과 같다. 피아노 치는 것 자체는 힘들고 별로 좋아하지 않을 수 있지만, 피아노를 잘 치면 원하는 학교에 진학할 수 있는 등, 그것이 가져다줄 2차 결과를 기대하며 피아노를 열심히 치게 되는 것이다.

코브라 농장을 부르는 간접적 업무 동기

업무와 간접적으로 연관된 세 가지 동기는 정서적 압박, 금전적 압박, 타성이다. 일과는 상관없이 자신의 자부심을 높이기 위해 남들이 부러워하는 직업을 유지하는 경우, 단지 보상을 받을 목적이나 처벌을 피할 목적으로 어떤 행동을 하는 경우, 지금까지 해 왔던 일이기 때문에 업무에 임하는 경우가 여기에 포함된다.

'타성'은 가장 쉽게 찾아볼 수 있는 동기다. 직장에서 일하는 사람들 가운데 꽤 높은 비율이 별다른 이유 없이 현재의 직장에 다니고 있다. 문제는 타성이 개인 업무의 주요 동기가 되면 점차 성과가 떨어질 수 있다는 데 있다. 그래서 미국의 한 온라인 신발 전문 쇼핑몰인 G사는 이러한 상황을 초기에 방지할 수 있는 대안을 내놓기도 했다. 한 달간의 신입직원 교육 이후 회사를 떠나고자 하는 직원에게 한 달간의 급여를 주겠다고 제안했다. 이러한 제안에 신입직원들은 심각한 고민을 했다. 면접에 붙었으니 그냥 이 회사에 다니겠다고 하는 것보다 더 확실한 동기를 찾으려고 했을 것이다. 그렇게 자신의 결정으로 회사에 남게 된 직원들은 더 오랫동안 근무할 수 있게 된다는 것이다.

이상에서 살펴본 6가지 동기는 모두 중요하다. 어느 한 가지만을 가지고 적용할 수는 없다. 우리가 어떤 일을 하는 원인에는 여러 요인이 동시에 작동하기 때문이다. 다만 업무 몰입을 도와주는 동기들은 우리가 흔히 생각하는 것과는 다를 수 있다는 것을 알아야 한다. 일 자체가 가져다주는 즐거움이나 의미를 먼저 찾지 않고 금전적 보상이나 정서적 압박을 우선 적인 동기부여책으로 사용하는 것은 코브라 효과를 확대시키는 것일 수 있다.

중간관리자가 할수 있는 동기부여법

스스로 일하는 조직을 만들기 위한 첫 번째 단추는 목표 설정 과정에 있다. 구성원들의 자율에 의해 일하는 조직을 만들고자 한다면 목표가 리더의 머릿속에만 있어서는 안 된다. 많은 기업이 성과관리 프로세스를 도입하면서 리더와 구성원들 사이의 목표 설정, 합의 과정을 중요하게 생각하고 있다. 하지만 현업에서는 이러한 과정이 형식적으로 진행되는 경우가 많다. 리더의 일방적인 요구와 지시로 목표가 설정되는 경우가 적지 않은 것이다. 이럴 경우, 구성원들의 목표달성 의지는 저하되고 몰입도가 떨어질 수 있다. 목표는 열정을 깨우고 실행을 견인하는 힘을 가지고 있다. 스스로 일하는 조직을 만들기 위해서는 무엇보다 구성원 한 명 한 명의 머릿

속에 분명한 목표를 자리 잡게 하는 것이 중요하다.

구성원들에게 권한위임을 통해 책임과 권한의 폭을 넓혀주는 것도 도움이 된다. 취업 포털 사이트인 잡코리아에서 직장인들을 대상으로 실시한 설문조사에서 '회사가 직원의 창의성을 살려줍니까?'라는 질문에 대하여 응답자의 63%가 '그렇지 않다'고 답했다. 또한, '창의적 조직이 되기 위해서 필요한 것은 무엇입니까?'라는 질문에 응답자들은 '다양한 개성을 발휘할 수 있도록 자율적인 분위기를 만드는 것'을 1순위로 꼽았다. 그리고 '창의적인 아이디어를 알아보는 상사와 경영진의 통찰력', '도전 지향적인 상사'가 그 뒤를 이었다.

물론, 지시형 리더십이 효과를 발휘하는 경우도 있다. 예를 들어, 정해진 프로세스에 따라 신속히 일을 처리해야 하거나 갑작스럽게 발생한 이슈에 일사불란하게 대응해야 하는 경우다. 그러나, 대부분의 경우 강압적인 리더의 모습은 지양해야 한다. 심리학자 다니엘 골먼Daniel Goleman은 '지시형 리더십이 필요한 때도 있지만, 과도하면 구성원들의 사기와 자부심, 일에 대한 보람을 저해할 수 있으므로 반드시 경계해야 한다'고 주장한다. 구성원들에게 스스로 고민하게 하고 업무 처리의 권한을 준다면 적극적이고 창의적으로 일하게 할 수 있다.

몰입을 끌어내기 위해서는 필요 없는 일들은 과감하게 없애야 한다. 조직 심리학 박사인 로버스 서튼Robert Sutton 교수는 구성원들이 자율적이고 창의적으로 제대로 일할 수 있도록 만들려면 필요 없는 회의나 잡무를 줄이는 것부터 시작하라고 강력하게 주장했다. 잡무를 줄이기 위한 확실한 방법으로 '이 일을 하지 않아도 지붕이 무너지지 않는다'라고 판단되면 과감하게 해당 업무를 없애거나, IT 시스템을 이용하여 그 업무에 들이는 에너지를 최소화할 필요가 있다는 것이다. 직원들로 하여금 더 핵심적인 업무에 집중할 수 있는 환경을 만들어 주어야 몰입이 가능해진다.

구성원들의 열정과 주도성을 끌어내는 데 있어 보상은 무시할 수 없는 요소다. 누구나 자기가 노력한 만큼의 대가를 원하기 때문이다. 금전적 보상에 기대가 충족되지 않을 때 구성원들은 회사가 자신의 노력을 인정해 주지 않는다고 생각하여 수동적으로 업무에 임하게 된다.

공정한 보상과 기회를

그러나 사람들이 언제나 자신에게만 주어지는 큰 금전적인 보상을 원하는 것은 아니다. 문제는 공정성이다. 보상은 공평보다 공정하게 주어져야 효과가 있다. '좋은 게 좋은 것이다'라는 식으로 구성원들 간에 나누어 먹기식으로 보상이 이루어지면 오히려 자율과 창의를 저해할 수 있다. 따라서 새로운 도전에 나서고 차별적인 성과를 창출한 것에 대해 금전적·비금전적 측면에서 공정한 보상이 이루어져야 구성원들을 더 효과적으로 동기부여 할 수 있다.

주도적으로 일하며 탁월한 성과를 낸 직원에게는 배경을 불문하고 성장 기회를 제공하고 성과를 인정해 주는 시스템 구축도 놓쳐서는 안 될 중요한 포인트이다. 고졸 출신으로 글로벌 운송 기업 페덱스FedEx의 COO 자리까지 오른 마이클 더커는 한 매체와의 인터뷰에서 '우리 회사에 유리 천장은 없다. 어떤 배경을 갖고 있든 열심히 하면 전폭적으로 지원한다. 이는 구성원들이 열정을 가지고 스스로 일하도록 만드는 핵심이다'라고 이야기하고 있다.

구성원의 몰입을 이끌어 내기 위해서는 관리자의 역할이 매우 중요하다. 하버드 비즈니스 리뷰Harvard Business Review에서 동기부여와 관련된 리더의 중요성을 언급한 적이 있는데, 구성원들에게 동기부여를 주는 요인별 영향력을 조사한 결과 직속 상사, 중간관리자의 영향력이 기업의 보상 제도나 기업문화 등과 비슷한 수준인 것으로 나타난 것이다. 조직의 구성원들이 자신의 상사가 회사의 프로세스와 제도에 어느 정도 영향력을 가지고 있다고 믿기 때문에 나타난 결과라고 할 수 있다.

몰입은 타인이 강요할 수 있는 것이 아니다. 몰입은 스스로 핵심 안으로 들어가는 것이기 때문이다. 여러 동기 요인을 살펴보았지만, 부하직원들의 몰입을 끌어내는 가장 큰 요소는 리더, 즉 중간관리자 자신이다. 리더가 자신이 하는 일에서 즐거움을 찾아 몰입하는 모습을 보여주는 것이 가장 효과적이다. 따라서 리더인 나부터 왜 이 일을 하고 있으며 어떠한 부분에서 즐거움을 찾을 수 있는지 고민해 보아야 한다. 타성에서 잠시 벗어나 처음 설레며 일을 하던 때를 돌이켜 보자. 도움이 될 것이다.

17 복잡성 문제는 이렇게 해결하라

해마다 1월이 되면 스위스의 작은 도시 다보스에서 국제적인 행사가 열린다. 전 세계의 유명 기업인들과 저명한 경제학자 그리고 유력한 정치인들이 한자리에 모여 토론하는 자리가 마련되는데, 이것이 바로 세계경제포럼WEF이다. 다보스 포럼이라고도 불리는 이 회의에서 집중적으로 논의되는 사항들은 WTO세계무역기구나, G7 등의 경제 정책 방향에도 반영될 정도로 영향력이 크다.

다보스 포럼에서는 매년 중요한 비즈니스 역량 Top 10을 발표한다. 2020년에는 대인관계(5위), 인적자원관리(4위), 창의성(3위), 비판적 사고(2위)가 포함되었고 1위로는 '복잡한 문제 해결 능력'이 선정되었다. 비즈니스 역량은 직장인들이 반드시 가져야 할 능력이라고도 볼 수 있으므로 각 항목을 보다 주의 깊게 살펴 볼 필요가 있다. 특히 문제 해결이라는 역량에 주목할 필요가 있는데, 비즈니스 역량 상위 10개 항목 중 1위부터 3위까지의 역량이 바로 문제 해결과 직접 관련된 것이기 때문이다.

다양하고 복잡한 문제를 풀어나가려면 어떤 의견이나 정보를 정밀하고 객관적으로 분석하는 비판적 사고가 필요하며, 경쟁력 있는 문제 해결 대안을 도출하려면 창의성이 필수적으로 요구되기 때문이다. 복잡한 문제 해결은 결국 이러한 능력을 바탕으로 이루어진다고 볼 수 있다.

꼭 해결해야 하는 것이냐, 그것이 문제다

문제란 현재의 상태와 원하는 상태와의 차이를 의미한다. 현재의 상태와 바라는 모습이 명확하게 파악이 되어야 효과적으로 문제 해결을 할 수 있다. 만약 이 차이가 인식되지 않는다면 그것은 문제로 파악되지 않았다는 것을 의미한다. 따라서 해결은 현재의 모습과 바라는 모습을 명확하게 인지하는 것으로부터 출발한다.

『문제 해결력 트레이닝』이라는 책에서 저자인 나라이 안 교수는, '문제 해결은 지금보다 나은 상태로 개선해 가려는 의지이다. 주변의 모든 것이 앞으로 나아가고 있는데, 혼자 구태의연한 상태로 남아 있으면 마침내는 주변에 의해서 억지로 개선을 강요당하는 결과가 될 것이다. 그렇게 되지 않도록 먼저 자신이 문제를 느끼고 문제 해결을 시도하는 것이 중요하다'라고 언급했다.

현재의 모습과 원하는 상태 사이에 차이가 발생했지만, 그것을 발견하지 못하거나, 차이를 좁히기 위해 아무런 조처를 하지 않으면 그 차이는 점점 벌어져서 나중에 전혀 손을 쓰지 못하는 상태가 되어버릴 수도 있다는 뜻이다. 따라서 문제가 무엇인지 정확히 인지하는 것과 그것을 해결해야 할 필요성을 강하게 인식하는 것, 이 두 가지가 합쳐져야 비로소 문제를 해결하는 프로세스를 시작할 수 있다.

외국어 실력이 현재보다 더 향상되어야 한다는 것은 인지했으나 그것을 지금 당장 해야 할 필요가 없다고 느끼면 꾸준히 어학 공부를 하지 않게 된다. 지금보다 몸의 근육을 키우는 것이 원하는 상태이긴 하지만 반드시 지금 해야 할 이유가 없을 때는 운동을 미루게 된다. 새해가 되면 많은 사람이 외국어 학원이나 헬스클럽에 등록하지만, 목표를 달성할 때까지 다니지 못하는 이유가 여기에 있다. 차이는 인식하지만, 꼭 해결해야만 한다는 당위성은 인지하지 못하는 것이다.

기업도 마찬가지다. 시장 점유율을 현재 대비 10% 증가시켜야 한다는 것을 목표로 삼았다 하더라도, 이것을 왜 해야 하는지 조직 구성원들이 명확하게 인식하지 못하면 점유율을 늘리려는 노력은 지속되기 힘들다. 고객 만족도가 지금보다 30% 높아지는 것이 원하는 상태라고 해도 왜 고객 만족도가 지금보다 더 높아야 하는지에 대해서 철저하게 인식하지 못하면 문제는 해결되기 어렵다.

어학 공부나 건강 관리 등의 자기계발은 개인의 미래를 위해 중요한 것이고, 시장 점유율이나 고객 만족도 등 회사가 지속적으로 발전하기 위해서 꼭 필요한 사항이므로 위기에 빠지기 전이라도 문제로 인식하고 대안을 찾는 것이 바람직하다.

내가 아니라 상대방이 중요하다

원인과 해결 방안을 찾는 것도 중요하지만, 그것을 어떻게 표현하고 전달하느냐 하는 것이 더 중요할 수 있다. 아인슈타인은 '여섯 살짜리 아이에게 설명할 수 없다면 당신도 이해하지 못한 것이다'라고 했다. 문제 해결을 위해서 꼭 거쳐야 하는 과정이 설득인데, 특히 조직에서는 수많은 이해관계가 얽혀 있기 때문에 문제 해결을 위한 대안을 얼마나 설득력 있게 전달하느냐 하는 것이 핵심이다.

아리스토 텔레스는 『수사학』에서 설득을 위한 3가지 요소로 로고스, 파토스, 에토스를 제시했다. 이 세 가지 중에서 말하는 사람의 성품과 신뢰성, 진실성을 의미하는 에토스가 논리와 사실을 의미하는 로고스, 듣는 사람의 감정을 뜻하는 파토스보다 상대방을 설득하는 데 큰 영향을 미친다. 어떤 경우에는 대안 자체보다 누가 그 대안을 제안했는가가 채택 여부를 결정한다. 문제 해결을 위해서는 평소 신뢰관계를 만들어 놓는 것이 매우 중요하다는 뜻이다. 설득은 논리와 당위성만으로는 완성되지 않는다. 효과적인 문제 해결을 위해서는 내가 아니라 상대방의 처지에서 접근해야 한다.

기계장치를 전문으로 하는 모 제조업체의 영업사원들은 고객에게 '알기 쉽고, 상대방에게 잘 전달되는 설명'을 함으로써 고객사로부터 큰 신뢰를 받고 있다고 한다. 예를 들어, 불량품이 상품에 섞이지 않았는지 검사하는 기계를 식품회사에 판매할 때 종이와 펜으로 고객의 앞에서 그림을 그려가면서 설명한다는 것이다. 사각형과 선으로 제조라인을 그린 다음 상품의 흐름을 표시하고 어디에서 어떤 검사가 어떻게 이루어지는지 자세히 설명한다. 고객은 그림을 보면서 원리를 이해하게 되고 나중에는 의견도 제시하면서 함께 그림을 완성해 간다. 그렇게 서로 이야기를 나누다가 미팅이 끝날 때가 되면 바로 상품 판매로 이어지는 확률이 월등히 높아진다는 것이다.

탁월한 설득은 본인이 얼마나 열심히 준비하고 노력했느냐를 보여주는 것이 아니라, 상대방이 쉽게 개념을 이해하고 필요성을 느끼고 선택하게 하는 것이다. 논리가 아무리 완벽하다고 해도 상대방이 알아들을 수 없다면 제대로 논리를 갖추지 못한 것이다.

Perfect보다 better를, 신속히 적용할 것

비즈니스 현장에서는 정답이 하나만 존재하는 것은 아니다. 시장 환경이 급격히 변하고 경쟁이 심하기 때문에 수학 방정식과는 달리 절대적인 정답이 존재할 수 없다.

다만, 완벽한 해결책은 어렵더라도 현재보다 더 나은 해결책은 반드시 찾을 수 있다는 믿음이 필요하다. 완벽한 대안은 찾기 어렵지만(아니 거의 불가능하지만), 현재보다 '조금 더 나은 해결책'이라면 누구라도 생각할 수 있다. 그리고 '보다 나은 해결책'을 발견했다면 가급적 즉시 실행하는 것이 좋다. 일단 실행에 옮긴 후 꾸준한 피드백과 관리를 통해서 점점 완벽한 대안으로 만들어가는 것이다.

완벽하지 않은 대안이라고 해서 실행을 미루어서는 안 된다. 실행을 지체하는 사이에 상황이 변화되어 다시 다른 대안을 채택하려고 해도 적기를 놓칠 수 있기 때문이다. 또한, 가장 최선의 대안이라고 평가받는 것도 막상 실행에 옮기게 되면 예상치 못한 일들이 반드시 생기게 된다. 이러한 문제들을 해결할 시간을 확보해야 한다.

두 가지 대비되는 실행 전략을 적용했던 두 기업의 사례를 보자. 다국적 소비재 기업인 A 사와 B 사는 같은 신흥국 시장을 놓고 경쟁을 시작했지만 두 기업의 마케팅 전략은 완전히 달랐다. A 기업은 우선 여러 가지 상품을 시장에 풀어놓고 소비자들의 반응을 기다렸다. 반면 B 기업은 교과서적인 접근방법으로 상품개발을 진행했다. 소비자에 대한 정교한 시장조사에서 시작해 시장분할 분석을 거쳐 샘플 모니터링, 테스트 판매 등으로 조심스럽게 시장에 접근했다.

결과는 A 기업의 완벽한 승리였다. A 기업은 사전 검증이 되지 않은 상품을 일단 시장에 내놓았다. 그리고 어느 제품이 잘 팔리면 그것을 소비자의 욕구에 맞추어 재빠르게 개량했다. 소위 샷건 어프로치shotgun Approach라고 하는 방식을 취했던 것이다.

B 기업이 기획단계에서 많은 시간을 들이고, 고심 끝에 상품을 시장에 진출했을 때는 이미 시장의 판도가 바뀐 이후였다. B 기업이 취한 접근방법은 차분히 표적을 정하는 저격형이었기 때문에 표적을 정하는 사이에 목표 고객이 경쟁자의 손에 넘어가 버렸던 것이다.

리더는 한 박자 빠른 결정을 해야 한다

문제 해결을 할 때 기획이나 정보 수집에 지나치게 많은 시간을 할애해서는 안 된다. 오랫동안 정보를 모아 정확하게 분석한다 해도 결론을 낼때는 이미 문제 해결을 착수할 때와 상황이 바뀔 수 있기 때문이다. 문제 해결에 있어서 가장 중요한 시작점은 바로 '검증되지 않은 초안'이다. 브레인스토밍 방법으로 아이디어를 도출할 때도 누군가가 내놓은 '말도 안 되는 의견'이 좋은 출발점이 된다. 백지상태에서 완벽한 대안 도출은 어렵지만, 무언가를 조금씩 다듬어 가기는 훨씬 쉬우며 현실적이다. 따라서 비즈니스 현장에서는 그 시점에서의 결론을 가지고, 검증과 실행이라는 프로세스를 빠르고 짧게 반복하면 보다 유연하고 효과적으로 문제 해결에 접근할 수 있다.

실행은 그 무엇보다 중요하다. 꾸준한 실행력을 강조한 책 『루틴의 힘』에서 그레첸 루빈Gretchen Rubin은 "내가 매일 하는 일이 가끔 하는 일보다 더 중요하다"고 했다. 자주 실행하지 않는다면 실행할 때마다 특출난 결과물을 내어야 한다는 강박관념에 시달리게 된다는 것이다. 이러한 부담감이 더 완벽한 계획을 찾게 만들고 계획에 집중하다 보면 실행 시기를 놓치게 되는 악순환을 반복하게 될 수 있다.

최고의 성과는 완벽하게 짜인 기획안에서 나오는 것이 아니라 꾸준하고 과감한 실행을 반복할 때 기대할 수 있는 것이다.

아무것도 하지 않으면 아무 일도 일어나지 않는다. 아무리 좋은 아이디어를 가지고 있어도 실행을 하지 않으면 문제를 해결할 수 없다. 최선을 다해 문제 해결책을 찾고, 적용과 시행착오를 통해서 끊임없이 문제를 개선하는 태도를 만들어가는 것이야말로 진정한 문제 해결의 방법이며 바로 진정한 리더의 모습이다. 중간관리자로서 한 박자 빠른 결정을 내리는 연습을 해보자. 어떠한 결정이든 100%의 결과는 불가능하다. 적어도 80% 이상의 효과가 있다고 판단되면 바로 결정하고 행동에 옮겨보자. 빠른 결정과 실행으로 축적된 경험이 미래에 더 큰 결정을 하는 데 도움을 줄 것이다.

18 능력 있는 관리자는 후임을 키운다

미션 임파서블의 주인공은 바뀌어야 한다?

할리우드의 슈퍼스타 톰 크루즈가 주인공을 맡은 영화 〈미션 임파서블〉 시리즈는 스릴과 액션이 잘 조합된 첩보영화의 대표작이다. 1편이 흥행에 크게 성공한 이후 지금까지 여러 편이 제작되면서, 수많은 영화에 출연한 톰 크루즈의 영화 중에서도 대표작으로 꼽히기도 한다.

이 영화에서 톰 크루즈의 존재감은 독보적이다. 도저히 불가능할 것 같은 첩보 업무를 성공적으로 수행해 내는 비밀 요원의 역할을 맡고 있는데, 때로는 상부의 명령과 지시를 무시하고, 독단적으로 업무를 수행하면서 큰 어려움에 빠지기도 한다.

이것이 영화에서는 관객들에게 큰 즐거움을 주는 요소이지만, 현실에서 이런 식으로 업무를 수행하는 것은 절대 바람직하지 않다. 영화에서는 회가 거듭해도 마땅한 대체 요원을 찾을 수 없어 매번 같은 사람에게 중요한 미션을 맡긴다. 심지어 요원들은 현직에서 은퇴한 톰 크루즈까지 찾아와서 일을 부탁하기까지 한다.

불가능해 보이는 미션을 달성하기 위해 톰 크루즈가 가끔 상사의 업무 지시를 무시하는 것은 그렇다 쳐도, 핵심업무를 본인이 계속 담당하는 것은 현실적으로 문제가 된다. 리더라면 향후에 본인의 업무를 대신해 줄 수 있는 또 다른 리더를 키우는 일도 매우 중요하기 때문이다. 그 때문에 많은 기업에서는 중요한 업무가 한 사람에게 집중하는 것을 방지하고자 많은 노력을 기울이게 되고 팀의 또 다른 리더, 미래의 인재를 육성하기 위해 여러 방법을 사용하고 있다.

인재 육성과 중간관리자의 역할

한때 고전하던 마이크로소프트사가 아마존과 구글 등 굴지의 회사들과 시가 총액 1, 2위를 다투며 부활한 비결도 바로 인재 육성에 있다. 위기의 때에 회사에 부임한 사티아 나델라 회장은 취임하자마자 MS의 모든 직원에게 성장 마인드셋을 강조했다고 한다. 성장 마인드셋이란 '사람의 지적 능력은 고정된 것이 아니라 지속적으로 향상될 수 있다'는 마음가짐을 뜻한다. 이것은 '좋은 배경을 가져야 성공할 수 있다'는 고정 마인드셋과 상반되는 개념으로 직원의 끊임없는 성장이 기업의 성장으로 이어질 수 있다고 하는 확고한 인재 양성 철학이다.

실제로 마이크로소프트에서는 직원을 평가할 때 크게 두 가지 기준을 가지고 있다. 하나는 영향력이고 다른 하나는 일하는 자세이다. 영향력은 다시 세 개의 영역으로 평가된다. 개인의 성과, 다른 사람의 성공에 미친 영향력, 다른 사람이 낸 아이디어나 성공사례를 어떻게 개인의 성과에 적용했는지 하는 것이다. 다른 사람의 성공을 돕고 인재로 성장할 수 있도록 하는 시스템을 갖춘 것만으로도 기업의 실적이 눈에 띄게 달라졌고 그것이 다시 그 기업의 인재 육성으로 이어져서 또 다른 성과를 낼 수 있는 선순환의 성장 시스템이 만들어진 것이다.

사실 많은 기업이 인재를 육성하는 것이 기업의 성공을 가져다준다는 것은 이미 잘 알고 있다. 하지만 기업의 시스템이 잘 갖추어져 있어도 일선의 업무에서 실제로 적용되지 않는다면, 직접적인 성과로 이어지기 어렵다. 인재 육성을 위해 실질적으로 조직 내에서 중요한 역할을 해야 하는 사람이 바로 중간관리자들이다. 회사의 핵심가치나 운영 시스템은 결국 사람에 의해서 전파되고 실행되기 때문이다.

인재 육성과 관련하여 타인의 성장을 돕고, 또 다른 리더를 길러내기 위해 중간관리자가 할 방법의 하나가 리더의 권한위임이다. 미션 임파서블이라는 영화에서 톰 크루즈가 권한위임을 했더라면, 조금씩 자신의 업무와 의사결정 권한을 적절한 때에 다른 요원에게 전수하고 위임했더라면 훌륭한 요원들이 더 많이 배출될 수 있었을지도 모른다.

무조건 하면 된다? 첫 단추를 잘 끼워야

위임과 관련하여 알아야 할 두 가지 핵심 개념은 능력과 역량이다. 비슷한 뜻을 가진 것처럼 보이지만 확연히 구분되는 개념이다. 능력capability은 해당 업무를 수행하기 위해 갖추고 있어야 할 기본적인 지식, 기술, 경험 등을 의미한다. 어떤 사람의 능력을 판단하기 위해서 그 사람의 경력과 학력 그리고 자격증 등을 참고할 수 있다.

역량competency은 특정한 결과를 창출해 낼 수 있는 실행력을 의미한다. 역량은 능력보다는 성과와 더 직접 연결되는 개념으로, 역량을 잘 발휘한다는 것은 성과 목표를 설정하고, 전략과 실행계획을 성과와 연결할 수 있다는 뜻이다. 같은 일을 부여했는데도 어떤 팀원은 좋은 결과물을 가져오지 만 어떤 팀원은 그렇지 않을 때가 있는데 리더가 팀원들의 능력과 역량을 제대로 파악하지 못한 채 업무를 맡긴 결과일 수 있다. 능력은 역량의 바 탕이 되며, 어떤 경우에는 서로 연관 없이 각각 결과가 나타나기도 한다.

능력에는 교육을, 역량에는 코칭을

2 코칭	1 높은 목표, 보상
3 재배치 훈련	4 교육

능력 →

역량 →

능력과 역량의 관계를 살펴보면 그림과 같다. 도표의 세로 부분은 능력 으로, 팀원들 간의 상대적인 능력치를 나타내며, 가로 부분은 역량으로 오 른쪽으로 갈수록 높아지고 왼쪽은 낮아진다. 예를 들어, 프레젠테이션을 할 줄 아는 것은 능력이며, 그것을 통해 계약을 성사시키는 것은 역량에 해당한다. 프레젠테이션을 잘하는 능력을 갖추고 계약도 많이 성사시킨다 고 하면 1번에 해당한다. PT는 잘하지만, 계약과 연결시키지 못하면 2번, PT 능력은 뛰어나지 못하지만, 일정한 성과를 내는 사람은 4번, PT 능력도 떨어지고 계약 성과도 떨어진다면 3번에 해당한다.

능력과 역량이 모두 높은 1번의 경우에는 고성과자로, 보통 많은 부분에 있어 권한위임을 받을 수 있는 경우다. 여기에 속하는 직원들에게는 성과 에 대한 적절한 보상과 더불어 더 높은 목표를 제시할 필요가 있다.

2번의 경우, 아직 본인의 능력을 업무에 100% 집중하여 발휘하고 있지 않다는 지표이므로 개인적 코칭을 통해 역량을 강화시켜줄 필요가 있다. 4번의 경우, 드문 경우이긴 하나 능력보다 성과가 높게 나오는 경우이다. 단기간의 성과가 좋긴 하지만 지속적으로 좋은 역량 발휘를 위해서는 업무의 구체적인 방법을 알려주는 체계적인 교육이 필요하다.

능력이 부족한 팀원의 임파워먼트

리더로서 가장 고민이 되는 영역은 3번이다. 역량이 부족한 팀원에게도 임파워먼트, 즉 자율성을 보장해야 하는가 하는 문제이다. 결과적으로는 팀의 성과창출을 위해서 그들에게도 어느 정도 자율성을 보장해 줄 필요는 있지만 혼자서도 성과를 낼 수 있을 만큼 기본 능력과 역량을 키워주는 일이 우선이다.

저성과자의 경우에는 그들 수준에서 고민해 볼 수 있는 전략과제를 부여해보는 것도 방법이다. 실행 기간을 짧게 나누어 작은 일부터 맡기고 점검하면서 코칭해야 한다. 역량이 낮은 팀원에게는 스스로 생각하고 고민하는 습관을 길러주어야 한다. 면밀한 업무 상담을 통해서 더 적합한 업무로 재배치하는 것도 하나의 해결방법이 될 수 있다.

권한위임, 더 잘하도록 하려면 MORE를 기억

리더에게는 늘 한정적인 자원을 준다. 해당 업무를 가장 잘할 수 있는 팀원에게 제대로 일을 맡기는 임파워먼트가 필요하다. MORE는 권한위임을 할 때 도움이 되는 지침이다. 권한을 더(more) 위임할수록 서로 더 (more) 성장할 수 있다고 기억하면 쉽다.

Motivation(동기부여): 어떤 업무를 어느 정도까지 위임할 것인가를 결정하는 것은 관리자의 큰 고민일 것이다. 동기부여는 명확한 기준으로 업무를 나누고, 어떻게 업무를 위임할지를 결정하고 함께 공유하는 것이다. 팀이 달성해야 하는 목표를 분명하게 한 후, 그것을 달성하기 위해 업무를 구성하는 요소를 세부적으로 다시 한번 잘게 쪼개 놓은 작은 목표들을 만들어 놓으면 큰 도움이 된다.

급하고 중요한 일, 협상 스킬이 필요한 일, 문서 작업을 요하는 일, 이런 식으로 목표를 달성하기 위해 무엇을 어떻게 언제까지 해야 하는지 순서와 절차를 사전에 공유하면 좋다. 전체 목표에 부합하게 업무를 위임하면 위임받는 팀원들도 충분히 납득할 수 있고 전체를 보면서 일할 수 있으므로 더 효과적으로 업무를 수행할 수 있게 된다. 팀이 달성해야 하는 목적을 다시 한번 공유하고, 그것을 달성하기 위해 왜 내가 그 일을 감당해야 하는지에 대해서 명확하게 인지하는 것이 동기부여라고 할 수 있다.

Orientation(방향성 제시): 기차의 선로를 설치할 때 방향을 정확하게 잡아야 끝에 가서 어긋나지 않듯이, 어떤 업무를 처리할 때 처음부터 전체적인 방향을 제대로 잡아 주어야 시행착오가 줄어든다. 업무를 위임할 때 회사가 원하는 방향, 팀이 그것을 처리하는 기준 등에 대하여 서로 정확히 알고, 업무를 위임하는 방향을 명확하게 알려주는 것이 방향성 제시이다. 조직 성과적인 측면에서 권한위임 시 가장 중요한 요소라고도 할 수 있다. 성과 목표가 달성되었을 때의 기대 모습을 명확하게 알려주는 것이라고 보면 된다.

Resources(자원): 성공적인 권한위임을 좌우하는 중요 요소는 업무를 실행하는 팀원에게 적정한 자원과 정보를 제공하는 것이다. 업무를 수행할 때 필요한 문서, 도움을 줄 수 있는 사람이나 연관 부서, 예전에 했던 업무 결과, 그리고 문제가 가 생겼을 때 처리하는 방법 등에 대하여 미리 알려주는 것이다. 필요한 자원과 정보가 준비되어야 팀원은 전략과 실행계획을 실행하고 결과적으로 스스로 업무의 주체가 될 수 있다. 특히 처음 업무를 위임하는 경우, 가장 좋은 자원은 위임하는 리더 자신이다. 업무 위임 초기에는 최선을 다해서 본인이 지닌 자원을 적극적으로 공유해 주어야 위임받는 직원이 힘을 잃지 않고 장기적으로 업무를 수행할 수 있다.

Effective Feedback(효과적 피드백): 권한위임은 한 번 업무에 대한 설명을 해주는 것으로 끝나지 않는다. 위임받은 팀원이 그 업무를 완전히 숙달할 때까지 도와주어야 한다. 업무 성향에 따라 다르겠지만, 피드백을 주고받는 주기나 시기를 조절하여 누구에게든지 적절하게 피드백을 제공해 주어야 한다. 팀원에게 일정한 시간 단위로 책임져야 할 성과가 무엇인지 사전에 명확하게 부여하고 주간 단위의 성과 목표는 스스로 수립하도록 한다.

팀원의 역량이 미흡하더라도 중간관리자가 매번 직접 과정에 개입해서는 안 된다. 목표와 업무 수행 과정을 명확하게 알려주고 공유한 후에는 가급적 팀원이 끝까지 일련의 업무 프로세스를 끝내게 하는 것이 좋다. 중간에 개입하는 것이 많을수록 팀원의 업무 수행에 대한 적극성과 능동성을 잃게 되어 수동적인 상태가 되어 몰입감이 오히려 낮아질 수 있다.

능력과 역량이 있더라도 새로운 일을 맡으려는 의지가 없는 팀원에게
는 관리자 역시 업무를 위임하기가 꺼려진다. 그래서 이를 그냥 방치
하는 경우도 있는데, 장기적으로 그 리더는 물론이고 팀 전체에도 도
움이 되지 않는다. 업무와 권한은 물처럼 계속 흘러가야 한다. 주저하
게 되는 진짜 원인을 파악하여 인내심을 가지고 용기를 북돋워 주면
결국에는 탁월한 역량을 펼칠 수 있을 것이다. 그것이 리더가 해야 할
진짜 일이다.

고민 사례 6 직원들을 믿지 못하는 홍 과장님
(건설회사 마케팅팀 38세 홍 과장님)

"

저는 이제 곧 팀장을 맡아서 업무의 변화가 있을 예정인데, 아직도 기본적인 보고 서류 등 많은 부분을 본인이 직접 작성하고 있습니다. 함께 하고 있는 팀원들이 10명이 넘지만, 그중에 마음에 들도록 일을 완벽하게 하는 직원들이 없어 보입니다.

현재 팀장으로부터 업무를 직원들에게 위임하라는 지시를 받고 있지만 일을 맡겼다가도 성이 차지 않아서 다시 가져와서 본인이 야근하면서까지 바로 잡는 경우가 많습니다. 그러다 보니 직원들도 자신들에게 일을 줘도 끝까지 책임지고 완수하는 경우가 없습니다. 다른 팀을 보면 팀장이나 중간관리자가 그리 많은 일을 하지 않고 능력이 뛰어나 보이지는 않는데, 뛰어난 직원들이 많이 있어서, 알아서 일을 잘하고 있는 것 같습니다.

또한, 제가 해야 할 일과 넘겨야 할 일을 분간하기가 쉽지 않습니다. 누구에게 넘겨야 하는지도 잘 모르겠습니다. 일을 넘겼다가는 업무가 마비될 것 같은 생각이 듭니다. 더 뛰어난 직원들로 팀을 완전히 다시 짜야 문제가 해결되는 걸까요, 이런 경우에는 어떻게 해야 할까요?

"

홍 코치

먼저 걱정하는 일의 90%는 실제로 일어나지 않는다는 것을 알아야 합니다. 내가 아니면 업무에 큰 차질이 생길 것 같지만, 여러 사람이 함께 일하는 조직에서는 누군가가 공백을 대체하게 되어 업무상 다소의 미흡함은 있을지라도 일에 막대한 차질이 생기는 경우는 거의 발생하지 않습니다.

리더가 되었다면 이제 나의 핵심업무는 특정한 일을 보다 완벽하게 해내는 것이 아니라 내가 했던 업무를 위임하고, 다른 사람이 업무를 더 잘할 수 있도록 도와주는 것입니다. 즉, 권한과 업무를 위임하는 것 자체가 나의 업무가 된 것입니다. 문서작성을 완벽하게 했던 나의 모습, 상사 앞에서 업무 브리핑을 탁월하게 했던 나의 모습을 이제는 다른 사람들이 잘할 수 있도록 지원해 주어야 합니다.

업무에 능숙한 위치에서, 당장 업무 처리가 더딘 것을 견디기는 쉽지 않습니다. 하지만 다른 사람이 해야 할 업무를 리더인 본인이 대신 완벽하게 처리하는 것은 궁극적으로 두 사람 모두에게 큰 도움이 되지 않습니다. 내가 그랬던 것처럼, 다른 사람이 처음 하는 업무에서의 미흡함은 인내심을 가지고 견디어야 합니다. 다른 사람도 나만큼 잠재적인 뛰어난 업무 능력을 지니고 있다고 믿고, 장기간의 시간을 가지고 피드백을 주고받으면서 성장할 수 있도록 도와주어야 하겠습니다.

사원부터 시작해, 장기간 근무하며 중간관리자까지 진급한 분들이 이런 경우가 많습니다. 담당한 업무를 그 누구보다도 많이 알고, 경험도 출중하며, 보고서 작성까지 신속하게 할 수 있는 직원이 바로 본인이고 회사에서도 믿고 보는 검증된 담당자이기 때문입니다.

그러나 이제 곧 팀장 역할을 맡게 될 상황이라면, 관성적으로 해왔던 업무들하고는 거리를 두어야 합니다. 많은 스포츠 감독 중, 스타 플레이어인 선수가 감독이 되었을 때 생각보다 성과가 발휘되지 않는 경우가 많습니다. '내가 했을 때는 이렇지 않았는데'라는 생각이 들고, 팀 멤버들의 개개별 능력치가 스타 플레이어였던 감독 눈에는 차지 않아 그것에 매몰됩니다. 그러다 보면 팀 전체의 성과가 부진한 것입니다. 팀장을 앞둔 홍 과장님께서도 업무를 위임하다 보면, 기존에 본인이 해온 것에 비해 팀원들의 결과물이 마음에 들지 않을 것입니다. 그래도 이제 팀장으로서 본인의 KPI보다는 팀의 KPI를 생각해야 합니다. 팀장은 실무자와 달리 거시적인 안목과 남다른 관점이 있어야 합니다. 본인이 맡은 분야에서의 전문성도 중요하지만 다른 분야들과의 연관성, 다른 팀과의 협업, 기업 운영에서의 팀 역할 등 실무진의 시각과는 다른 managing이 필요한 것입니다. 이 변화를 받아들이기 위한 첫 번째가 바로 업무 위임입니다. 홍 과장님도 과감하게 업무를 위임하고 팀 멤버들 간의 역할 배분 및 전체적인 조율과 협업에 관심을 가지고 변화를 받아들이시기 바랍니다.

　임파워먼트는 어렵습니다. 많은 이들이 고 성과를 내는 데 있어 임파워먼트의 효용성을 이야기하지만, 리더가 후배 혹은 팀원에게 권한을 넘겨주는 데에는 여러 걱정이 따르게 됩니다. 하지만 반드시 해야 하는 일이기도 합니다. 임파워먼트empowerment의 사전적 의미는 구성원에게 업무 재량을 위임함에서 끝나는 것이 아니라, 그것을 통해 구성원의 의욕과 역량 강화, 성과 창출을 끌어내는 것까지 모두 포함합니다. 권한위임을 한다는 것은 단순히 업무를 나누는 것이 아닌, 그의 역량을 강화하여 성장시키는 것을 목적으로 하는 일련의 활동들이라는 것을 잊지 마시기 바랍니다.

　예상보다 결과물이나 진행 과정에서 진전 속도가 느리거나 염두에 두었던 결과가 제대로 나오지 않는다면 리더는 불안감을 느끼게 되고 결과에 대한 걱정에 사로잡히기 쉽습니다. 그리고 이 시점에서 실패의 위험을 감수할 것인가, 회피할 것인가에 대한 고민에 빠지게 됩니다. 위험을 감수하는 것은 팀원을 믿는 것이고, 회피는 믿지 않음의 발로가 됩니다. 이러한 신뢰와 위험 감수의 과정을 반복하면서 그들의 역량을 강화하고 성과 창출로 이끌게 되는 것입니다. 처음부터 만족스러울 수는 없습니다. 끊임없는 시행착오의 과정 속에서 조금씩 나아지게 될 것입니다.

　누구에게 업무를 넘겨야 할지 고민스럽다면 모두가 모인 자리에서 회의로 결정하는 것도 방법입니다. 리더 혼자 결정한 것이 아닌, 함께 고민해서 내린 결론이므로 불평과 불만은 확실히 낮아질 것이며, 넘겨받은 업무의 완성도에 대한 책임감도 높아질 것입니다.

CHAPTER · 3

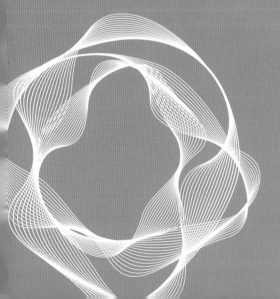

무사한
팀장에서
슬기로운
팀장으로

팀장편

시작하며

축하드린다. 드디어 팀장이 되었다. 어떤 이에게는 승진의 고배를 마시며 고군분투한 끝에 드디어 힘겹게 얻어낸 타이틀일 것이다. 또 어떤 이에게 는 어쩌다 보니 입사 동기 중 가장 먼저 갖게 된 얼떨떨한 직함일 수도 있 겠다. 어쨌거나 각기 다른 이유로, 기쁘게도 '드디어' 팀장이 되었다.

또 어떤 이는 '올해도 무사히' 작년에 이어 팀장직을 지킬 수 있게 되었 다. 지금까지 해 온 팀장의 역할에 대해 나쁘지 않은 평가를 받았고, 그 결 과로 팀장의 위치에서 물러나지 않아도 되어 안도의 숨을 쉴 수 있게 되었 다는 의미이다. 매년 관리자의 역량과 역할에 대해 다시 평가받는 것이 고 된 일이다. 그러나 팀장이 되었다가 다시 강등되기도 하는 이들과 비교하 자면 올해도 팀장 자리를 지킬 수 있게 되어 그래도 참 다행이다 싶다.

그러나 성취와 안도의 기쁨도 잠시다. 사실 본격적인 고난의 시작은 바 로 지금부터다. 막상 팀장은 되었지만, 정확히 팀장의 일이 무엇인지 사실 솔직히 말하자면, 잘 모르겠다. 어떤 식으로 대화해야 하는지, 팀원들에게 어떤 식으로 업무를 지시하고 관리해야 하는지, 이들의 성과평가는 어떤 방식으로 해야 욕을 먹지는 않을지, 또 요즘은 관리형 팀장이 아닌 실무형 팀장을 선호한다고 하던데 그렇다면 조직원 관리업무와는 별도로 내 개인의 성과는 어느 선까지 설정하고 달성해야 하는 지 말이다.

　내가 팀장의 자질이 부족한 건가? 나만 우왕좌왕하고 어려운 걸까? 그렇지 않다. 수년째 팀장직을 지키고 있다고 해도, 지금까지 팀장 업무를 잘 해왔다고 해도 고민은 늘 넘칠 수밖에 없다. 환경은 너무나 빠르게 변화하기 때문이다. 어제의 정답이 오늘의 정답이라고 보장할 수 없고, 새롭게 투입되는 팀원들의 사고방식은 아무리 이해하려 노력해도 쉽지 않다. 그뿐이 아니다. 함께 해야 할 일은 차고 넘치는데 '집중해서 같이 일 좀 하자'라고 말하면 그 즉시 싸늘하게 바뀌는 팀원들의 눈빛 공격을 받아내야 한다. '워라밸' 문화에 반하는 팀장의 갑질이라고 뒤에서 손가락질당하는 것은 아닐지 조심스럽다. 말 한마디만 잘못해도 직장인 익명 커뮤니티 앱인 '블라인드'의 주인공이 될 것만 같다. 팀원들에게 앞뒤 꽉꽉 막힌 '꼰대'로 인식되고 있는 건 아닌지, 아니면 이도 저도 못 하고 전전긍긍하는 '낀대'로 비치는 건 아닐지 늘 걱정스럽다. 실제로 어떤 팀장은, 팀장이 되고 팀원'님'들의 심기를 거스르지 않도록 거동을 조심해야 하는 상황에 스트레스가 이만저만이 아니라고 한다.

이 이야기들은 위로는 임원에게 역량을 증명해야 하고, 아래로는 팀원들에게 결속력을 요구하고 자발적인 참여를 이끌어야 하는 바로 지금 당신의 이야기이다.

『종의 기원』이라는 책을 저술하고 진화와 성장에 관하여 연구한 학자 찰스 다윈은 '생존하는 사람은 가장 힘센 사람이거나 아주 영리한 사람이 아니라 변화에 잘 적응하는 사람이다'라고 했다. 거대한 변화의 물결에 선 지금, 팀장 리더십의 정의도 형태도 환경에 맞추어 바뀔 수밖에 없다. 신경 쓰이는 것은 팀원들의 태도나 생각만이 아니다. 경영 환경 변화는 또 얼마나 빠른지, 눈 돌아갈 지경이다. 그 뿐이랴, 어쩌다 보니 나도 모르게 모바일 워크 시대의 리더십 개척자가 되었다. 뿔뿔이 흩어져 일하는 팀원들의 성과를 어떻게 관리하고 지원하면 좋을지, 물어볼 곳도 없다. 일의 강도는 점점 세지고, 팀원들은 더욱 모래알처럼 느껴지는 지금, 팀장인 당신은 무엇을 어떻게 하면 좋을까?

이 책, 『리더십 트랜스포메이션』은 3부로 구성되어 있다.

사회생활에 첫발을 내딛는 신입과 사원급 리더를 위한 이야기로 구성된

1부와 중간관리자의 역할과 선택에 대해 다룬 2부에 이어 팀장 리더를 위해 준비한 3부의 주제는 '무사한 팀장에서 슬기로운 팀장으로'이다.

팀장이 처한 고민을 공감하고 함께 '슬기로운 팀장'이 되기 위한 방법을 강구하기 위해 준비된 3부는 앞서 언급한 질문들에서 출발한다. 1장, '그런데도 불구하고 팀장이 되었다' 편을 통해 팀장의 역할에 대한 혼란스러운 감정과 행보에 대한 고민을 공감하고, 팀원들과 신뢰 깊은 래포를 형성하기 위한 방법들을 제시한다. 2장, '팀의 성과는 팀장의 클래스' 편에서는 팀 성과로 역량을 평가받는 팀장이 생산성 높은 팀을 구축하고 유지하기 위해 반드시 놓치지 말아야 할 팀 성과관리 방법에 대해 다루고자 하였으며 3장, '팀을 넘어 조직으로, 관점의 전환' 편에서는 개인에서 팀, 팀에서 조직으로 시야를 확대해 부분이 아닌 전체를 볼 수 있는 관점의 중요성을 강조하고자 하였다.

메마른 펌프는 아무리 힘을 가해도 물이 길어지지 않는다. 물이 길어 올려지려면 어느 정도의 수면이 차올라 있어야 하므로 펌프의 윗부분에 한 바가지의 물을 부어야 하는데, 이것을 '마중물'이라고 한다. 슬기로운 팀장은 바로 이 마중물과 같다. 마중물에서 '마중'은 '오는 사람을 나가서 맞이함'이라는 뜻을 담고 있다. 더 큰물을 끌어 올리기 위해 먼저 마중 나가는 마중물처럼, 끊임없이 빠르게 변화하는 환경 속에서 팀과 팀원들이 변화의 물결에 유연하게 대처하고 성장할 수 있도록 보여주고 이끌고 뒤에서 밀어주며 먼저 마중 나가는 팀장이 되기를 기대한다. 팀장 혼자 북 치고 장구 치며 일하던 시대는 지나갔다. 우리는 반드시 팀원들과의 협업을 통해 시너지를 창출해내야 한다. 팀장은 팀 전체의 성과로 팀장의 자격을 평가받게 됨을 기억해주기 바란다. 그리고 그 힘든 길을 걸어가실, 그리고 현재 걷고 계실 모든 팀장님께 응원의 박수를 보낸다.

이소민

1장

그런데도
팀장이 되었다

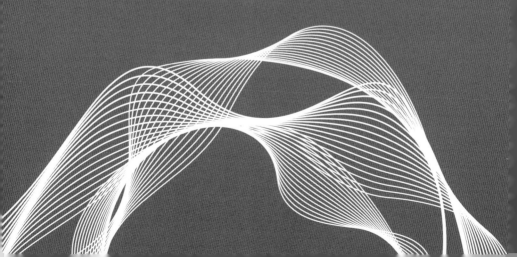

19 나는 꼰대인가, 낀대인가

나는 '꼰대' 팀장인가?

"신입사원이 저와 마주 보고 앉아 밥을 먹거나 차를 마실 때 아무 말 없이 스마트폰만 뒤적이고 있습니다. 화가 치밀어 오르네요. 나 꼰대인가요?" 일명 '직장인 대나무숲'이라 불리는 직장인 익명 커뮤니티 앱인 블라인드에 올라온 글이다. '꼰대'란 '본인의 구태의연한 사고방식을 타인에게 강요하며 꼰대 질을 하는 직장 상사나 나이 많은 사람'을 가리키는 속어로 사용되고 있다. X세대로 불렸던 1970년대생과 그보다 나이 많은 베이비붐 세대들을 통칭해 기성세대라고 한다. 이 기성세대는 이제, 마치 지적질의 아이콘이 된 것처럼 인식되는 듯 하다. 물론, 그 가운데 오해라면 오해라고 할 것이 있기는 하다. 기성세대들은 선배들에게 일을 배우던 과정과 시간의 기억들을 되짚어, 업무 노하우와 직장 매너를 MZ세대들에게 하나하나 가르쳐주고 싶다. 그들의 의도는 당연히, MZ세대의 직장 내 '시행착오'를 줄이고자 함에 있다. 좋은 취지이다. 그러나 MZ세대는 선배들이나 직장 상사가 조금만 엄격한 태도를 보이면 즉시, '꼰대'라는 단어로 일축하려 하고, 때때로 귀를 막아 버리기도 한다.

말하자면, 오늘의 팀장들은 '하면 된다'며 밀어붙이는 엄혹한 상사를 겪어내고 팀장이 되고 보니, 반대로, '되면 한다'라고 입을 모으는 팀원'님'들까지도 '모시고' 일해야 하는 상황에 닥치게 된 것이다. 팀장이 되었어도 맘 편히 하고 싶은 말을 하지 못하고 팀원들 눈치를 살펴야 하는 것도 억울한데 젊은 팀원들은 말끝마다 '꼰대'라고 하는 통에 어떻게 대응해야 할지 당황스럽다. 어느 팀장은 '저녁 회식과 점심 회식은 분명 이야깃거리가 다르기 때문에, 나도 나의 저녁 시간이 소중하지만 젊은 세대 직원들에게 술 먹자, 밥 먹자 먼저 청하며 소통의 문턱을 열어 놓으려고 노력한다'고 한다. 그런데도, '회식 때 사람은 오지 말고 법인카드만 보내라는 팀원들의 말을 들을 땐 서운한 마음이다'며 무조건 자리를 피해 달라고 요구하는 이 불통의 사고방식을 가진 팀원들을 데리고 일하려니 힘들다고 한다. 당신의 이야기 같은가?

개인의 사생활에 침범하지 말 것을 당연하고 강력하게 요구하는 MZ세대는 정시 출근하고 주어진 일을 주어진 시간 내에만 해내고 칼퇴근하기를 좋아한다. 회사나 상사에게 충성하기보다는 자기 자신에게 충성하고, 경제적인 것보다는 자기만족을 가장 중요시한다. 그리고 그러한 것을 당당히 팀장에게 요구한다. 그러니 팀장은 야근하고 막내는 칼퇴근하는 진풍경이 펼쳐지게 되기도 하는 것이다. 억울하지만 당장 방법이 없다. 어떻게 하면 '꼰대' 소리를 듣지 않으면서도 이런 MZ세대를 슬기롭고 당당하게 잘 이끌 수 있을까?

나는 '낀대' 팀장인가?

'낀대'는 현 사회의 특성을 반영해 새롭게 등장한 신조어로, 기성세대와 MZ세대 사이에 '끼인' 세대를 의미한다. 낀대의 어정쩡하고 답답한 상황이 극명하게 표출되는 때가 바로, 이 낀대의 상황에서 팀장의 역할까지 맡게 될 때이다. 바로 지금 당신의 처지일 수도 있다. 낀대가 처한 환경은 대인관계에만 국한되지 않는다. 끊임없는 변화 속에서 업무환경은 더 일하기 어려운 상황, 몰입하기 어려운 상황이 되었다. 그렇지만 그렇다고 해서 팀장이 해야 할 업무의 양이 줄거나 책임이 경감되거나 하지는 않는다. 시간 관리에, 팀원 양성에, 외부 미팅 등 여러 일을 동시에 해내야 하고 그 와중에 책임져야 할 것과 의사결정 할 것도 정말 많은 상황이 일상이 된 것이다. 심지어 조금 전까지 고심하여 의사결정 했던 사안들을 뒤엎고, 데드라인을 눈앞에 두고 원점에서 다시 시작해야 하는 상황도 사방에서 왕왕 발생한다. 이전에는 전혀 당연하지 않았던 것들이 당연해져 버린 세상에서, 당연하지 않았던 일들을 당연하게 해내야 하는 팀장이 된 것이다.

그렇지만, 조직의 임원과 상사들은 그렇다고 해서 당신이 설렁설렁 일하는 것을 용납하지 않는다. 오히려, 더욱 신중하게 업무를 수행하여 이전보다 더 높은 수준의 성과를 내기를 요구한다. 그러나 당신의 외줄 타기는 거기에서 끝나지 않는다. 업무의 완성도에 치중하면 '네가 팀장이냐 실무자냐, 위치를 정확히 해라'라는 윗선의 책망도 감내해야 한다. 관리와 실무, 잔소리와 피드백, 착함과 호구 그 사이에서 지금도 외롭게 외줄 타기를 하고 있는 '그런데도' 팀장이 된 '낀대'여, 어떻게 하면 이 모든 것을 유려하게 잘해낼 수 있을까?

유능한 팀원이 꼭 유능한 팀장은 아닌 이유

실적이 좋은 조직원이 승진을 통해 팀장이 되는 것을 주변에서 쉽게 볼 수 있다. 그러나 유능한 직원이 반드시 유능한 팀장이 될 수 있다고 보기는 어렵다. 왜 그럴까?

사회심리학자인 로버트 카츠Robert Kartz는 관리자에게 요구되는 능력을 크게 세 가지로 제시한다. '기술적 능력technical skill', '대인관계 능력human skill', '개념화 능력conceptual skill'이다. 첫 번째, 기술적 능력은 직능 분야의 고유 기술에 관한 능력을 말하는데, 생산, 마케팅, 재무, 회계, 인사조직과 같은 직무 관련 전문 능력을 의미한다. 두 번째, 대인관계 능력은 조직원을 동기 부여하는 능력, 대인 갈등 해결 능력 등을 뜻하며 커뮤니케이션, 협상, 팀워크, 리더십 등을 활성화할 수 있는 능력까지 포함한다. 세 번째 개념화 능력이란, 현상을 이해하는 과정 중에 본질을 판단하고 의미를 부여하여 구조화하는 능력을 의미한다.

승진을 통해 직급이 올라가면 올라갈수록 개념화 능력이 요구된다. 직급이 오르며 품질 체크나 수량 파악과 같은 단순한 관리 업무보다는 신사업 구상과 중요 계약 건 검토와 같은, 조직의 방향 설정과 전략수립에 관련한 역량이 비중이 높아지는 업무로 변모하기 때문이다. 물론, 중간관리자라고 해서 실무 능력이 떨어져서는 안 되며, 최고경영자 역시 기술에 대한 지식이 없어서는 안 된다. 다만, 직급별로 요구되는 역량과 능력의 비중이 달라진다는 것을 기억해주기 바란다.

정리하면, 구성원을 통해 성과를 만들기를 희망한다면 당연히 분야에 대한 기술적인 역량도 갖추어야 하지만 동시에 대인관계 능력과 개념화의 능력도 갖추어야 한다. 팀원일 때는 당연히 기술적 역량만 갖추어도 성과를 낼 수 있었다. 그러나 팀원 개개인의 성과를 통해 팀의 성과를 창출해야 하는 팀장은 팀원이 성과를 낼 수 있는 바람직한 환경을 제공하고 끊임없이 관리해야 하므로 팀원의 위치에 있을 때와 달리 대인관계 능력과 개념화 능력이 특히 더 요구된다. 요즘과 같은 빠른 환경의 변화 속에서 준비되지 않은 상태로 팀장의 업무를 맡게 된다면 당연히 성과창출의 과정 중에 팀장의 역할과 책무에 대한 혼란이 발생할 수 있다.

'꼰대' 팀장과 '낀대' 팀장, '슬기로운' 팀장의 관점으로 접근하기

팀의 리더가 문제를 회피하고 방치하면 팀은 쇠약해지고 결국 팀 전체에게 손해로 돌아가게 된다. 이를 방지하기 위해 리더는 리더의 일을 제대로 알아야 하며, 동시에 팀원이 속하는 세대의 특성도 함께 이해해야 한다. 점차 사회의 주축이 되어가는 8, 90년대생과의 문제를 그저 '세대 차이'라고 치부하며 소통을 포기하기에는 그 예측 손실이 너무 크다. 『아웃라이어OUTLIERS』라는 책으로 유명한 저술가 말콤 글래드웰Malcolm Gladwell은 갈등 대부분이 서로를 모르면서 잘 이해하고 있다고 착각하는 데서 발생한다고 했다. 해답을 찾는 것도 해결 방법을 찾아 풀어나가는 과정도 쉽지는 않지만 그렇다고 해서 못 본 척 넘기기는 어려운 노릇이다.

자, 그렇다면, 슬기로운 팀장은 어떻게 접근할까?

① **다름의 인정**: 먼저, 다름을 인정해보자. 세대마다 의사소통방식도 다르고 같은 표현도 다르게 인식하기 때문에 서로의 스타일과 이해 방식이 다르다는 것을 인지하는 것이 무엇보다 중요하다. 그런데 이때 '다름'을 '틀림'으로 간주하면 어떻게 될까? 팀장의 눈과 귀에 팀

원의 다른 언행은 틀린 것으로 비칠 것이다. 그러면 어떻게 될까? '대체 쟤는 왜 저러냐?' 하는 생각이 머릿속에서 맴돌게 될 것이다. '쟤 왜 저러냐'에서 출발한 불만은 팀원이 하는 모든 것이 마음이 들지 않게 만들어버리고 이들 서로의 대화 코드가 어긋나게 한다. 그리고 그 여파로 서로는 사사건건 마음에 들지 않게 된다. 그러다 보면 동상이몽이 되는 것이고, 점차 멀어진 두 사람의 동행은 급기야 완전히 다른 길이 되어 버려 종래에는, 리더와 팀원은 덮어놓고 무조건, 서로에게서 오류나 귀책사유를 찾는 관계가 될 것이다.

반면, 다름을 다름 그 자체로 인정한다면, 팀원이 비록 나와 다른 언행을 보일지라도 그 이유를 '틀린 것'이 아닌 '다른 것'으로 간주하고 팀원의 관점을 참고하여 반영하려는 노력이 시작된다. 그리고 '그럴 수도 있겠구나' 혹은 '아하, 그래서 그랬구나'와 같은 관점의 확장도 시작된다. 이해가 바탕이 되면, 팀장과 팀원이 추구하는 리더십 목표는 일치하게 될 것이고, 이들의 리더십 여정은 즐거운 동행길이 될 것이다. 그리고 팀장과 팀원 모두가 승-승win-win하는 리더십 결과를 얻게 될 것이다.

② 관점의 일치: 문제에 대한 서로 다른 관점을 일치시켜 보자. 서로에 대해 잘못 이해하고 있는 것들, 즉 각자가 가진 고정관념에 대해 논의하는 시간을 마련하는 것도 도움이 된다. 어떠한 고정관념을 가졌는지, 가장 큰 문제점이 무엇인지 명확하게 파악하고, 알고 있는 문제에 대해 각기 다르게 가지고 있는 시각을 함께 맞춰보는 시간을 확보하자.

③ 목표의 기대치 일치: 세대를 불문하고, 명확한 목표를 기반으로 조직의 성공에 기여해야 한다는 것은 조직에 몸담은 모두에게 해당하는 것이다. 그래서 팀장은 팀원 각자에게 바라는 기대치를 명확하게 알려주어야 하고, 그들의 생각을 명확하게 알 필요가 있다. 업무 수행 방식과 접근 방법은 각 팀원의 역할뿐 아니라 세대에 따라 다를 수 있다. 그러나 목표는 일관성을 가져야 한다.

'꼰대' 팀장과 '낀대' 팀장, '슬기로운' 팀장으로 거듭나기

관점을 확대해보자. 비단 조직원 한 명 한 명과의 관계 정립뿐 아니라 팀장이 팀장으로서 해야 할 일은 다분히 많다. 어떠한 조직 내에서 어떠한 업무를 소화하는 팀이냐에 따라 해야 할 일들이 각기 다를 수 있겠다. 그러나 일반적으로, 팀장이 소화해야 할 역할은 매우 많다는 것에 이견을 제시하는 이는 아마 없을 것이다. 심지어 어떤 팀장은 출근부터 퇴근까지, 잠시도, 아주 찰나의 쉴 틈조차 없는 하루를 보내기도 한다. A 영업팀장의 하루를 살펴보자. 출근하자마자 일일 팀 미팅 자료 검토 및 팀원들의 당일 업무 체크, 전날 실적 체크, 실적 및 채권 관리, 이슈 사항 관리 및 시장 정보와 이슈 사항 실행 체크, 신규 거래처 방문 및 부진 실적의 팀원 동행 관리, 팀장 거래처 관리, 이슈 사항 피드백 및 각종 문제 해결, 수행 업무 확인 및 팀원 일일 업무 보고서 확인과 피드백, 팀장 일일 업무 보고서 작성까지 이 모든 업무를 하루 중 다 소화해야 한다. 물론 위에 열거한 하루 업무들의 해결은 어느 특별한 하루의 상황이 아닌, 그의 매일의 일상에 대한 것이다. 이렇게 바쁜 팀장이기에, 해야 할 수많은 일 중에서 핵심업무를 꼽아 선택과 집중을 하는 것은 매우 어려운 일이지만 그것이야말로 팀장이 반드시 갖추어야 할 중요한 핵심 역량이다. 무엇이 가장 중요한 일인지 그렇지 않은지 즉 과업의 경중에 대해 정확한 이해할 수 있는 판단력이 필요하다. 그뿐만이 아니다. 실무자는 담당 업무를 완수할 책임이 있지만, 팀장은 그것에 더해 팀원을 리드하고 팀원의 업무 진행 프로세스에도 관점을 맞춰야 하는 책임을 완수해야 한다. 목표달성을 위해 팀장 개인의 역량뿐 아니라 팀원의 역량도 잘 활용하고 극대화하여 팀의 목표하는 바를 달성할 수 있어야 한다. 또, 팀 전체의 의견을 대변하는 역할, 팀원이 회사 내외부의 이해 당사자들과 긍정적인 업무 관계를 형성하게 하는 연결 고리의 역할, 팀의 업무 프로세스와 효율성을 높일 방법의 강구, 크고 작은 의사결정의 상황에서 책임감 있는 의사결정자의 역할까지, 다양한 역할을 책임져야 한다. 팀원들과의 관계뿐 아니라 팀 외부에 있는 동료 팀장들과의 원활한 협력 관계도 형성해야 하며 임원 및 상사와의 좋은 협력 관계 역시 잘 구축해야 한다.

대한민국의 팀장은 그야말로 슈퍼맨이 되기를 늘 요구받는다.

앞서 서술한 것처럼 격무에 가까운 업무량을 소화하는 한편 상사를 잘 모시고 팀원들도 잘 육성해야 하며 다른 팀의 팀장들과의 교류도 놓치지 않아야 한다. 성과관리를 잘해서 맡은 목표량을 달성해야 한다. 이 루틴 속에 팀장들은 슈퍼맨 콤플렉스에 걸릴 수도 있다. 팀원들을 리드하기 위해 완벽해 보이려고 노력하며 완벽하지 못한 부분을 채우고 숨기기 위해 노력하려 할지도 모른다. 완벽을 위한 노력은 바람직하지만, 인간은 결코 완벽할 수 없다는 사실을 잊지 말기를 바란다. 완벽한 리더는 없다.

단, 완벽이 아닌 핵심 역할에의 집중으로 관점을 바꿔보자. 모든 것을 다 잘하려 하다 열 마리 토끼를 놓치는 불상사를 겪기에 앞서 바로 지금, 팀장으로서 선택해야 할 정말 중요한 것은 무엇일까 다시 한번 생각해 보기를 권한다. 혹시 내가 꼰대 팀장이나 낀대 팀장으로 전락했다고 생각이 든다면, 그 탓을 팀원이나 조직의 환경 탓에 돌리기에 앞서 팀장으로서 나의 핵심 역할은 무엇인지, 명확하게 알고 있는지, 알고 있다면 그것을 잘 실천하고 있는지 먼저 점검해보면 어떨까?

20 MZ세대와 소통, 공감, 공존하는 법

MZ세대, 그들이 온다

MZ세대의 사회활동 진출이 급증하고 있다. 우리의 조직에서도 MZ세대는 이제 심심치 않게 볼 수 있다. 조직의 성과를 좌우할 새로운 물결인 MZ세대가 역량을 잘 발휘하고 팀에 기여할 수 있도록 이끌어주는 팀장은 무엇이 다를까?

MZ세대가 즐겨 쓰는 신조어나 줄임 말을 배우고 대화 사이사이에 사용하는 것도 MZ세대와의 소통에 좋은 양념이 될 수 있다. 하지만 더 중요한 것은 이들이 중요시하는 가치를 인정하고 그들에게 윗선의 가치를 올바르게 전달하는 것이 아닐까? MZ세대는 과거의 조직원들과 달리 단순하고 일방적인 업무 지시를 거부한다. 그들은 스스로 생각할 기회를 제공하고 스스로 일할 수 있도록 동기부여 하는 팀장을 기대한다. MZ세대와의 슬기로운 공존을 위해, MZ세대에 대한 이해와 그들을 올바르게 이끌 수 있는 리더의 역할에 대해 함께 살펴볼 필요가 있다.

조직이 변화하고 있다

1980년대 이후 출생한 '밀레니얼 세대'와 1990년대 중반부터 2000년대 초반 출생한 'Z세대'를 아우르는 이른바 'MZ세대'가 조직의 성과를 창출하는 구성원으로 자리매김하고 있으며, 이들의 조직 내 영향력은 점점 늘어나고 있다.

이 밀레니얼 세대와 Z세대는 이전까지 형성되어 명맥을 이어온 조직의 문화와 업무방식을 거부하고 개인 삶의 가치 영위와 수평적인 네트워크를 선호하는 두드러지는 특성을 보인다. 회사는 일터일 뿐이라고 생각하며, 개인의 삶과 일터에서의 삶이 이어지는 것을 매우 꺼려한다. 따라서 기존의 베이비붐 세대와 386세대, X세대로 대변되는 기성세대가 구성하고 유지해온 조직문화와 업무방식에 새로운 변화를 시도하지 않는다면 MZ세대와의 공존은 어려울 수 있다.

사람인 조사에 따르면, 20~39세 남녀 2,708명을 대상으로 실시한 '가장 입사하고 싶은 기업 유형'의 설문 결과, 자유롭고 수평적인 소통 문화를 가진 기업이 23.5%, 야근과 주말 출근 등 초과 근무가 없는 기업이 17.8%, 연차 등 휴가 사용이 자유로운 기업이 11.3%로, 전체 응답자의 52.6%가 수평적이고 자유로운 조직을 선호하는 기업으로 꼽았다고 한다. MZ세대는 누구보다 '상호 존중'을 중요하게 생각한다. 문제는 여기에서 시작되는데, 소위 '상명하복'이 익숙한 조직문화에서 일해온 상사나 선배들에게 MZ세대의 요구는 다소 도전적으로 보인다. 그러나 조직 구성원의 60%가량이 MZ세대로 채워지는 지금, MZ세대와의 소통은 결국 조직의 경쟁력으로 이어지기 때문에 대화가 안 된다는 이유로 이들을 단순히 피하거나 무조건 거부할 수는 없다. 이들과의 공존은 선택이 아닌 필수이다. MZ세대와 교감하기 위해 그렇다면 어떤 노력을 기울이면 좋을까?

조직 내에서 공존하는 세대별 특징

MZ세대의 특징을 이해하고 그들이 원하는 소통을 시작하기 위해서는 그들과 다른 지점에서 사고하고 행동하는 기존 세대들의 특성도 함께 들여다볼 필요가 있다. 먼저, 조직에서 가장 높은 위치에 있는 세대이기도 한 '베이비붐 세대'는 통상 1950년대 중반에서 1960년대 말 태어난 세대로, 밀레니얼 세대의 부모 세대이기도 하다. 베이비붐 세대를 대변하는 한 문장은 '하기 싫은 것도 해야 성공한다'로 꼽아볼 수 있겠다. 이들은 성공을 가장 중요한 가치로 생각하며, 강한 책임감을 가지고 일터에 최선을 다하는 특징을 보인다. 조직 내 위계질서가 익숙한 이들이다.

다음으로 함께 들여다볼 세대는 'X세대'로, 1970년대에서 1980년대 초반 출생한 세대이다. 젊을 때는 신세대로 대우받았지만, 현재 그들은 회사의 '낀 세대'이다(끼인세대, 낀대로 통칭되기도 한다). 유년 시절 88서울올림픽을 경험하고 해외여행 자유화의 수혜를 얻은 첫 세대이며 최초로 PC를 사용하기 시작하고 천리안·하이텔 등 인터넷을 경험하기 시작한 세대이다.

각 세대의 특징을 자세히 들여다보면, 베이비붐 세대는 한국사회의 경제 개발과 산업화를 이끌었던 산업화 세대이자 민주화를 추구했던 386세대의 특성을 보인다. X세대는 1990년대 새로운 문화를 부흥시켰던 세대이다. 이들의 문화는 지금 MZ세대가 열광하는 레트로 문화의 초석이기도 하다. 각 세대는 우리의 문화와 사회의 질적 변화와 양적 변화를 형성한 장본인이다.

따로 또 같이, MZ세대의 특성(밀레니얼 세대와 Z세대)

이제, MZ세대의 특성을 살펴볼까? 이들은 이전 세대들이 만들어 온 새로운 문화와 사회 현상을 바로 지금, 새롭게 만들어 나가기 시작하고 있는 세대다. 먼저 MZ를 구성하는 이들 각 세대의 특성을 자세히 들여다보기 위해, 밀레니얼 세대와 Z세대를 각각 구별해서 보면, 재미있게도 밀레니얼 세대와 Z 세대도 같은 듯 굉장히 다른 양상을 보인다. 그 다름의 이유는 이들에게 영향을 미친 부모 세대의 특징과 이들의 유년기의 특성에 기인한다. 밀레니얼 세대는 베이비붐 세대의, Z세대는 X세대의 자녀들이다. 일반적으로 부모가 자녀의 성장에 큰 영향을 미친다는 사실을 생각해 볼 때, 이들 각각의 부모 세대가 겪은 사회적 현상과 가치관이 밀레니얼 세대와 Z 세대를 규명하는 특징에 영향을 미쳤을 것이다. 이들 세대를 나누는 또 다른 환경적 요인을 찾아보면, 이들이 겪어온 유년기의 특성을 제시해 볼 수 있다. 밀레니얼 세대의 유년기에는 경제 호황기였지만 성장기는 IMF 외환위기 시기였다. '금 모으기 운동'을 기억하는가? Z세대의 유년기는 이 IMF 외환위기의 끝자락이었고, 성장기에는 2008 글로벌 금융위기가 있었던 시기적 특성이 있었다. 이러한 환경적 특성을 출발로, 밀레니얼 세대와 Z세대도 나고 자란 환경에서 경험한 사회적 사건이 매우 다르므로 그들끼리도 문화적으로나 행동양식으로나 차이를 보일 수밖에 없다.

어느 날, 필자는 밀레니얼 세대의 연령대에 해당하는 한 사원이 Z세대 후배를 두고 '이해할 수 없다, 얘들 진짜 이상하다'라고 말하는 것을 본 적이 있다. 스페인 알타미라 동굴Cueva de Altamira의 유명한 이야기를 잘 알 것이다. 동굴 안의 수많은 그림 중에서 글자처럼 보이는 문양이 발견되어 많은 고고학자가 해석을 위해 연구하니 그 내용이 '요즘 애들 버릇없다'로 해석

되었다는 이야기 말이다. 그처럼, 세대 간의 다름을 발견하는 관점은 시공간을 초월해 항상 존재하는 듯하다. 그렇기에 기성세대의 눈에는 비슷하게만 보이는 밀레니얼 세대와 Z세대임에도 사실, 두 세대 간에 간극이 존재한다고 그들은 인지하는 것이다.

어떤 측면에서는 서로 다른 듯하지만, 이전 세대보다 디지털과 모바일 친화적이며 개인의 만족을 중시한다는 공통적인 특성을 보이는 이 MZ세대는 모바일을 우선적으로 사용하고, 최신 트렌드에 민감하며 남과 다른 이색적인 경험을 추구하는 특징을 보인다. 집단보다는 개인의 행복을, 소유보다는 공유를, 상품보다는 경험을 중시하는 소비 특징을 보이며, 단순히 물건을 구매하는 데에 그치지 않고 사회적 가치나 특별한 메시지를 담은 물건을 구매하며 자신의 신념을 표출하는 미닝아웃을 중요시하기도 한다. 혹자는 그러한 MZ세대의 특성을 반영하여 '민지'라고 의인화해 이들을 지칭하기도 한다. MZ세대의 이러한 특징은 직장에서도 그대로 발현이 된다. 기성세대와 비교하면, '나 자신'에 더 집중하고 '나'를 중요시한다. '나'와 '남'의 삶과 나와 남을 포함한 '개인의 행복'을 방해하는 것이 설혹 조직 전체의 방향성과 일치하더라도 거부한다. 본인의 생각을 명확하게 주장하고, 불이익이라고 판단하거나 아니다 싶은 생각이 든다면 당당하게 털어놓는다.

확실히, 기성세대가 접하지 못한 행동양식을 보이는 세대이다. 동시에 이들은 팀장님이 리드해야 할 팀원 중의 하나이기도 하다. 어떻게 하면 이들 MZ세대와 슬기롭게 협업을 하고 업무 지시와 관리를 잘 할 수 있을까 고민이 된다면 이어지는 내용에 주목해주기 바란다.

MZ세대와 효과적으로 소통하는 법

수직적 조직문화를 경험했던 상사는 '까라면 까'의 문화까지는 기대하지 않더라도 적어도, 시키는 업무에 대해 일단, "예, 알겠습니다. 해보겠습니다." 라며 수용하는 태도를 보이기를 희망한다. 그러나 현실은 그렇지 않다. '그냥 시키는 대로 하면 안 돼? 왜 그렇게 말끝마다 토를 다는 거지?' 도무지 잘 이해가 안된다. 그들은 왜 그럴까? MZ세대는 상황이나 행위의 의도를 이해하지 못하면 그것이 상사의 지시일지라도 선뜻 실행하지 않는다. 앞서 기술한 것처럼 그들은 자신의 행복을 찾기 위해 노력하는 세대이다. 자신의 신념을 무엇보다 중시하기 때문에 '시키는 대로' 일하기보다는 '그러하므로' 일하기를 원한다. 따라서 MZ세대가 원하는 것은 그들의 관점을 팀장이 이해하는 것이다. 이들에게 업무 지시를 하거나 시너지를 기대하며 일을 하기 위해서는 먼저 '이 일을 왜 해야 하는지'에 대해 명확하게 설명해줄 필요가 있다. 가령, 신입 영업사원인 K사원에게 '실적을 더 올려야 한다'거나 '000까지 매출 목표를 달성해야 한다'라고 단순히 지시하기보다는, 최근 우리 조직의 매출 추이 현황을 알려주고 본인이 기여해야 할 부분이 무엇인지 스스로 깨닫도록 알려주는 것이 더 바람직하다. '경쟁사 관련 리서치를 하라'라고 일방적 통보를 하는 것이 아닌, 신제품 출시 후 판매 전략 방향을 알려주며 경쟁사 동향에 관련한 리서치의 중요성과 필요성을 인식하도록 하는 방법이 MZ세대를 움직이게 한다.

MZ세대 최적화, 효과적인 동기부여 전략

동기부여Motivation, 모티베이션란 움직인다는 뜻을 가진 라틴어 모베레Movere에서 나온 말로, '동기유발', '동기화'라고도 한다. '개인이나 집단이 자발적으로 혹은 적극적으로 책임을 지고 일을 하고자 하는 의욕이 생기도록 그 행동의 방향과 정도에 영향을 행사하는 것'을 의미한다. '조직의 목표달성을 위한 행동을 유발시키는 역동이자 역동 과정'을 의미하기도 한다. 이 동기부여의 포인트는, 구성원들이 즐겁게 일하고 열정적으로 일에 매진할 수 있도록 환경을 조성하여 최고의 성과를 창출하도록 유도하는 데 있다. 동기부여를 강화하는 3가지 방법은 '직무 가치의 제고', '공정한 평가와 보상', '성장의 기회 제공'이다.

① 직무 가치의 제고

팀원이 담당하고 있는 일을 통해 실력을 향상시키기 위해서는 업무에 흥미를 느끼고 몰입할 수 있도록, 현재 하고 있는 일의 가치를 높여야 한다. 이것을 잡크래프팅Job Crafting이라고 하기도 한다. LG경제연구원의 조사 결과에 따르면, 구성원의 동기 부여에 영향을 미치는 요인으로 '미래의 경력 성장 가능성 (19%)', '담당하고 있는 일의 가치(16%)', '주도적으로 일할 수 있는 업무 환경(16%)' 순으로 나타났다고 한다(2004년 국내 직장인 대상). 구성원들이 일에서 재미와 성취감을 느끼고 그 일을 통해 성장하고 있음을 느낄 수 있다면 일에 대한 몰입이 향상됨과 동시에, 몸담은 팀과 조직에 대한 애착이 높아질 수 있다.

② 공정한 평가와 합당한 보상

성과를 낸 만큼 합당한 보상을 받을 수 있다는 기대감은 더 높은 성과 창출을 위한 노력의 도화선이 된다. 반대로, 성과를 많이 낸 사람과 그렇지 않은 사람 간에 차등 보상이 분명하게 이루어지지 않는다면 노력의 의욕은 꺾이게 된다. 물론, 성과 여부를 바탕으로 차등 대우를 할 시, 매우 섬세한 관리가 필요하다. 자칫 조직의 구성원들에게 차별 대우라는 오해를 불러일으킬 수도 있기 때문이다. 한 팀장이 있다. 그는 팀워크를 향상하고 팀 분위기를 밝게 유지하기 위해, 그리고 팀원 간의 불만을 줄이기 위해 성과평가를 차등이 아닌 일괄평가의 방법으로 선택했다. 그의 평가방법은 팀원들의 만족을 이끌어냈을까? 아니다. 일괄평가는 결과에 기여한 사람의 노력을 인정하지 않는 역효과를 빚었다. 가래로 막을 수 있는 문제를 단지 피해서 서까래로 막는 일이 발생하지 않도록 팀 내에 공정한 평가 기준과 합당한 보상 체계를 마련하는 것이 중요하다.

③ 성장의 기회 제공

아무리 일의 가치를 부여하고 공정한 보상제도를 마련한다 해도 팀원과 함께 일하는 리더가 팀원의 성장을 이끄는 활동을 전개하지 않는다면 동기부여의 효과를 기대할 수 없다. GE의 전 회장인 잭 웰치 J.Welch는 리더의 요건 중 하나로 '에너자이즈Energize'를 제시하였는데, 그 의미는 '타인에게 힘을 불어넣어 주기 위한 힘'이다. 정원사의 마음으로, 팀원의 바람직한 성장을 위해 물과 비료를 적절히 제공하며 육성하는 역량이 필요하다.

MZ세대와 행복한 공존하기

① 유연한 팀장

MZ세대는 아무리 실무에 능해도 회사의 이익만을 위해 아랫사람을 다그치기만 하는 팀장보다는 함께 의견을 나누며 서로 존중해주는 팀장을 원한다. 성과 이전에 관계를 중요시하는 이들에게 권위와 체계, 결과만을 중요시하고 강조하는 팀장은 당연히 멀어질 수밖에 없다. MZ세대는 유연한 소통을 중요시하기 때문에 일방적인 탑다운Top-down 방식의 지시보다는 양방향 소통을 통한 업무 공유를 더 선호한다. 위계질서와 룰 보다는 열린 자세를 가지고 대화하려는 팀장에게 MZ세대는 마음을 열 것이다.

② 대상에 맞춘 피드백과 보상이 명확한 팀장

업무가 익숙하지 않기 때문에 MZ세대와 실수는 떼려야 뗄 수 없는 관계이다. 잘못한 일에 대해 감정적으로 대응하거나 인신공격과 같은 언행으로 상처를 주기보다는, 사실과 인과관계를 근거로 객관적 관점에서 피드백을 제공해야 한다. 특히, '아~ 됐다. 가봐'와 같이, 왜 이런 일이 발생했는가에 대한 원인과 앞으로의 대처방안에 대한 피드백 없이 그냥 업무 처리를 하는 팀장은 MZ세대의 신뢰를 얻을 수 없다. 그들에게도 현안을 객관적으로 받아들이고 스스로 평가할 수 있도록 기회를 주어야 성장을 기대할 수 있는 것이다. 물론, 야단치지 않고 객관적 사실만 전달하는 것은 쉬운 일이 아니다. 그렇지만 이러한 피드백이 쌓이면 그만큼 신뢰관계도 더 단단해지고 구성원의 성장

속도도 가팔라질 수 있다는 것을 잊지 말아 주기를 바란다.

팀의 결속력과 사기 증진을 위해 어떤 방법을 택하는가? '수고했어, 다 같이 끝나고 술 한잔?', '팀워크 향상을 위해 주말 등산 후 막걸리 한 잔?'과 같은 시도를 해보신 적이 있는가? 우리의 선배 팀장님들이 즐겨 쓰시던 이 방법을 택하면 MZ세대는 뭐라고 할 것 같은가? 팀의 사기 증진이나 업무 보상의 방법으로 음주를 동반한 급작스러운 벙개(번개모임), 등산 같은 것들을 하자라고 제안한다면 그들의 큰 반발을 사게 될 것이다. MZ세대가 기대하는 바람직한 보상은 휴가, 개별 여행, 개인의 취미생활 지원과 같은 사생활과 관련된 것이다. 팀의 결속력을 높이기 위한 취지로 '같이' 무언가를 하자라고 하면 역효과를 피할 수 없다. 보상의 대상이 원하는 방법으로 보상하지 않으면, 그것은 보상이 아닌, 고통이 될 수 있다.

③ 공사 구분을 철저히 하는 팀장

MZ세대는 일과 삶의 균형인 워라밸work and life balance을 무엇보다 중요시하는 세대이다. 앞서 이야기했다시피 이들은 상사와 동료가 공사 구분을 철저히 할 것을 요구한다. 즉, 직장 내에서는 업무적으로 친밀하게 대화하는 관계일지라도 사적으로는 연락하지 않는 것을 희망한다. 특히, 이들이 카카오톡KakakoTalk을 이용해 근무시간 외 혹은 주말에 연락하는 팀장만큼 싫어하는 것도 없다. 한국노동사회연구원의 조사에 따르면 우리나라 근로자 10명 중 7명은 카카오톡 등 SNS 업무에 시달리는 것으로 확인된다고 한다. 조직원의 행복과 권리를 보장하는 차원에서 퇴근 후 업무 지시를 금지하는 움직임이 계속 늘고 있다. 관공서 및 주요 대기업에서는 '근무시간 외 SNS 업무 지시 근절' 조례를 공포하고 있으며, 이러한 기조는 계속되고 있다. 쉬는 날 업무를 지시받았다면 마땅한 급여를 받아야 한다는 법안이 발의되기도 했다. 프랑스를 비롯한 일부 선진국에서 이미 수년 전부터 실시하고 있는 일명 '연결되지 않을 권리Right to disconnect'를 보장하는 법안과 맥을 같이 하는 것으로 보인다. 정보통신기기를 통해 특정 시간 동안 사용자가 노동자에게 업무에 관해 지시하는 경우 근로시간으로 간주할 수도 있다고 하니(단순히 MZ세대가 싫어하는 것을 이유로 꼽지 않더라도) 근무시간 외 지시와 업무 협의는 유의하는 팀장님이 되어주시기 바란다. 사적인 질문은 최소화하고, 업무에 관련된 소통은 이메일, 인트라넷, 사내 업무 전용 메신저만을 활용하자. 특히, MZ세대에게 SNS 친구 요청은 금물이다.

21 아슬아슬한 팀장, 멘토링으로 극복하기

왜 멘토링 대화인가?

멘토링mentoring 은 경험과 지식이 많은 사람이 스승 역할을 하여 지도와 조언으로 그 대상자의 실력과 잠재력을 향상시키는 것 또는 그러한 체계를 말한다. 멘토링이라는 말의 기원을 찾아보면, '스승'을 뜻하는 '멘토'는 그리스신화에 나오는 오디세우스의 친구 멘토르Mentor에서 유래하였다. 멘토르는 오디세우스가 트로이전쟁에 출정하여 20년이 되도록 귀향하지 않는 동안 그의 아들 텔레마코스를 돌보며 가르쳤다. 그 후 그의 이름은 '현명하고 성실한 조언자' 또는 '스승'의 뜻을 내포하게 되었다. 이후로 멘토(혹은 멘토르)는 지혜와 신뢰로 한 사람의 인생을 이끌어주는 조언자이자 존경의 대상으로 사용되고 있다.

즉, 경험과 지식이 많은 사람이 스승 역할을 하여 지도와 조언으로 그 대상자의 실력과 잠재력을 향상시키는 것 또는 그러한 체계를 '멘토링'이라고 하는데, 스승 역할을 하는 사람을 '멘토mentor', 지도 또는 조언을 받는 사람을 '멘티mentee'라고 한다. 멘토와 멘티의 관계는 살아가는 과정에서 자연스럽게 형성되기도 하고, 기업 등의 조직 안에서 인위적으로 활성화되기도 한다.

멘토링의 효과

멘토링은 조직은 물론, 멘티뿐 아니라 멘토인 팀장에게도 많은 이점을 제공한다.

1) 조직 차원의 효과

조직 차원에서 멘토링은 멘토의 성문화되지 않은 머릿속 지식인 암묵지를 멘티에게 이전시켜 줌으로써 특정인이 조직을 떠나더라도 조직 내에 중요한 지식을 남기는 효과를 기대할 수 있다. 멘토와 멘티가 1:1로 직접 상호 작용하면서 실시간으로 업무 관련 지식과 노하우를 전달하기 때문에 투입 비용 대비 학습 효과가 월등히 높다. 국제멘토링협회IMA에서 실리콘밸리 등의 첨단기업을 대상으로 조사한 결과에 따르면, 멘토링을 실시 중인 기업의 신입사원은 실시하지 않는 기업의 사원보다 2~5개월 정도 빨리 적응하는 것으로 나타났다고 한다.

멘토링은 조직의 핵심가치나 조직문화를 강화하고 유지하는 데에도 기여한다. 조직은 공통의 문화가치나 회사의 기대하는 바를 멘토를 통해 멘티에게 정확히 전달함으로써 멘티에게 공동체 의식과 자발적 몰입의 마음가짐을 심어줄 수 있다. 1999년 포춘 500대 기업 중 60개 기업을 대상으로 조사한 결과에 의하면, 멘토링을 받은 사람과 받지 않은 사람의 이직 의도는 각각 16%와 35%로, 약 2배 정도의 차이가 있었다고 한다.

조직 효과성 측면에서 멘토링의 또 다른 중요한 기능은 인재 육성이다. 필요 기술과 역량을 잘 발휘할 수 있도록 유도함으로써 멘토링은 핵심인력과 리더를 육성할 수 있다. 신입사원의 조직 적응력을 높일 뿐 아니라 핵심 인재들의 조직 이탈을 방지하고, 중간관리자들의 리더십 역량을 강화할 수 있다.

2) 개인 차원의 효과

멘토링이 멘티에게 효과적이라는 사실은 두말할 나위가 없다. 멘토링은 신입 조직원의 신속한 적응을 돕는다. 그뿐 아니라 상사나 동료와의 관계 같은 전반적인 조직생활이나 담당 업무 수행의 노하우에 대해 멘토를 통해 조언을 얻고 대응함으로써 멘티는 자신감 있는 조직생활을 할 수 있다. 그 결과로 당연히, 멘토링을 경험하지 못한 신입사원 대비 단기간에 업무 역량이 빠르게 향상되어 높은 성과를 발휘하고, 이것은 멘티의 승진이나 높은 보상과 연결되는 선순환 구조를 형성하게 된다.

멘토링은 멘티에게만 도움이 된다고 생각하기 쉽다. 그러나 멘토링은 멘티뿐 아니라 멘토에게도 많은 효익과 이점을 제공한다. 멘토는 멘티를 통해 새로운 지식의 학습과 다양한 관점의 이해를 얻게 된다. 조직 내에서 통용되는 업무 관련 노하우는 때때로 해당 업무에 대한 고착화된 사고방식을 낳기도 한다. 멘토는 멘티와의 상호 소통의 과정에서 업무에 대한 새로운 접근법을 얻게 될 수 있다. 또, 접하기 힘들었던 새로운 지식과 새로운 세대의 가치관을 이해할 수 있는 계기를 얻게 된다. 팀원을 멘토링 하는 과정을 통해 스스로 리더십 역량이 향상됨을 경험할 수 있다는 것 역시 멘토링의 효익이다. 미국의 듀퐁DuPont사는 리더들의 인재 육성 능력을 향상시키기 위해 주요 수단으로 멘토링제도를 활용하고 있으며 그 효과 역시 입증된 바 있다고 한다. 국내 H사의 기업 내부 조사에 따르면, 멘토링 사후 '멘토링 활동을 통해서 나 또한 성장하고 있는 느낌을 받았다'라는 문항에 대하여 설문에 참여한 멘토 가운데 83.5% 이상이 긍정적 반응을 보였다고 한다.

효과적인 멘토링 대화를 위한 SMART 5단계 대화 모델

멘토링이 무엇인지, 어떤 마음가짐으로 해야 하는지 이해했다. 그렇다면 자, 이제 본격적으로 멘티와 만나 멘토링 대화를 해보자. 어떻게 시작해볼까? 보통, 처음 멘토링 대화를 하게 되면 이내 무슨 이야기를 해야 할지 몰라 당황하게 된다. 그래서 필자가 만나본 많은 멘토들은 처음 멘티를 만나면 이렇게 묻는다고 한다. "점심 뭐 먹었어요?", "무슨 음식 좋아해요?", "아 나도 그거 좋아하는데" 이렇게 먹는 이야기로 시작하다가, "나중에 우리 같이 그거 한 번 먹으러 가요"로 끝맺기 일쑤다. '어, 나도 그런 적 있었는데' 하는 이도 분명 있을 것이다. 아쉬운 일이다. 멘토링의 핵심은 '멘티의 성장을 돕는다'는 것에 있다. 그러려면 멘토링 대화는 반드시 대화가 종료되었을 때, 아주 작은 것일지라도 멘티의 성장에 기여한 상태여야 한다. 즉, 다시 말하면, 목표가 있는 대화가 되어야 한다는 것이다. 그렇다면, 어떻게 대화해야 밥 먹는 이야기로 시작해서 밥 먹는 이야기로 끝맺음하는 대화가 아닌, 목표를 달성할 수 있는 대화가 가능할까? '구조화된 대화' 방법을 선택해 보자. 구조화된 프로세스에 따라 대화하는 것에 대해 머릿속에 미리 숙지해 두고 대화를 하면 효과적인 멘토링 대화가 될 수 있다. 그렇지 않으면 점심 메뉴에 대한 의견 교환과 같은, 단지 시간을 때우기에만 급급한 대화가 될 것이다. 멘토링 대화에 효과적인 구조화된 대화법에 대해 알아보자.

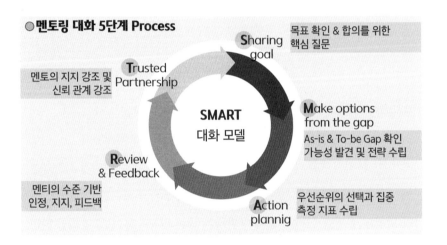

SMART라는 단어를 아는가? 알다시피, smart는 '똑똑한', '현명한'이라는 사전적 뜻을 지니고 있다. 지금부터 소개할 멘토링 대화를 위한 다섯 단계로 이루어진 멘토링 대화 프레임도 단어의 의미 그대로 우리의 멘토링을 똑똑하게 만들어주는 기능을 할 것이다. SMART라는 말은 다섯 단계 구조의 영문 머리글자를 따서 구성한 것이다.(이미지 참고)

SMART 대화 모델 1단계: Sharing goal(목표의 수립과 합의)

먼저, 'Sharing goal', 즉 함께 수립할 목표를 확실하고 명확하게 해야 한다. 어떻게? 머리 위에 별이 떠 반짝반짝 빛나는 것처럼 우리의 목표가 마

CHAP 3. 무사한 팀장에서 슬기로운 팀장으로

치 눈앞에 명료하게 보일 수 있도록 구체화하는 작업을 가장 먼저 한다. 목표를 확인하고 목표에 대해 멘티와 함께 잘 합의할 수 있도록, 다음과 같은 질문들을 멘티에게 제시한다. 멘티가 어떠한 방식과 방향으로 성장하고 싶어하는 지, 명확히 하기 위해 그의 생각을 들어볼 필요가 있다.

"OO 님은 우리 조직에 입사하게 된다면 꼭 해보고 싶었던 것이 무엇인가요?"

"OO 님은 어떠한 일을 해보고 싶었나요?"

"어떤 일에 특히 도전해보고 싶으신가요?"

멘토링 관계가 형성됨을 안내하며 동시에 멘티가 처한 문제를 깊이 이해하고 그것에 집중하기 위한 토대를 마련할 수 있다. 멘티가 조금 더 깊이 생각할 수 있도록 "OO님의 10년 후는 어떤 모습일까요?"와 같은 표현을 통해 질문의 깊이를 바꿔봐도 좋다. 질문은 래포를 형성하여 빠르게 서로 가까워지게 하는 도구이기도 하지만 멘토링에 대한 멘티의 기대감을 상승시키기도 한다. 다음으로 해야 할 것은, 멘토링을 통해 얻고자 하는 것에 대해 멘티와 함께 합의하는 것이다. 주어진 멘토링 기간이 종료되었을 때 어떤 모습이 되어 있을지에 대해 그려보는 것이다. 팀장과 함께 멘토링에 참여하는 멘티를 항해하는 한 척의 배라고 생각해보자. 도착지에 대한 목표가 없는 배는 망망대해를 그저 떠돌 수밖에 없다. 도착지를 모르는 배는 다만 표류할 뿐이거나 심한 경우 풍랑을 이기지 못해 난파선이 될 수도 있다. 멘토를 바다로 비유해보면 어떨까. 배가 명확한 종착지를 알고 있다면, 멘티라는 배는 멘토라는 바다의 물살을 슬기롭게 잘 이용해서 목적지에 도착할 것이다. 여기서 가장 중요한 것은, 이 도착 지점, 즉 목표를 뭉뚱그려 개략적으로 정하는 게 아니라 할 수 있는 한 최대한 구체적이고 명확하게 만들어야 한다는 것이다. 목표가 불투명하면 할수록 달성률도 그만큼 불투명해진다. 그러므로 반드시 목표는 명확하고 구체적인 언어로 수립해야 한다. 추상적이면 안 된다. 목표는 헤아릴 수 없을 만큼 큰 것이 아닌, 쪼개고 쪼개서 더 세부적으로 깊이 파고들어 답변을 찾아낼 수 있는 것이어야 한다.

목표를 설정하는 대화 시에는 멘티가 목표에 몰입할 수 있도록, 멘토링에 방해가 없는 차분하고 편안한 환경을 조성하는 것이 중요하다.

자, 이렇게 해서 멘티가 어떤 생각을 지니고 있는지, 성장 방향성은 어떤지 알고 멘티가 바라는 목표가 구체적으로 설정되었다면 그것을 이루기 위해 멘티가 어느 정도 준비되었는지를 점검하도록 하자.

SMART 대화 모델 2단계: Make options from the gap(목표달성을 위한 전략 수립)

As-is라는 말을 아는가? 현재의 내 모습이다. To-be는 종착지이자 내가 이루고 싶은 것을 의미한다. 이 각각의 지점들을 명확히 알아야 올바른 실행계획을 짤 수 있다. 다음으로 해야 하는 것은 무엇일까? 이 간극 차를 줄이기 위한 활동을 하게 될 것이다. 간극 차, 즉 갭gap을 줄이는 과정을 우리는 일반적으로 '문제 해결'이라고 하며, 이것은 멘토링의 가장 핵심이 되는 활동이 된다. 멘토링은 바로, '되고 싶은 내 모습'으로 가기 위해 '현재 내가 해야 할 일'을 찾고 실행하는 문제 해결의 과정이기 때문이다.

'시작이 반이다'라는 말을 아는가? 멘토링 대화가 성공하느냐 실패하느냐는 이 과정까지가 잘 설계되었는가에 달린 것 같다. 이 이후는, 이렇게 세운 계획을 잘 이행만 하면 되기 때문이다.

SMART 대화 모델 3단계: Action planning(전략의 수행)

목표가 잘 세워졌다면, 달성하기 위해서 어떻게 하면 좋을지에 대해 대화하며 멘티 스스로 행동 방향을 결정하도록 도와주자. 이 과정에서도 역시, 모든 결정은 멘티가 한다. 멘티가 해야 할 일들을 멘토가 말해주지 않는다. 목표 설정을 돕는 멘토링 대화 초기의 과정은 대체로 무리 없이 잘해낸다. 그러나 구체적인 실행계획을 수립하는 이 단계에서 많은 팀장들이 어려움에 봉착한다. 본의 아니게 대화에 지나치게 개입하게 되어, 대화가 멘토의 경험이나 지식을 일방적으로 전달해주는 결과로 그치는 경우가 생기기도 한다. 그리고 그 이유는 팀장과 팀원이라는 관계의 특수성 때문이기도 하다. 팀장의 역할과 위치, 책무 때문에 물론 쉽지 않겠지만, 멘티 스스로가 의사결정을 할 수 있도록 반드시 '지시'가 아닌 '지원'의 역할을 수행하기를 권한다. 단순히 업무 지식만 전달하는 게 아닌, 멘티의 성장을 목표로 하는 것이 멘토링의 도달 목표이니만큼 멘티가 설정한 목표에 도달하기 위한 대안이나 아이디어를 본인이 직접 제시할 수 있도록 멘토는 지원자의 역할에만 집중해주기 바란다. 팀장의 경험과 지식은 멘티가 계획을 세우고 진행할 때 이용할 수 있는 자원으로만 활용되도록 한다. 강요하지 말고 멘티가 자연스럽게 의견을 말할 수 있도록 다음과 같은 질문들을 활용해보자.

"어떻게 하면 될까요?"

"그렇게 하려면 제가 도울 수 있는 부분이 뭐라고 생각하세요?"라고 자주 물어봐 주도록 하자.

SMART 대화모델 4단계: Review & Feedback(리뷰와 피드백)

멘토링이 진행되는 과정 중, 멘티가 해야 할 일들만 체크하고 멘토링을 끝내버리는 멘토가 있다. 바람직하지 않은 멘토링 방법이다. 멘토는 멘티가 목표를 달성하기 위해 해야 할 활동들을 잘 실천하고 있는지, 성취한 결과는 어느 정도인지 중간 과정을 수시로 꾸준히 검토하여야 한다. 중요한 것은, 실행으로 잘 연결될 수 있도록 격려하고 지원해야 한다는 것이다. 특히, 멘티가 신규 입사자의 위치이거나 사회 초년생일 경우에는 더욱 조심스럽게 한다. 업무를 처음 시작하는 때에 무엇을 시도하던 "잘하고 있어, 걱정 마요"라는 말을 해주는 사람이 있다면? 더구나 그 사람이 내가 스스로 결정해서 하는 것들을 가장 가까이에서 지켜봐주고 있는 팀장이라면? 멘티는 큰 자신감과 자기효능감을 얻게 될 것이다.

"어떻게 하고 있는가?", "잘 되고 있는가?"라고 물어 봐주면서 멘티 스스로 성장의 방향을 선택할 수 있도록 유도한다. 옆에서 보기에 때때로 답답할 수도 있을 것이다. 어색하고 익숙하지 않겠지만, 생각해보자. 만약 당신이 멘토링을 받는 상황이라면, 지시와 지원 중 어떤 방법이 더 효과적일 것 같은가?

멘토로서 팀장은 다만, 무엇을 마쳤고 무엇을 이루었는지 묻고 격려해주기만 해도 된다. 그것만으로도 주어진 과제에 대한 멘티의 집중력은 높아질 것이다. 용기를 얻은 멘티는 했던 활동과 부족한 결과에 대해 멘토와 논의하고, 다음 단계로 차곡차곡 넘어갈 수 있을 것이다.

SMART 대화 모델 5단계: Trusted Partnership(파트너십^{partnership}, 팀십 ^{teamship}을 기반으로 한 신뢰관계의 형성)

멘티 스스로 목표와 실행 방안을 결정하고 그 실천 과정을 피드백을 통해 개선해나가는 이 전반적인 멘토링의 과정을 견고하게 하는 것은, 멘티가 멘토를 신뢰하고 있느냐는 것이다. 신뢰의 관계는 서로에 대한 믿음에서 출발한다.

"나는, 멘티의 선택은 다 옳다라고 확신하고 지지할 수 있는가?"

"멘티에게 남보다 뛰어난 재능이 있다는 걸 강하게 확신하는가?"

위의 두 질문을 수시로 스스로에게 물어보기 바란다. 이심전심이라는 말이 있다. 멘토인 내가 멘티를 믿지 못하는데 멘티가 어떻게 멘토인 나를 믿고 주도적으로 성장의 계획을 설계할 수 있을까. 이 신뢰관계를 잘 유지하는 게, 팀장이 멘토링 과정 중에 가장 유의해야 할 부분이다. 신뢰관계는 도자기와 같다. 도자기는 빚는 데 대단히 많은 시간과 노력을 필요로 한다. 물레를 돌려 형태를 만들고 굳히고 무늬를 내고 그림을 그리고 굽고 유약을 바르고 하는, 모든 과정과 단계에서 굉장히 많은 공이 들어야 한다. 그러나 도자 장인들이 도자기를 깰 때를 보자. 망치나 정으로 한번 대고 내리치기만 해도 너무나 쉽게 깨져 버린다. 깨진 것을 다시 붙일 수도 없다. 멘토링의 신뢰관계가 바로 이런 것이라 생각해주기 바란다.

멘토링 대화는 멘티의 성장을 목표로 하는, 즉 목적이 있는 대화 활동이다. 이 목표를 달성하기 위해 멘토링 대화 시 단계마다 대화 방법을 달리하며 원하는 목표에 도달할 수 있도록 SMART 대화 모델을 활용해보기를 추천한다. 반드시 생산적인 대화가 되어야 하며, 진행되는 과정에 대해서 피드백을 제공하고, 멘티가 주제에 집중하고 주도적으로 셀프 피드백을 할 수 있도록 적절한 질문을 활용해보기 바란다. 추가로, 효과적인 멘토링 대화를 위해 서로 지켜야 할 그라운드 룰을 만들어 보는 것도 좋다. 멘토링을 위한 질문 시트, 진행 과정에 대한 디브리핑 시트, 멘토링 미팅의 사전·사후 체크리스트와 멘토링 활동 계획서를 준비하는 것도 더 풍성하고 효과적인 멘토링 대화를 만들 수 있다.

팀원의 성장에 동행의 발걸음을 나눈다는 것은 매우 가치 있는 일임을 잊지 말아 주기를 바란다.

고민 사례 7 나 홀로 일요일에 출근하는 K 팀장의 속사정

"

저는 일요일마다 어김없이 출근합니다. 팀원들의 주간 보고서 작성을 제가 하기 때문입니다. 제가 속한 조직은 매주 주간업무 보고를 해야 하는데 물론 당연하게도, 팀원들 각자가 써야 하는 개개인의 업무 몫입니다.

그런데도 제가 쓰게 된 이유는 바로 저의 상사인 부장님에 있습니다. 부장님은 원하는 보고서의 형식과 내용이 명확하신 분입니다. 부장님이 원하는 구성으로 작성되지 않은 주간보고서는 당연히 본부 단위의 주간 보고서 수합에 반영되지 않습니다. 부장님께 보고 내용의 구성을 현장 업무와 매칭되는 형식으로 변경 제안 드렸으나 당연히, 일언지하에 거절당했습니다. 부장님 스타일을 팀원들에게 학습시키려 하니 '지금 하고 있는 일만으로도 바빠 죽겠는데 그것까지 시키냐'며 부당하다고 성화입니다. 그런 그들 때문에 할 수 없이 주말에 나와야 하는 저의 사정을 알아도 그들은 그저 모른척할 뿐입니다. 주어진 각자의 업무조차도 어떻게 하면 적게 할 수 있을까를 고민하는 팀원들입니다. 그들의 원망 섞인 얼굴을 마주 대할 바에야, 제가 주말에 나오는 게 차라리 마음 편합니다.

팀원들의 업무 특성을 고려하지 않고 본인의 요구만 앞세우는 부장님과 자기들의 편의만 중요시하는 팀원들 사이에 낀 저는 결국, 주간보고 업무를 위해 일요일마다 출근할 수밖에 없습니다. 보안 문제 때문에 사외 이메일을 사용하는 것은 불가능합니다. 그런 저에게 부장님은 무른 팀장이라며 손가락질하시고, 팀원들은 야근은 절대 안 된다며 미리 철벽입니다. 야근과 주말 출근이 일상이 되어버린 저, 탈출구는 있을까요?

"

때로는 팀장이 팀에서 가장 많이 눈치를 보는 사람 같습니다. 결국, 팀원들이 성과를 내야 팀의 성과가 나기 때문에, 팀장은 팀원이 채우지 못한 부분을 마무리하고, 팀원들이 최적의 생산성을 내기 위한 환경을 만들기 위해 고군분투해야 합니다. 성과를 내는 것과 동시에, 팀원들과 하나의 목표를 향하기 위해 계속 독려하기는 쉽지 않습니다. 때로는 혼자 일하는 게 더 편하겠다 싶을 수도 있습니다. 그러나 사연자님은 그러한 역할을 기꺼이 감당하기 위해 팀장이 되었습니다. 팀장으로서 하나의 방향을 바라보고 성과를 위해 하나의 큰 힘을 내게 한다는 것에 의미를 두고, 현명하고 슬기롭게 팀장의 역할을 바라봅시다.

이건 어떨까요? 다 함께 참여하는 회의를 합니다. 팀원이 모두 의견을 내고 팀원 스스로 결론을 찾을 수 있는 토론 방식의 회의를 통해 팀원이 업무를 분담할 수 있는 방법을 강구해보시기를 권합니다. 회의 시에는 서로의 책임 전가로 회의가 흐르지 않도록 반드시 PMI 회의 기법을 활용합니다. PMI 기법이란, 의견을 PMI, 장점(Plus), 단점(Minus), 흥미로운(Interest) 측면으로 고려하여 득과 실을 분석한 후 가장 나은 선택을 할 수 있도록 도와주는 기법입니다. 팀원들이 모두 참여하는 회의는 예측하지 못한, 원치 않는 방향으로 결론이 날 수 있으므로 회의 전에 팀원 각자의 개인 의견을 미리 구하는 것도 좋을 것입니다.

일단 현재 상황이 유지된다면 번아웃을 피해갈 수 없을 것입니다. 지금 당장의 도전이 부담스럽고 불편하겠지만 멀리 보고 과감히 결정하기를 바라며, 응원을 보냅니다.

　일요일마다 출근하는 것도 고역이지만, 부장님과 팀원들이 서로의 입장만 고수하고 있어 난감한 상황으로 이해됩니다. 해결책을 찾지 못해 K 팀장이 감내하며 버티고 있지만, 이는 미봉책일 뿐 지금처럼 불만이 있는 상황에서 문제는 결국 터지게 될 것입니다. 당장 일요일 출근과 주간보고 업무 차원이 아니라, 조금 더 큰 시야로 살펴봅시다. 결국, 지금 상황은 팀워크의 문제입니다. 지금 상황에서는 일요일 주간업무 외에도 다른 이슈로 문제가 발생할 여지가 많습니다.

　팀의 리빌딩을 위해 팀원들과 R&R을 다시 재정립해봅시다. 팀원들이 모두 참여하여, 각자 맡은 업무들을 나열하고 더 효율성을 높일 수 있도록 업무를 팀원들에게 재배정하는 것입니다. 이 여러 업무 중 하나로 일요일 주간보고 업무가 포함된다면, 팀장과 팀원의 기존 입장이 변할 수 있습니다. 예를 들어 팀원들의 십시일반 도움을 받아 완료되는 업무가 있을 수 있습니다. 그런 업무에 비해 일요일 주간보고는 K 팀장이 전적으로 맡아서 하는 불합리한 상황이 눈에 보일 것입니다. 자신은 팀원들의 도움을 받아 업무가 처리되는데, K 팀장님의 업무는 나 몰라라 하는 상황이 맘 편하지는 않을 것입니다. 팀의 업무를 재정립하면서 서로의 업무에 대해 더 이해할 수 있는 자리를 만든다면 K 팀장의 고민도 덜어질 수 있을 것입니다.

　워라밸이 중요하게 여겨지는 시대이기는 하지만 팀 내의 소수가 희생하면서 얻는 다수의 워라밸은 바람직하지 않습니다. 팀 전체와 현재 상황을 정확하게 공유하면서, 본인의 업무를 놓고 조정을 해보는 것이 1차 방법일 것입니다. 하지만 다수를 상대로 업무 요청을 하는 경우 개인이 자기의 일로 받아들이기는 쉽지 않을 수 있으므로, 팀 내에서 주간업무를 할 수 있는 가장 적임자를 선정하여 일대일로 단호하게 업무를 위임하는 것을 추천합니다.

　또한, 누군가가 주말에 근무해야만 하는 불합리한 시스템이라면 현재의 업무를 차질없이 유지해야겠다는 생각도 과감하게 버릴 필요가 있습니다. 때로는 의도적인 업무 공백도 필요하다는 뜻입니다. 한편, 주말에 작성해야 하는 보고서가 보고서를 위한 보고서인지 따져보고, 성과에 큰 영향이 없다면 지속적으로 업무방식의 변경을 요청해야 합니다. 상사에게 건의했다가 일언지하에 거절당했다고 해서 포기하지 말고 공식적인 자리에서 다시 건의하는 것이 좋습니다. 당장은 업무에 차질이 생기겠지만, 팀 성과에 큰 영향이 없다는 사실을 상사가 깨닫게 되면 업무방식은 바뀔 것입니다.

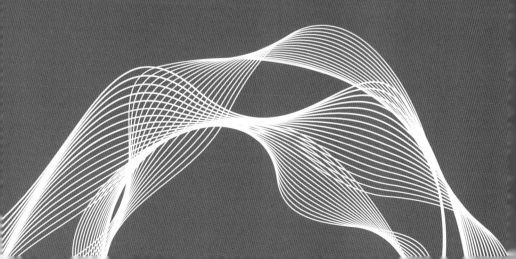

2장

팀(Team)의 성과는
팀장의 클래스(Class)

22 팀원을 동기부여 하는 마중물, 코칭

코칭이란?

'리더라면 반드시 코칭 역량을 갖춰야 한다'라는 말을 한 번쯤은 들어봤을 것이다. 왜 팀장은 코칭 역량을 갖춰야 할까? 조직이 변화하고 있기 때문이다. 오늘날의 조직환경은 글로벌 경쟁과 기술 혁신 등의 영향으로 급변하고 있다. 팀원의 성향 또한 급격히 변화하고 있다. 일방적인 지시나 명령을 하달하는 식의 리더십은 효과적이지 않다는 것에 많은 조직이 동의하고 있으며, 그 대안으로 팀원의 업무 역량을 보다 효과적으로 개발할 수 있는 코칭 리더십에 관심이 집중되고 있다.

하지만 문제는, 그 효과성에도 불구하고 실제 업무 현장에서는 코칭이 잘 이루어지지 않는다는 데 있다. 왜 그럴까? 팀장들의 대답은 이렇다. 지시형 대화가 익숙하고 편했던 팀장들에게 정답을 제시하는 것이 아닌, 끊임없는 질문을 통해 팀원 스스로 답을 찾아내도록 돕는 과정이 답답하고, 그러는 가운데 마음이 조급해지기 때문이라고 한다. 그래서 탁월한 코치형 리더가 되는 데 가장 중요한 것은 '인내심'이라고 하는 이도 있다.

이러한 이유로 선뜻 코칭을 선택하지 못하는 팀장을 위해, 코칭에 한 발 다가갈 수 있는 방법을 제시한다. 사실 코칭은 기본기만 정확히 숙지하고 있다면 누구나 어렵지 않게 시도해볼 수 있는 리더십의 방식 중 하나이다. '내가 왜 팀원을 코칭 해야 하는가'와 관련한 수행 목적을 명확히 하고 코칭의 단계별 프로세스만 명확히 알고 있다면 가능하다.

노자는, '아랫사람들이 욕하는 리더가 최악이고 두려워하는 리더가 그 다음이며 최고의 리더는 사람들이 우리 스스로 해냈다고 말하게 만드는 리더'라고 했다. 팀원이 '나 스스로 해냈다'라는 성취감을 느끼게 하고 그 것이 성과의 선순환으로 이어지게 하는 코치형 팀장이 되고 싶다면, 지금 부터 나눌 이야기에 주목해주기를 바란다. 슬기로운 팀장이 반드시 갖추 어야 할 리더십 역량인 코칭에 대해 자세히 알아보고, 효과적인 코칭 대화 모델과 코칭 스킬에 대해 이야기 나누어 보자.

잠시 눈을 돌려 여러분의 팀원 한 분 한 분을 바라보자. 만약 지금 옆에 없다면, 한 명 한 명의 얼굴을 떠올려 보기를 바란다. 그리고, 이들과 함께 백화점으로 옷을 사러 간다고 가정해보자. 어떤 팀원은 가지고 있는 옷을 잘 활용할 수 있는 옷을 사고 싶어 할 것이며, 어떤 팀원은 새로운 옷을 통해서 완벽한 변화를 얻기를 원할 것이다. 또 어떤 팀원은 본인의 시간과 감각이 부족하다고 생각해, 누가 대신 옷을 골라줬으면 하고 기대할 것이며, 또 어떤 팀원은 누군가의 도움을 통해 특정한 옷에 대한 트라우마나 부정적 사고의 틀을 깨기를 희망할 것이다. 이들 모두와 함께, 한 가지 목표와 한가지 쇼핑 방법만을 가지고 쇼핑을 한다는 것은 굉장히 어렵다. 누군가는 기꺼워할 수 있지만, 누군가에게는 무척이나 불합리한 전개방법이 될 수도 있기 때문이다. 생각만 해도 머리가 복잡해진다. 이 쇼핑의 과정이 팀원 관리와 비슷하다고 느껴지지 않는가? 조직과 개인이 함께 지속적인 발전을 추구하려면 팀장은 팀원 개개인의 특성에 맞춰 리더십의 방법을 각기 달리해야 한다. 팀원 한 명 한 명이 원하는 개인 각자의 목표와 팀의 목표를 일치시켜, 조직과 팀의 목표를 달성해야 하기 때문이다.

코칭의 뜻을 아는가? 코칭의 의미에 관해 이야기하기에 앞서, 트레이닝의 단어부터 들여다봐야 할 것 같다. 코칭과 트레이닝, 얼핏 보기에 두 단어는 비슷한 의미일 것 같다. 실제로, 현장에서 같은 뜻으로 활용되는 경우도 왕왕 있다. 하지만 엄밀히 따지면 이 둘은 서로 다른 의미를 내포하고 있다. 사전적으로도 전혀 다른 의미를 지닌다. 트레이닝은 어떤 단어에서 유래되었을까? 트레이닝training의 단어에서 ing를 떼어보자. 트레인train, 즉, 기차라는 단어가 완성된다. 이 트레이닝은 우리가 잘 알고 있는, 기차라는 단어에서 유래되었다.

코칭coaching의 ing를 빼면 남는 단어 코치coach는, 헝가리의 도시 코치Kosc에서 발명된, 네 마리 말이 끄는 마차에서 유래되었다. 마차와 기차는 분명한 차이점이 있다. 기차는 지정된 장소에서 다른 사람들과 동일한 속도와 동일한 경로를 거쳐 지정된 도착지로 한꺼번에 이동한다. 반면 마차는 누가 되었건 오직 소중한 단 하나의 고객이 원하는 장소에서 탑승해 정확히 원하는 목적지에 도착해야 한다는 차이점을 보인다. 코칭은 팀원 한 명 한 명에게 초점을 맞춰, 그가 원하는 목적지에 그가 원하는 코스를 활용해서 이동하는 것을 목적으로 한다. 코칭의 뜻은, '팀원의 잠재력을 극대화해 성과 향상과 개인적 성장을 유도하는 지원 및 육성 활동'이다. 팀원 스스로 잠재력을 개발해 성과를 올리고 성장하도록 도와주는 것을 뜻한다. 그러므로 코치의 역할을 수행하는 팀장은 팀원에게 답을 주려 해서는 안 되며, 팀원 한 명 한 명의 개인적인 성과를 지원하는 것에 초점을 맞춰야 한다. 더불어, 팀원의 정확한 현재 지점과 원하는 도착 지점이 그림 그리듯 명확하게 설정되지 않으면 그것은 성공한 코칭 대화로 보기 어렵다는 것 역시도 함께 기억해두자.

코칭의 효과

코칭을 통해 얻게 될 효익은 무엇일까? 코칭을 통해 코칭 대상인 팀원의 관점에서 얻게 될 효과는 다음과 같다.

- 미처 깨닫지 못하고 있던 자신의 잠재력을 깨닫게 된다.
- 새롭고 다른 방식으로 업무를 할 수 있게 된다.
- 배움과 성장을 통해 기존 방식 대비 더 큰 성과를 낼 수 있다.
- 팀원 스스로 동기부여 되어 자발적으로 몰입할 수 있게 된다.

팀원이 얻게 될 효과 못지않게 팀장이 얻게 될 효과도 매우 크다. 코치의 역할을 할 팀장의 관점에서 얻게 될 효과는 다음과 같다.

- 미처 알지 못했던 팀원의 강점과 잠재력을 알게 된다.
- 주도적으로 과업을 선택하고 실행하며 성장하는 팀원들로 인해 조직원 관리와 관련된 시간과 에너지가 확보되어 전략 수립 등의 일에 집중할 수 있게 된다.
- 팀원들의 성장으로 인해 조직 내에서 인재를 잘 양성하는 리더로 인정받고, 더 큰 관리 직무를 수행할 기회를 얻을 수 있다.

- 특정 분야에 대하여는 리더보다 뛰어난 전문성을 발휘하는 팀원과의 팀워크를 통해 조직에 더 큰 공헌을 할 수 있다.

팀장은 코치로서 지속적인 피드백을 통해 팀원 개개인이 스스로 학습하고 개발할 수 있도록 돕는 역할을 하며, 이 과정에서 팀원을 발전적으로 이끄는 역동적인 결과를 얻을 수 있다.

효과적인 코칭 대화 모델의 실천

성공적인 코칭을 위해서는 구조화된 대화 모델이 필요하다. 구조화된 대화 모델을 코칭 대화에 적용하면 대화가 효과적으로 기능할 뿐 아니라 기대하는 목표와 의도의 방향으로 대화를 이끌어 갈 수 있다. 코칭 대화의 효과성을 높이는 다양한 코칭대화모델 가운데 가장 유명한 대화 모델은 영국코치협회에서 '가장 영향력 있는 코치'로 선정된 존 휘트모어John Whitmore가 소개한 4단계 대화 모델인 GROW 모델이다. GROW 모델은 Goal - Reality - Option - Will(목표 설정 - 현상확인 - 대안확인 - 실행)로 이어지는 대화 양식의 머리글자를 딴 코칭 대화 방법이다. 코칭이 낯설거나 익숙하지 않은 팀장도 비교적 쉽게 활용할 수 있어 코칭이 한결 수월해질 것이다. 팀원과의 대화에 적절하게 활용해볼 것을 권한다. 이 대화 모델은 코칭 과정을 물 흐르듯 유려하게 하려는 의도에 따라 총 4단계의 순서로 구성되어 있지만 필요하다면 일부 단계를 생략할 수도 있고, 순서를 정확하게 지키지 않아도 된다.

대화 단계별 도달 목표와 활용할 수 있는 코칭 질문들을 소개한다.

1단계 G-Goal(목표설정): 당신은 무엇을 원하는가?

해야만 해서 하는 것이 아니라 원하기 때문에 하는 것이라면 더 잘할 수 있다. 팀원 스스로 도전목표를 정하고 동기 부여하도록 격려해주자. 목표를 수립할 때는, 가능한 한 구체적이고 측정할 수 있도록 SMART 원칙을 적용하도록 유도하자(3부 1장 21 멘토링 편 참고). 그리고, 다음과 같은 질문을 활용해보자.

- 당신의 목표는 무엇입니까?
- 왜 이 목표를 달성하고 싶습니까?
- 무엇을 바꾸고 싶고, 무엇을 달성하고 싶요?
- 목표를 달성하지 못하면 어떻게 되나요?
- 당신의 목표에 대해 얼마나 많은 통제력을 가지고 있습니까?

2단계 R-Reality(현상확인): 현재 상황은 어떠한가?

목표를 정했다면 현재 상태를 살펴보도록 한다. 이 단계는 팀원이 현재 상황을 스스로 인식하도록 돕는 것을 목적으로 한다. 현상파악 단계에서 질문은 다양한 대답을 이끌어 낼 수 있도록 누가, 언제, 무엇을, 어디서, 얼마나 등의 의문사로 시작해야 한다.

- 지금까지 이 문제에 대해 어떤 행동을 취해왔나요?
- 그 행동은 어떤 효과가 있었습니까?
- 해결을 위해 시도한 방법을 설명해주십시오
- 다른 시도를 하지 못한 이유는 무엇 때문입니까?

- 목표를 향하는 과정 중에 놓치고 있는 것은 무엇인가요?
- 무엇이 방해하고 있다고 생각합니까?

이러한 질문들은 지금과 같은 상황에 이르도록 팀원이 어떠한 행동을 취했는지 혹은 취하지 않았는지를 떠올리도록 유도한다. 팀원은 질문을 받았을 때 자신이 생각만 하고 사실 실천을 위한 행동은 하고 있지 않았다는 사실을 깨닫게 된다. 따라서 현상에 대해 그동안 품고 있었던 생각에 왜곡이 있을 수 있음을 인지하고 다른 각도로 현상을 바라볼 수 있게 된다.

3단계 O-Option(대안확인): 당신은 어떤 것들을 할 수 있는가?

현재의 위치에서 가고 싶은 곳으로 이동하기 위해서 선택 가능한 옵션을 탐색하고 평가하는 단계이다. '다른 문제점들이 더 있습니까?'라는 질문은 '없다'라는 대답을 유도한다. '어떤 문제점들이 더 있을까?'라는 질문은 더 많은 생각을 유도한다. 질문은 문제에 주의를 기울이게 하고 자아 성찰의 계기를 만들어준다. 다양한 대답을 할 수 있도록 열린 질문법을 활용하기를 바란다. 이 단계에서 활용할 수 있는 질문은 다음과 같다.

- 가능한 대안은 무엇입니까?
- 과거에 시도한 방법은 무엇인가요?
- 이 옵션에 대해 어떻게 생각하나요?
- 누가 당신을 지원할 수 있습니까?

- 다른 대안은 무엇입니까?

- 어떤 옵션을 사용할 준비가 되셨습니까?

4단계 W-Will(실행의지): 당신은 무엇을 실행하겠는가?

팀원과 함께 옵션을 평가한 후 실행 조처를 할 차례이다. 미래의 가
능성에 초점을 맞추어 질문을 던져 보기를 바란다. 코칭을 받는 팀원
이 실천을 위한 특정 행동을 하지 않으면 안 된다는 생각에 집중할
수 있도록 초점을 맞추자.

- 당신은 무엇을 하려고 합니까?

- 당신은 그것을 언제 하려고 합니까?

- 이 행동은 당신의 목표에 부합됩니까?

- 실행과정에서 예상되는 장애물은 무엇인가요?

- 합의된 계획을 실행하는 데 방해가 되는 것은 무엇인가요?

- 언제 시작하시겠습니까?

- 실행하지 않으면 어떻게 됩니까?

- 어떤 종류의 지원이 필요합니까?

- 당신을 지원하기 위해 제가 무엇을 하면 좋을까요?

- 어떤 자원이 도움될 수 있을까요??

코칭 대화 스킬 응용

코칭의 기본 스킬 1: 공감적 경청

본격적으로 코칭 대화를 시작해볼까? 코칭의 기법을 활용해 대화할 때 '지지- 기대- 믿음- 긍정'이 네 가지를 팀원에게 심어줄 수 있다면 효과적인 코칭이 될 수 있다. 지지를 위해서는 적극적 경청이, 기대감을 위해서는 중립적 언어와 강력한 질문이 필요하다. 더불어, 잘하고 있다는 믿음과 긍정적 사고의 씨앗을 심어주어야 한다. 그러려면 인정과 피드백이 있어야 한다.

코칭에는 팀원의 성향과 마음가짐, 팀원이 처한 상황이 가장 중요한 기준이 된다. 그것을 잘 파악하려면 어떻게 해야 할까? 잘 듣는 수밖에는 없다. 단순히 듣는다는 행위 그 자체가 아니라, 마치 토끼가 귀를 쫑긋 세우듯, 팀원을 향해 집중해서 귀 기울이고 팀원이 하는 말들을 들으며 내가 '이 팀원이었더라면?'이라고 마음속으로 대입하고 투영해보면서 들어본다. '역지사지易地思之'라는 말처럼, 할 수 있는 한 최선을 다해 팀원이 되어보는 것이다. 팀원의 시각과 가치관으로 세상을 보려고 하면 경청은 쉬워진다. '공감적 경청'은, 감정은 물론 표현하지 않은 감정까지도 공감하며 듣는 것을 말한다. 팀원과 대화 시, 쉽지는 않겠지만 적극적 경청과 공감적 경청의 자세를 유지하려고 애써 주며 팀원이 말하는 내용의 본질과 진짜 의도를 발견하려고 노력해보자.

파레토의 법칙을 아는가? 80 대 20 법칙이라고도 하는 이 법칙을 코칭에 적용해보자. 코칭이 매회 끝날 때마다 자신을 돌아보자. '팀원과의 코칭 대화 중에, 내가 대화의 점유율을 얼마나 가졌는가'를 판단해보는 것이다. 팀장과 팀원의 대화를 100이라고 봤을 때 팀원이 80, 코치인 팀장이 20 정도의 점유율이면 이상적이다. 20%보다 많이 이야기한 것 같다는 판단이 들었다면, 다음 대화 시에는 점유율을 조정해 볼 필요가 있다. '알려줘야 할 게 많은데 어떻게 말을 20%만 하는가?'라고 생각할 수도 있다. 그러나 모든 대화의 실마리와 해답은 팀원 안에 있으며 반드시 팀원 안에서 찾아야 한다는 것을 잊지 말아야 한다.

코칭의 기본 스킬 2: 강력한 질문

잘 들었으면 들은 것을 바탕으로 질문을 해보자. 반드시 들은 것을 토대로, 팀원이 사용한 언어를 그대로 사용하여 질문해야 한다. 이때 질문은 열린 질문, 긍정 질문, 중립 질문, 가능성 발견 질문을 선택하는 것이 좋다.

코칭의 기본 스킬 3: 피드백

상황을 다양한 각도에서 직시할 수 있도록, 질문에 이어지는 팀원의 답변과 팀원의 행동에는 반드시 피드백을 해줘야 한다. 적절한 피드백은 팀원의 사고를 보다 풍성하게 해주고, 더 깊이 생각하게 해준다. 무엇보다, 팀원 스스로 사고하게 해주기 때문에 팀원이 자기주도적으로 문제를 해결할 힘을 키워준다. 물고기를 잡아 주기보다는 물고기 잡는 법을 가르쳐 주는 격이라고 생각해 보자. 피드백 끝에 '도움이 필요한 부분이 있는가'라는 질문을 덧붙이면 더욱 좋다. 이 질문은 역할과 책임에 대해 정확히 구획을 나누는 효과를 얻을 수 있다. 더불어 팀원에게 문제 해결의 주체가 다른 누구도 아닌 자신임을 다시 한 번 강조하는 효과를 기대할 수 있다.

코칭 대화 중 제3자나 타인에 대한 험담과 평가는 지양해야 한다. 대인관계의 어려움에 관해 이야기를 나눌 때 팀원이 격앙되어 제3자의 그릇된 행동에 대해 불만을 토로할 수 있을 것이다. 맞장구를 치며 "걔 원래 그래"라는 말을 쉽게 하지 않도록 유의하자. 대신, "그런 일이 있었군요"라고 긍정도 부정도 아닌 객관적 시각을 견지하여 대응해보면 어떨까? 팀원의 감정은 헤아려 주되, 사실과 감정을 분리하고 오직 사실에만 초점을 맞춰 대화를 전개해 나가자. 그렇지 않으면 자칫, 동료 직원들 혹은 팀원들의 흉만 보다가 코칭이 끝나는 촌극이 벌어질 수도 있다.

코칭의 기본 스킬 4: 칭찬과 인정

코칭 피드백을 하는 과정 중에 절대 빠지지 말아야 할 조미료가 있다. 바로 칭찬과 인정이다. 두 개념을 구분하고 이해하여 적절히 활용하는 것이 중요하다. 칭찬은 행동과 선택, 결과에 대한 찬사이고, 인정은 성품과 잠재력, 가치, 기여 등을 알아주는 것이다.

칭찬과 인정의 차이를 쉽게 이해할 수 있도록 예를 들어보도록 하겠다. "오, 오늘 하고 온 넥타이, 지금 입고 있는 블라우스, 정말 멋진데?"

우리가 일상적으로 쉽게 택하는 칭찬의 방법이다. 오늘도 누군가에게 이러한 칭찬을 했을 수 있다. 물론 '고래도 춤추게 하는' 칭찬은 좋은 것이다. 그러나 이 칭찬의 말 속에서 사실, 칭찬의 대상은 팀원이 아니

라 블라우스였다. 표면적인 칭찬은 팀원의 존재 자체에 대한 인정이
되어주지 못한다. 앞으로는 도구가 아닌 주체 그 자체에 긍정의 언어
를 전해보자.

"오, 블라우스, 정말 잘 어울린다. 우리 팀원은 안목이 출중해, 정말.
입고 오는 블라우스마다 다 잘 어울리더라. 패션 센스가 뛰어난 것
같아. 나도 좀 배우고 싶어."

색다르게 느껴질 것이다. 이것은 '칭찬'이 아닌, '인정'의 표현이기 때
문이다. 우리가 긍정적인 피드백을 보낼 때 가장 쉽게 선택할 방법인
칭찬은 그 행위자의 행동·선택의 결과에 대한 찬사를 보내는 것이다.
인정은 그와는 다르게, 행위자의 성품·잠재력·가치·기여 등을 알아주
고, 그것을 행위자에게 이해시켜 준다. 인정은 이를 통해 행위자에게
높은 에너지를 제공하여 더 어려운 일 혹은 상위 개념의 업무를 선택
하고 성장할 수 있도록 즉 나아갈 수 있도록 돕는 방법이다. 쉽게 말
해, 칭찬을 많이 듣고 자란 아이는 계속 결과에 대해 칭찬을 듣기 위
해 쉬운 수학문제만 택하려고 하고 인정을 많이 받고 큰 아이는 어려
운 수학문제에 더 잘 도전하더라는 실험 이야기를 떠올려 보면 이해
가 될 것이다.

인정은 다음과 같이 A- B- C 3요소로 구성된다.

- Act(행동)에 대해 인정하라
- Being(존재)에 대해 인정하라
- Contribution(기여)에 대해 인정하라

위에 제시한 블라우스와 관련된 '인정'에 이 3요소가 다 들어있다. 잘 어울리는 블라우스를 선택한 팀원의 센스를 인정하고 '나도 너에게 영향을 받고 싶어'라고 말하면서 팀원이 내게 미친 영향력, 즉 기여에 대해 말하며, 행동에 대해 인정하고, 주체의 특성과 그 기여도도 인정했다.

공감적 경청과 강력한 질문, 중립적인 피드백과 인정은 코칭 대화를 풍부하게 만들어주고 코칭 목표에 더 집중할 수 있도록 도와주는 좋은 대화 도구들이다. 물론 지금까지 해온 것처럼 지시하고 충고하는 것보다 입에 붙지 않고 낯선 방법인 것은 맞다. 그러나 틈나는 대로 연습하며 익숙해지도록 노력하다 보면 어느 순간 질문과 경청, 피드백과 인정을 적절하고 자연스럽게 구사하는 본인을 발견할 수 있게 될 것이다.

코칭은 팀원의 성장을 돕는 데 그 목적이 있다. 그리고 팀원의 성장은 조직의 성장 기여에 연결된다. 이는 다시 팀원의 성장에 밑거름이 되는 순환적 관계가 된다. 성장과 성과의 선순환을 위해, 코칭 대화 모델과 코칭 스킬을 잘 기억하여 팀원과의 대화에 적극적으로 활용해보자.

22 골치 아픈 팀 성과관리와 성과평가, 전략은?

팀 성과창출과 핵심 행동

'성과관리'란 기대와 실제의 차이, 즉 갭gap을 관리하면서 궁극적으로 목표달성을 유도하기 위한 관리 기법이다. 말 그대로, '성과를 관리하는 것'이다. 성과관리에 가장 큰 영향을 미치는 요인은 무엇일까?

리더십 전문가인 존 맥스웰John C. Maxwell은 '리더가 변하면 조직이 변한다'고 했다. 팀을 둘러싼 모든 조건과 환경이 동일해도 팀장 한 명이 달라지면 엄청난 성과의 차이를 가져올 수 있다. 팀장의 역량과 수행능력에 따라 팀의 성과는 물론 팀들의 집합체인 조직 전체의 성과도 달라질 수 있다.

팀원들이 쓸데없는 일에 집중하며 시간을 낭비하는 것이 아닌, 중요한 일들부터 알아서 척척 일 해주기를 희망하는가? 연초에 계획한 팀 목표가 미달이 되어 난감한 상황이 발생하지 않기를 바라는가? 목표를 수립할 때와 같이, 과업을 실행할 때에도 전략이 필요하다. 팀원 개개인이 전략적으로 업무를 수행할 수 있으려면 개인 과업의 핵심 행동Vital Behaviors이 무엇인지를 정확히 알 수 있어야 한다. 핵심 행동은 '원하는 것을 달성하기 위한 가장 중요한 행동'을 의미한다. 업무 계획을 수립하고 업무의 R&R Role and Responsibility, 역할과 책임이 배분된 이후에도 움직이지 않는 팀원이 있다는 것은 무엇을 의미할까? 필시 그 팀원은 아마도 해야 할 일이 무엇인지, 어떻게 해야 하는 지, 무엇부터 시작해야 할지 갈피를 잡지 못 잡고 있을 것이다. 생각보다 팀원들은 팀장의 기대에 미치지 못할 수도 있다. 따라서 팀장은 팀원들과의 충분한 소통을 통해 업무에 대한 이해 여부를 물어 확인한 뒤, 팀원 각자의 핵심 행동이 무엇인지, 어떤 방식으로 해야 하는지 수시로 알려주어야 한다. 업무 수행 과정에서 우왕좌왕하지 않도록, 핵심업무와 그것을 달성하기 위한 팀장의 기대 핵심 행동을 팀원 개개인에게 자주, 그리고 명확히 알려주어야 한다.

물론 때때로 팀장이 핵심을 놓쳐서 잘못 판단하고 업무 지시를 잘못한 것일 수도 있다. 그러한 경우에는 회사 전체 상황, 경영진의 관점과 입장, 팀의 역할 등을 고려해서 일의 정의와 목표를 명확히 하고 일의 방향을 결정해보자. 이때, '왜?'라는 질문을 자신에게 계속 던지는 것이 좋다. 하나의 질문에 답변했다면 그 답변에 꼬리를 물고 또 '왜?'라고 반복적으로 질문해보자. 정확하게 판단하고자 하는 것, 해결하고자 하는 것에 대해 왜 그런 지 그 이유를 파고들어 최소한 다섯 번 질문해보면 문제의 본질에 접근할 수 있다.

5why 질문기법

제퍼슨 기념관 Jefferson Memorial은 미국의 수도 워싱턴 D.C에 있는, 미국 제3대 대통령 토머스 제퍼슨 Thomas Jefferson을 기념해 건립된 기념물이다. 문제가 발생했다. 미국 국립 기념물로 지정된 이 기념관의 벽이 심하게 부식되고 있어 유지보수 작업이 불가피한 상황이 된 것이다. 방문객들은 기념관에 대한 관리가 부실하여 그렇게 훼손된 것이라며 불만을 터뜨렸고, 기념관의 이미지는 훼손되었다. 새로 부임한 기념관장은 곧, 기념관의 대리석이 다른 건물보다 빠르게 부식되고 있음을 발견했다. 기념관장은 직원들에게 물었다.

"대리석이 왜 저렇게 빨리 부식됩니까?"

돌아온 대답은 간단했다.

"대리석을 독한 세제로 자주 닦았기 때문입니다."

보수작업 요원들은 청결유지에 너무 많은 시간을 소모하고 있었으며, 청소 용역비 및 청소 자재 비용이 이 때문에 많이 증가한 상태였다. 이 상황을 반복하기보다는 많은 비용을 투자하여 대리석을 교체하는 것이 바람직할 것이라는 의견도 나왔다. 고민에 빠진 기념관장은 기념관의 벽이 심하게 부식되는 이유에 대해 본격적으로 알아보기로 했다. 기념관장은 직원들에게 다시 질문했다.

"왜 대리석이 부식될 만큼 세제로 자주 닦는 걸까요?"

이 질문에는 예상치 못한 답변이 나왔다.

"너무 많은 비둘기의 배설물 때문입니다."

결국, 기념관장은 불을 켜는 시간을 늦춰, 대리석 부식 문제를 근본적으로 막을 수 있었다. '벽이 부식되는데 조명을 2시간 늦게 켬으로 해결되었다' 원인과 결과를 하나씩 짚어가며 서로 따지다 보면 전혀 뜻밖의 상황으로 문제가 귀결될 수 있다.

1. 왜 석조벽이 부식될까? → 직원들이 필요 이상으로 벽 청소를 자주 한다.

2. 왜 청소를 자주 할까? → 비둘기 배설물이 많이 생겨서 청소를 자주 할 수

밖에 없다.

3. 왜 비둘기가 많을까? → 비둘기는 거미를 잡아먹기 위해 다른 곳에서 이곳으로 많이 날아온다.

4. 왜 거미가 많을까? → 거미는 나방을 잡아먹기 위해 다른 곳에 비해 많이 모인다.

5. 왜 나방이 많을까? → 나방은 기념관의 조명 불빛 때문에 모여든다.

결론: 기념관의 조명을 2시간 늦게 켠다.

적어도 다섯 번만 '왜'라고 외치면 우리가 진짜 필요로 하는 문제의 핵심 안으로 들어갈 수 있다. 이러한 프레임워크를 활용한 문제 해결 방법을 '5why 질문기법'이라 한다. 말 그대로, 'Why(왜)?'라고 다섯 번 물음으로써 해결책을 찾는 방법이다. 어떠한 문제가 발생했을 때, 그리고 그것을 해결해야 할 때 우리는 보통, '이것을 어떻게 해결해야 하지?', '어떻게 처리할 것인가?'를 먼저 떠올린다. 그러나 '어떻게?'를 생각하기보다 '왜 이 문제가 발생했지?'와 같은, 원인을 먼저 파악하는 것이 문제 해결을 보다 용이하게 한다. '왜'를 한 번만 묻고 끝낸다면, 밖으로 드러나는 원인만 알 수 있게 되므로 꼬리에 꼬리를 물고 '왜?' 질문의 과정을 반복하면 점점 근본적인 원인으로 들어가며 문제에 대응하는 정확한 해결 방안을 찾을 수 있게 된다. '왜?'라는 질문은 기존의 현상을 뒤집어서 볼 수 있게 해주기 때문이다. 실제로, 많은 기업이나 조직에서 문제 해결 방법으로 이 5Why 기법을 사용한다.

'어떻게 성과를 관리해야 하는가?', '어떻게 하면 성과를 창출할 수 있겠는가?'라는 질문을 바꿔서, '왜 성과를 창출해야 하는가?', '왜 성과를 관리해야 하는가?'라고 질문해보자. 답을 찾아가는 경로가 이전과 많이 달라짐을 깨닫게 될 것이다. 효과를 높이고 싶다면, 이 5why 질문기법을 팀원 모두가 자리한 가운데 팀 목표를 수립하는 회의 자리에서 활용해보자. 5why 질문기법은 다양한 관점을 수렴하고, 모두가 동의하는 합의를 이끌어낼 수 있다. 모두가 동의하는 합의는 자발적인 협력을 끌어내고 협력은 조직의 목표 성과를 달성하는 데 필요한 원동력이 된다.

팀 성과관리 전략과 성과평가 전략

팀원들의 성과 달성 여부는 대개 성과평가로 측정한다. 성과평가는 구조상, 팀원 모두를 만족시킬 수 없다. 문제는 낮은 평가를 받은 팀원만 불만족 의사를 드러내는 것이 아니라, 비교적 평가를 잘 받은 팀원도 만족해하지 않는다는 것이다. '이 정도면 꽤 공정하게 평가했다'라고 자평할 정도의 결과에도 팀원들은 여전히 그 결과에 불복하고 불평을 한다. 왜 이런 현상이 발생할까? 바로, 팀장과 팀원이 생각하는 평가 기준이 서로 다르기 때문이다. 따라서 팀장은 연초부터 꾸준하게 팀의 성과 측정 기준을 공개해야 할 필요가 있다. 팀장이 임의로 세운 평가 기준에 따라 평가를 받게 된다면 팀원들은 불만을 가질 수밖에 없지만, 사전에 평가지표가 공유되고 합의된 기준이 평가의 잣대가 된다면 불만은 그렇게 크지 않을 것이다. 팀원 스스로 미리, 본인의 평가 결과를 예측할 수 있기 때문이다.

더불어, 평가 기준이 수립된 그 순간부터 팀장은 수시로 팀원의 성과 달성 정도를 확인하고 검토하며 평가 기간이 아닌 때에도 계속 관찰하고 평가해야 한다. 그리고 진행 상황과 달성 여부 등에 대해 피드백을 해주어야 한다. 현재와 같은 상태 유지 시, 각자 어떤 인사 고과를 받게 될지 팀원 스스로 예측할 수 있도록 팀원들에게 현재 상황과 위치, 예상 결과를 알려주는 주기적인 피드백 시간을 통해 현 상태에서 본인이 잘하고 있는지 그렇지 않은 지를 직시하도록 해주어야 한다. 정기적으로 팀원 개개인과 일대일로 만나 성과 피드백을 하자. 면담 시에는 성과평가면담의 목적이 좋은 성과를 격려하고 부진한 성과는 개선하는 데 있음을 알려주고, 업무성과를 높이기 위한 계획도 함께 모색하자. 추가로, 팀장의 관점에서 어떻게 팀원을 육성하고 지원할 것인지에 대한 계획도 함께 제시하면 더욱 좋다.

연구에 따르면, 조직원들은 긍정적인 피드백보다 수정 피드백을 선호하는 경향이 더 높은 반면, 리더는 수정 피드백을 제공하기를 꺼린다고 한다. 소위 '싫은 소리'를 함으로써 자칫 팀원과의 관계가 나빠지게 될까 걱정이 되고 혹, '갑질한다'는 뒷말을 듣게 될까 봐 두렵기도 하기 때문이다. 그러나 그러저러한 핑계를 들어 피드백을 피하기만 할 경우 팀의 생산성에도 영향을 미칠뿐더러 팀원 육성이 중요 책무인 팀장의 역할 태만으로 이어져 더 큰 문제를 야기할 수 있으므로 절대 피하고만 있어서는 안 된다.

건설적인 피드백을 하고 싶지만 어떻게 입을 떼야 할지 고민스러운가? 관계가 나빠지지 않으면서도 팀원의 성과 개선을 기대할 수 있는 'SBI 피드백 모델'이 그 해답이 될 수 있을 것이다. SBI 피드백 모델은 Center for Creative Leadership에서 개발한 피드백 도구로, 효과적인 현장 피드백을 제공하는 데 사용할 수 있는 간단한 구조의 피드백 기법으로 구성된 대화 모델이다. SBI의 구조와 단계별 대화 전략은 다음과 같다.

S : Situation - 상황을 포착한다. 명확하고 구체적으로 상황을 설명한

다. '일전에', '지난번' 또는 '지난주 있었던 대화에서'와 같은 모호한 용어는 사용하지 않는다.

예) "어제 아침의 프로젝트 회의에서 프레젠테이션했을 때"

B : Behavior - 행동을 설명한다. 해결하고자 하는 특정 행동에 대해 논의한다. 가정이나 주관적인 판단을 내리지 않는다. 다른 사람의 의견도 반영하지 말고, 팀장이 관찰한 내용만 이야기한다. 비난처럼 들리지 않도록 유의한다.

예) "두 개의 슬라이드에 대한 질문에 답할 수 없다는 사실을 알게 되었다. 매출 계산도 잘못되었다."

I : Impact - 마지막으로 그 사람의 행동이 개인, 팀 및 조직에 미치는 영향을 강조한다. 팀장의 주관적인 의견이 담긴 진술을 한다. '나' 또는 '우리'를 사용하여 요점을 만든다.

예) "경영 이사진이 동석해 있었는데, 그것은 우리 팀의 평판에 영향을 미쳤다."

위의 요소를 합치면 다음과 같이 하나의 피드백이 완성된다.

"(S) 어제 오전 팀 회의에서 프레젠테이션했을 때 (B) 두 개의 슬라이드에 대한 질문에 답할 수 없다는 사실을 알게 되었다. 매출 계산도 잘못되었다. (I) 경영 이사진이 동석해 있었는데 우리 팀의 평판에 영향을 미쳤다."

피드백은 팀원 스스로 깨우치는 발전에 도움이 된다. 팀장이 최선을 다해 감정이나 감이 아닌 정보와 결과 지표를 기준으로 상황을 짚고 개선할 방법에 관해 대화하고자 한다면, 팀원은 본인의 업무방식이나 태도를 돌아보고 더 잘할 수 있는 방법을 강구하기 위해 노력할 것이다. 그것이 가능해지기 위해 평소 팀원들의 근무 태도나 성과, 일의 진행 상황 등에 대해 메모하는 습관을 길러 두자. '나중에'하고 넘기면 정작 대화할 시간이나 환경을 줬을 때 중요하게 반드시 다루었어야 할 이야기들을 하지 못한 채 수박 겉핥기식의 대화만 나누다가 귀중한 피드백 시간을 무의미하게 소비할 수 있다.

SBI 피드백은 부정적인 상황만을 위한 것이 아니다. 수정사항 개선이 아닌, 긍정적인 내용의 피드백 시에도 적용할 수 있다. SBI 피드백은 탁월한 행동을 칭찬하거나 강조하고 강화하는 것에도 도움이 된다. 예를 들어, '당신의 계획 기술과 세부 사항에 대한 관점은 훌륭합니다. 앞으로 우리의 또 다른 프로젝트 관리에 도움을 줄 수 있습니까?' 혹은 '오늘 아침 복도에서 우리 파트가 새로운 프로젝트를 시작하는 것에 대해 어떻게 생각하는지 저의 의견을 물어보셨습니다. 이후 점심시간 미팅에서도 저에게 같은 질문을 하셨습니다. 그렇게 행동하시니까, 제가 파트의 일원이 된 듯한 느낌이 듭니다'와 같이 긍정적인 내용을 전하는 피드백에도 적용해 볼 수 있다.

업무 과정에서의 피드백은 팀원의 성과창출을 지원하는 핵심요소이다. 올바르게 수행한 것에 대해서는 진심을 담아 구체적이고 긍정적으로 피드백하고, 행동에 문제가 있음이 파악되었을 경우에는 가능한 한 빨리 수정 피드백을 해주기 바란다. 특히 비판적인 피드백의 경우는 개별적으로 만나서 피드백하는 것이 효과적이다. 이때, 팀원의 인격이나 동기가 아닌 행동에 대해서만 피드백을 해야 한다는 것을 기억하길 바란다.

24 팀워크가 최고의 복지이다

왜 팀워크인가?

구글은 조직의 성과에 영향을 미치는 핵심 요인이 무엇인지 궁금했다. 그래서 팀 조직 간 생산성 차이를 해결하는 방법을 연구하고자 '프로젝트 아리스토텔레스'라는 연구팀을 사내에 발족했다. 그리고 그들은 '전체는 부분의 합보다 크다'는 아리스토텔레스의 말을 모토로 내걸고 '최고의 성과를 내는 팀'의 특성을 분석했다. 무려 4년간 180여 개 팀을 연구해 얻은 연구결과 발표를 통해서 구글은, '생산성을 높이는 데 업무량이나 물리적인 공간은 크게 중요하지 않다'고 주장하며, '중요한 것은 발언권(타인에 대한 배려)과 사회적 감수성(공감)'이라고 말했다. 성공하는 팀에서는 서로 배려하고 공감대 형성이 매우 잘 이뤄졌으며, 성과가 높은 팀에서의 팀원들은 서로에게 귀 기울이고, 그들이 무엇을 느끼고 원하는지 더 민감하게 반응한다는 것을 연구를 통해 밝힌 것이다. '팀워크'가 단지 팀 존속에 긍정적인 영향을 미치는 정도의 간접 요인이라고 생각해오던 사회적 통념을 넘어, 팀의 고 성과에 직접 요인으로 작용하는 것을 확인하게 된 셈이다.

연구 결과를 기반으로 구글은 팀 성과의 예측 변수를 '심리적 안정감 Psychological safety', '신뢰성Dependability', '조직 구조와 투명성Structure & Clarity', '일의 의미Meaning', '일의 영향력Impact을 깨닫고 내적 동기부여를 하는 것'으로 꼽았다. 이 아리스토텔레스 프로젝트의 결과는 위에 제시한 변수 중에 심리적 안정이 가장 중요하며 이 항목이 나머지 4개 항목의 기본이고 이것이 전제되지 않으면 개인은 역량을 발휘하지 못하며 팀의 신뢰도 무너진다고 강조했다. 즉, 구성원 상호 간에 서로 자유롭게 말하고 행동할 수 있는가, 두려움 없이 기꺼이 위험을 감수할 수 있는 가와 같은 요소가 성과에 영향을 미친다는 것이다. 이것을 달리 말하면, 정서적으로 안정적인 팀, 즉 '심리적 안정감(심리적 안정감은 1965년 에드가 샤인과 워런 베니스가 '사람들이 변화 속에서 안심하고 적응할 수 있도록 심리적 안정감을 주어야 한다'고 언급한 것에서 처음 등장하였다)'이 형성된 팀, 서로 의존할 수 있는 팀, 명확한 체계를 갖춘 팀, 전체의 목표와 개인의 목표가 일치하는 팀, 스스로 중요한 일을 하고 있다고 믿는 팀으로 설명할 수 있다. 미국의 심리학자들이 2010년 〈사이언스 저널Science(AAAS)〉에 게재한 연구논문에 다음과 같은 말이 있다. '팀원들이 서로를 대하는 방식이야말로 팀의 실적을 좌우한다. 아무리 똑똑한 개인이라 하더라도 서로를 대하는 방식이 거만하거나 정중하지 못할 때 집단적 지성은 발휘되지 않았으나, 서로를 존중하고 예의 바르게 대하는 조직에서는 개인별 IQ의 합보다도 훨씬 더 높은 집단 지성이 발휘되었다.' 서로 배려하고 공감하는 팀 분위기는 결국 팀의 고 성과에 직결된다.

어떻게 하면 심리적 안정감을 갖춘 팀을 만들 수 있을까? 팀원이 공평한 발언권을 가지고 있다고 느낄 수 있게 하려면 어떻게 해야 할까? 어떻게 하면 공감하고 배려하는 팀원들의 자발적인 노력을 끌어낼 수 있을까?

동기부여와 팀워크

팀워크를 위해 가장 먼저 해야 할 일은 팀장이 먼저 스스로 동기부여 되는 것이다. 매사 의욕도 없고 무능력한 팀장을 믿고 따를 사람은 없다. 반대로, 팀장이 구심체의 역할을 자처하고 팀의 방향성에 대한 열의가 있다면 팀원들도 자연스럽게 따르게 될 것이다.

다음으로 고려해볼 것은 팀원 개개인의 특성에 맞춰 동기부여를 하고 있는지 여부이다. 목표를 달성하기 위한 과정과 달성했을 때 얻게 될 보상의 기대치는 사람마다 다르다. 성취감과 자기 발전을 목표달성의 원동력으로 생각하는 팀원도 있지만, 물질적인 보상과 눈에 보이는 성과만을 원하는 경우도 있다. 심지어 자신이 어떤 것을 원하는지 잘 모르는 팀원도 있다. 이들 각각의 팀원들이 원하는 것을 정확히 파악해야 적절한 동기부여를 할 수 있다. 평소 면담과 관찰을 통해 무엇을 원하는지, 어떤 것에 동기가 부여되는지 발견하려고 해보자. 꾸준한 관찰과 대화를 통해 해당 팀원의 바라는 바와 성향, 역량, 성장 지향성을 찾아본 후 성장 로드맵과 업무 성과를 높이기 위한 근본적인 방법들에 관해 대화를 나누는 것에 집중해보자. 그러면 팀원 스스로 하고자 하는 의지도 자연스럽게 생겨나고, 본인이 해야 할 일에 대한 몰입과 주도적 태도도 강화될 것이다.

팀 내 팀워크를 완성하는 '심리적 안정감'

책 『두려움 없는 조직』의 저자인 에이미 에드먼슨 Amy C. Edmondson 하버드 대 비즈니스 스쿨 교수는 병원 의료진의 팀워크에 관한 연구 중 팀워크가 좋은 팀일수록 그렇지 않은 팀에 비해 오히려 더 많은 실수를 저지른다는 사실을 발견, '팀워크가 좋을수록 실수를 보고하고 논의하는 것이 활발할 것'이라는 가설을 세우고 연구를 진행했다. 그 결과, 실제로 팀워크가 좋은 팀은 업무 위험에 대한 의견뿐 아니라 실수를 발견하거나 방지하는 방법에 대해 빈번하고 거리낌 없는 논의가 진행되는 것을 발견했으며, 그렇지 않은 팀은 당장의 처벌을 피하기 위해 실수를 숨기는 것을 확인했다. 에드먼슨 교수는 이 차이는 팀워크를 배우고 구축하는 팀의 조직문화에 기인한다고 판단하고 이러한 조직 문화가 구성원의 심리적 안정감을 유발한다고 결론지었다. 1990년, 보스턴대의 윌리엄 칸_{William Kahn} 교수도 심리적 안정감이 개인의 조직 몰입도에 영향을 미친다는 연구결과를 발표했다. 에드먼슨 교수는 심리적 안정감을 '직원들이 업무와 관련해 그 어떠한 말을 하더라도 벌을 받지 않을 것이라 생각할 수 있는 환경'이라고 설명한다. 심리적 안정감이란 동료 간에 마냥 칭찬하고 친절함을 베푸는 환경이 아닌 서로의 의견과 아이디어가 자유롭게 공유될 수 있는 분위기를 뜻한다. 심리적 안정감이 형성된 팀은 반대 의견을 기꺼이 환영하고 받아들인다. 반대 의견을 비평이라 생각하기보다 개선을 위한 협력의 과정이라고 생각하기 때문이다.

다음은 심리적 안정감이 형성된 조직과 그렇지 않은 조직이 공통으로 보이는 특성이다. 우리 팀은 어떠한가? 심리적 안정감이 형성된 팀으로 보이는가? 그 반대인가?

심리적 안정감이 높은 팀	심리적 안정감이 낮은 팀
- 적극적인 아이디어 공유	- 자신에 대한 팀원들의 평가에 민감함
- 질문하는 것에 거리낌이 없음	- 실수하는 것을 두려워함
- 자신의 실수를 인정함에 주저하지 않음	- 아이디어를 표현하는 것을 망설임
- 타인을 비난하지 않음	- 무엇인가를 하고 있는 척함
- 편안하고 포용적인 분위기	- 부정적, 냉소적, 비판의 분위기

자 그렇다면, 심리적 안정감을 강화하기 위해서는 무엇을, 어떻게 하면 좋을까? 에드먼슨 교수가 제시한 심리적 안정감을 구축하는 세 가지 실천 방안을 소개한다.

1. 토대 만들기

- 업무를 바라보는 프레임 짜기: 실패와 불확실성, 상호 의존에 관한 기대치를 설정하여 문제 제기의 필요성을 명확히 한다.
- 목적 강조하기: 무엇이 중요하고, 무엇이 문제이며, 누구를 위한 일 인지를 구분한다.

2. 참여 유도하기

- 상황적 겸손함 보여주기: 모르는 부분은 솔직하게 인정한다.
- 적극적으로 질문하기: 좋은 질문을 한다. 경청하는 문화를 만든다.
- 구조와 절차 만들기: 구성원의 제언을 듣기 위한 장을 만든다. 토론 을 위한 지침을 제공한다.

3. 생산적으로 반응하기

- 가치 인정하기: 구성원의 목소리에 귀 기울인다. 문제 제기를 인정하고 감사를 표한다.
- 실패라는 오명을 제거하기: 미래 지향적인 태도로 바라본다. 필요한 도움을 제공한다. 다음 단계의 작업을 위해 적극적으로 논의하고 토론한다.
- 규칙 위반 시 제재하기

변화하는 환경에서 누구도 정답을 제시할 수 없다. 그것은 팀장도 마찬가지이다. 지금 우리가 살고 있는 시대인 변화의 방향, 정도, 양상 등을 가늠할 수 없는 뷰카vuca 시대(3부 3장 25 애자일 편 참고)는 때문에 우리의 협업을 강력히 요구한다. 심리적 안정감의 구축은 올바른 협업, 바람직한 팀워크의 첫걸음이다. 놓치지 말자.

팀 간 팀워크의 장애물, '사일로' 현상

팀워크를 강화할 방법은 비단 팀 내에만 존재하는 것이 아니다. 다른 팀의 팀장 및 팀원들과의 교류 정도를 수시로 점검해보자. 다른 팀과의 우호적인 관계 유지는 저절로 되는 것이 아닌, 팀장 스스로 노력 여하에 달린 것이다. 팀 간 소통이 꾸준히 이어지다 보면 중요한 정보를 공유할 수 있게 되고, 필요할 때 결정적인 도움을 주고받을 수 있게 된다. 반대로, 특정 팀의 팀장과 크게 다퉜거나 오해 등으로 인해 사이가 나빠지게 되면, 필요한 업무협조를 적기에 받게 되지 못할 수 있다. 하필 사이가 좋지 않은 팀이 우리 팀과 밀접하게 관련된 팀이거나 지원과 관련된 업무를 하는 팀이라면 비공식적인 정보를 얻는 시기, 크고 작은 업무 지원 등의 과정 중에 불편함이 발생 할 수 있게 된다. 시간을 거슬러, 당신이 팀원이었던 시기로 되돌아 가보자. 그때 함께 했던 팀장들을 떠올려 보자. 다른 팀의 팀장과 늘 싸우기만 하거나 고립된 팀을 만들던 팀장과 함께 일할 때의 불편했던 상황의 기억을 생각해보자면, 다른 팀과의 교류에도 관심의 끈을 놓을 수는 없을 것이다.

팀 간의 경쟁이 때때로 문제 발생의 원인이 될 수도 있다. 직장 새내기이던 시절, 필자는 팀 내에서만 정보를 독점하고 다른 팀에 배타적인 팀을 겪은 기억이 있다. 당시 내가 몸담았던 회사는 영업을 담당하는 본부가 지역territory을 기반으로 여러 팀으로 나뉜 상태였는데, 해당 팀의 팀장은 매우 저돌적이고 성과 지향적이었는데 그의 팀원들도 그와 성향이 매우 비슷했다. 팀의 성과도 좋은 편이었고 팀원들의 상대적 우월감도 높았다. 그러다 보니 그 팀은 팀장뿐 아니라 팀원들까지 자기가 속한 팀의 성과 추구에만 집중하느라 회사 전체의 성과에 저해되는 행동도 서슴지 않았다. 다른 팀과의 협업을 거절하거나 다른 팀 팀장의 조언도 무시하곤 했다. 결과적으로 타 팀장들이 항의해 본부 내에서 큰 문제로 거론되기도 했는데, 그러한 때에도 팀원들 간의 팀워크는 상당히 좋았던 것으로 기억한다. 비슷한 성향과 사고 패턴을 보이는 팀원들이 모이면 결속력은 좋아질 수 있지만, 공동체 의식이 지나쳐 집단사고에 빠지기도 쉽다. 집단사고에 빠진 팀은 스스로 합리적이라고 확신하여 심한 경우 팀이 내린 그릇된 논리마저도 정당화하는 경향이 발생할 수 있다.

팀이 아무리 일을 많이 하고 성과가 좋아도 팀의 이미지가 독불장군과 같고 팀 간 교류가 없거나 부족하면 조직 사일로Organizational Silos 현상이 발생한다. 사일로 현상은 '부서 또는 조직 단위로 자체 솔루션을 구축해 사용하다 보면 나타나는 문제'로, 각 부서나 사업 단위별로 서로 교류하지 않아 데이터가 일치하지 않거나, 자기 부서의 내부 이익만을 추구하는 조직 간 이기주의가 생기는 현상을 말한다. 원래 사일로는 곡식을 저장해두는 원통형의 독립된 구조물을 뜻하는 데, 그 폐쇄성이 조직 이기주의와 같다고 하여 붙여진 이름이다.

요컨대 지금은 다른 팀과의 긍정적인 교류를 위한 팀장의 노력이 매우 필요한 때이다. 우선, 팀장이 먼저 나서서 다른 팀의 업무를 기꺼이 도와주자. 도움을 받은 그들이 언제 결정적 도움의 역할을 하게 될 지 모를 일이다. 도움을 받은 때도 놓치지 말자. 팀 간의 끈끈하고 단단한 교류를 만들 좋은 기회다. 도움을 받고 난 직후에는 감사의 의사 표현과 할 수 있는 선 내에서 보답할 수 있는 아이디어를 찾아보자. 다른 팀과의 긍정적이고 지속적인 교류의 기회에 노력을 아끼지 말자.

상생과 존중의 팀워크

지구상에서 가장 높이 자라는 나무인 레드우드Redwood는 120m까지 자라며 수명은 2000년에 이른다. 이들 나무는 한 그루로 탁자 2천 개를 만들 수 있을 만큼 거대한 것으로 유명하다. 그러나 키가 큰 레드우드에게는 생장에 지장이 되는 문제가 몇 가지 있다. 나무가 높이 성장하기 위해서는 수백 리터의 물이 필요한데, 레드우드가 주로 서식하는 캘리포니아는 여름에 건조하기 때문에 비가 거의 내리지 않을뿐더러 뿌리를 기준으로 위로 수십 미터가 넘는 높은 곳에 위치하는 줄기는 물을 원활하게 공급받기가 어렵다. 길고 긴 성장의 과정 동안 이 나무들은 환경에 어떻게 적응했을까? 캘리포니아 레드우드는 해안선에 가까운 곳에 밀집하여 서식한다. 해안선에 붙어서 좁고 길게 늘어서는 분포를 보이는 데 그 이유는 바로 수분 공급 때문이다. 뿌리를 통한 수분 공급이 어려운 레드우드는 아침에 바닷가에서 불어오는 안개, 해무에서 수분을 공급받는다고 한다. 오랜 시간의 삶의 경험을 통해 직접 수분 공급을 할 수 없다면 간접 수분 공급을 통해 생장할 수 있도록 시스템을 최적화한 것이다.

문제는 또 있다. 나무의 키가 너무 커서 강한 바람과 홍수에 의해 쓰러지기 쉽고, 높은 위치의 가지가 햇빛을 가려 만든 그늘은 어린나무의 성장에 치명적 요인이 될 수 있다. 여기에서 레드우드의 또 다른 지혜를 엿볼 수 있다. 레드우드는 뿌리를 땅속 깊이 내리는 대신 주변으로 뻗어 이웃 나무와 뿌리를 서로 엮어 나간다. 이렇게 연결된 뿌리 시스템은 서로를 견고하게 지탱해 주고 어린 나무와 영양분을 공유하여 어린 나무가 잘 자랄 수 있게 도와준다.

팀워크란 '팀 구성원이 공동의 목표 달성을 위해 각자의 역할에 따라 책임을 다하고 협력적으로 행동하는 것'을 의미한다. 보건대, 레드우드는 혼자서는 살기 어려운 환경을 헤쳐 나갈 수 있도록 팀워크를 넘어 상생의 방법을 택한 것으로 보인다. 우리 팀은 어떤가? 팀원들이 혼자서 분투하는 것처럼 보이는가? 매출 목표를 달성하기 위해 각자도생으로 내부 경쟁하는 것처럼 보이는가? 아니면 '하나의 팀으로서' 성과를 위해 동행하는 것처럼 보이는가? 같은 팀에 속해 있으므로 팀원들 각자의 직무는 다른 팀원들과 연결되어 있다. 이 연결이 단단하게 유지될 수 있도록, '나'를 넘어 상대를 바라보고 팀의 관점에서 일을 추진할 수 있도록, 팀장의 적극적인 팀 분위기 생성의 노력이 필요한 때이다.

한자어 존중尊重의 뜻은 '높이어 귀중하게 대함'이다. 한자어 한 글자씩 뜻을 풀이하면 '높을 존尊 귀중할 중重'이다. 존尊은 '잘 익은 술을 귀한 이 혹은 신에게 두 손으로 받쳐 올려 대접하는 것'을 의미하며, 중重은 '귀중 하게 대하는 것'을 의미한다. 팀원은 팀장을 존립하게 만드는 역할을 하기 때문에 팀장에게는 누구보다도 귀한 존재이다. 팀장이 그런 팀원 한 명 한 명에게 오랜 시간과 노력에 걸쳐 귀하게 빚어낸 술을 대접하기에 마땅한 분께 두 손을 받쳐 술을 대접하는 마음으로 존중을 먼저 실천한다면, 팀 원들 역시 그것에 화답할 것이고, 구글 연구팀이 제시한, '참여하고 존중하 는 공동체 의식' 기반의 완벽한 팀플레이는 상상이 아닌 현실이 될 것이다.

고민 사례 8 팀을 흔드는 근태 관리 문제로 골치 아픈 K 팀장

"

근태 관리는 항상 어렵습니다. 일일이 출퇴근을 체크하자니 사람이 좀 쪼잔해 보이는 것 같고 혹 그런 기미만 보여도 대놓고 싫은 티를 내는 팀원들도 부담스럽습니다. 그렇다고 해서 팀원 개개인의 자율에만 맡기면 잘하는가? 절대 그렇지 않습니다. 자꾸 병원에 다녀온다며 자리를 비우는 팀원에, 이상하리만큼 외근이 많은데 퇴근할 때도 딱히 보고도 없이 현퇴(현지퇴근) 하는 팀원, 외근 나가면 사전 허락 없이 임의로 법인카드를 쓰고 오는 데 딱히 가시적인 성과를 보이지 못하는 팀원에 휴가원 제출과 결재를 깜박했다고 하면서 사전 보고를 생략하고 이미 휴가를 써버린 팀원까지, 제가 보기에 엉망인 각자의 근태 관리가 팀의 업무 분위기를 흔들 뿐 아니라 개중 성실한 팀원에게도 좋지 않은 영향을 미치는 것 같습니다. 하지만 근태 관리에 조금이라도 신경을 쓰는 기미만 보여도 즉시 사무실 분위기가 냉랭해집니다. 아예 큰소리로 대놓고 모든 팀원이 들으라는 듯 "이것도 보고해야 하는 거죠, 팀장님?"이라고 비아냥거리거나 "숨이 막혀서 일하기 힘들다. 이래서야 그냥 아무것도 할 수 없겠다"며 대놓고 투덜대는 소리까지 들어야 합니다.

자율과 통제의 균형을 맞추는 것은 정말 어렵습니다. 팀원들이 기꺼이 따르고 스스로 근태 관리를 할 수 있는 환경을 만들고 싶은데, 어떻게 하면 좋을까요?

"

기술의 발달과 환경의 변화로 일하는 시공간의 개념은 바뀌었습니다. 과거에는 보통 사무실에 출근해서 종일 한 자리를 굳건히 지키는 양상을 보였죠. 즉 업무 시간 동안은 자기 책상 앞에 앉아 일하고 끝나면 퇴근하는 일과의 반복이었고, 이러한 환경에서는 리더가 굳이 구성원의 근태를 챙길 필요가 없었습니다. 다 같이 정해진 시공간에 함께 머물렀기 때문입니다. 그러나 현재의 사무실 환경은 그렇지 않습니다. 모바일 워크가 가능한 때가 되며, 팀원들이 굳이 한자리에 모여 일하지 않아도 생산성에 지장 받지 않을 수 있게 되었습니다. 상황이 이렇다 보니 근무시간도 유연해지고 근무 공간도 다채로워지고 있는 것으로 보입니다. 일명 현지 퇴근은 과거에는 영업조직에서나 가능한 근무 방식이었지만, 지금은 지원팀과 같은 부서에서도 정보 수합을 위해 사외 콘퍼런스에 참여하거나 외부 세미나에 참여한 후 현지 퇴근하는 등의 모습이 일상이 된 것이죠. 심지어 요즘은 공조직, 공기관도 일 단위 휴가가 아닌, 시간 단위 휴가원 상정이 가능한 때입니다. 환경의 변화가 이러하니, 유연함을 갖춘 근태 환경은 이제 선택이 아닌 필수로 보입니다. 그러나 문제는 유연함이 팀의 생산성에 저해 요인으로 작용할 수도 있다는 것이겠습니다.

근태를 팀원에게 자율적으로 맡기자니 통제가 안 되는 것 같고, 하나하나 챙기자니 리더로서 이것까지 해야 하나 싶어 고민이 깊어질 것입니다. 중요한 것은, 팀원을 의심하지 말아야 하고, 팀원들에게 그들을 신뢰하고 있음을 드러내야 한다는 것입니다. 팀원들은 팀장의 신뢰를 받고 있다고 느낀다면, 작은 일탈도 가볍게 생각하지 못할 것입니다.

추가로 근태와 관련하여 추천하고 싶은 방법은, 팀원들과 함께 근태 관련 그라운드 룰을 정하고 그것을 잘 실천할 방법도 상호 합의하는 것입니다. 그렇지 않으면 반대로, 팀원들도 팀장의 근태에 집중하고 있을지 모를 일입니다. 팀장 역시도 일하다 보면 즉흥적으로 발생하는 일, 피치 못해 급히 외부에서 처리해야 하는 일이 발생할 수 있습니다. 그러한 피치 못한 사정의 작은 행동 하나가 팀원들의 일탈에 대한 당당한 근거로 작용할 수도 있습니다. '팀장은 되고 나는 안되는 상황'이 발생한다고 느끼면 팀원은 공정하지 못하다고 느끼게 될 것이고 이것은 팀장 및 팀에 대한 불신으로 연결될 수 있습니다. 이러한 모든 이해관계와 복잡한 상황 타개에 그라운드 룰이 좋은 방편이 될 수 있습니다. 그라운드 룰이 잘 세워지고 잘 지켜진다면 상호 신뢰 하에 팀은 잘 굴러갈 수 있을 것입니다. 그라운드 룰의 가장 큰 장점은 본인이 제시하고 합의한 룰이므로 만약 본인이 어기는 경우가 있어도 그것을 자신의 문제로 받아들이지 다른 것에서 원인을 찾으려 하지 않는다는 것입니다. 시켜서 하는 일들은 항상 그것을 어길 기회만 찾게 하지만 자발적으로 선택한 일들은 반드시 지키고자 하는 인간의 심리를 잘 이용해봅시다.

배 코치

배달의 민족을 운영하는 회사의 '송파구에서 일을 더 잘하는 11가지 방법'이라는 사내 규정은 꽤 유명합니다. '실행은 수직적! 문화는 수평적~', '가족에게 부끄러운 일은 하지 않는다' 등 MZ세대에게 공감을 많이 얻었는데, 이 규정의 첫 번째는 '9시 1분은 9시가 아니다'입니다. 수평적이고 유연성이 생명인 스타트업에서도 출근과 근태를 중요시하는 이유가 있습니다.

재택근무가 어색하지 않은 요즘에는 근태보다 성과가 중요하다며 성과가 좋으면 근태를 문제 삼을 필요 없다는 인식이 있습니다. 물론 이것이 잘못된다는 것은 아닙니다. 그러나 근태는 기본 중의 기본입니다. 근태는 본인 스스로 마음가짐을 확인할 수 있는 요인으로 작용합니다. 더 중요한 것은 다른 사람들에게 생각 이상의 큰 영향을 끼친다는 것입니다. 본인이야 성과에 집중하기 위해 근태를 무시하겠지만, 이를 바라보는 다른 팀원들의 마음가짐과 자세에 악영향을 줄 수 있습니다. 이를 팀원들에게 강조하고 강력한 조치를 할 수 있으면 해야 합니다.

사실 근태 관리는 그리 어려운 것도 아닙니다. 조금만 더 신경 쓰면 되고 서로에 대한 배려로 충분히 만들어나갈 수 있습니다. 형식이 내용을 지배한다는 말이 있습니다. 근태라는 기본적인 형식이 조직의 성과라는 내용에 큰 영향을 미칠 수 있습니다.

학창시절, 학생으로서 등교 시간을 엄격하게 지켜야 했던 이유는 무엇이었을까요? 지각을 하면 왜 체벌을 받아야만 했던 것인지 생각해 볼 필요가 있습니다. 공부하는 시간이 줄어들기 때문이었을 수도 있고 지각하지 않는 부지런한 습관을 몸에 익히기 위해서였을 수도 있습니다. 아니면 단지 선생님의 마음에 들지 않는 예의 없는 행동이었기 때문이었는지, 지금 생각해 봐도 정답은 애매합니다.

마찬가지로 먼저 근태를 지키는 일이 회사에서 정말 중요한 일인지 팀장 스스로 물어볼 필요가 있습니다. 팀장은 근태 관리를 최우선으로 하는 것이 아니라 성과관리를 우선으로 해야 합니다. 근태를 꼭 지켜야 한다는 것은 팀장 자신만의 생각일 수 있습니다. 팀 성과와 업무에 큰 영향을 미치지 않는다면 팀원들은 근태를 그리 대수롭지 않게 여길 수 있습니다.

근태 관리와 성과가 연관이 있는지 철저히 따져보고, 팀원들의 근태를 팀장 본인의 권위나 감정과 연결시키지 않는 것이 중요합니다. 근태 관리가 제대로 되고 있지 않다는 것이 팀장인 자신을 무시한다고 여기는 이상, 마음이 상하고 괴로운 것은 팀장 본인입니다. 성과와 직접적으로 연계되지 않는 것들에는 과감히 눈을 감을 필요가 있습니다.

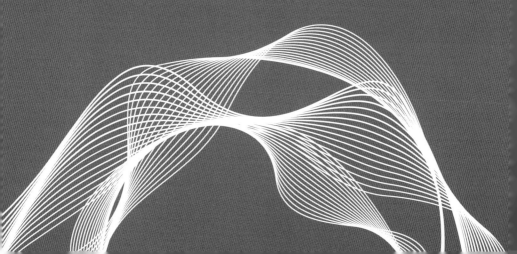

3장

팀을 넘어 조직으로,
관점의 전환

25 변화무쌍한 세상, 애자일(Agile)로 일한다

'애자일(Agile)'하게 일한다는 것

곤충과학자 고든 시우는 몇 마리의 벌과 그와 같은 수의 파리를 각각 마개가 없는 빈 유리병에 넣고, 병의 바닥을 햇빛이 들어오는 창가로 향하게 눕혀 두었다. 벌집 구조에서 학습한, '출구에는 빛이 있다'라는 차원 높은 지식을 가지고 있었던 벌은 빛이 들어오는 밝은 쪽을 향해 모여들었지만 그 곳은 유리병의 바닥이었고 출구를 찾지 못해 애만 쓰다가 끝내 지쳐 쓰러지고 말았다. 한편 파리는 이리저리 날아다니다 유리벽에 부딪히기도 했지만 몇 번의 시행착오 끝에 출구를 찾아 빠져나갈 수 있었다. 고든 시우 박사에 의하면, 파리는 채 2분도 되지 않아 반대쪽의 병 주둥이로 탈출했다고 한다. 지능이 더 높은 벌은 밝은 쪽에 반드시 출구가 있으며 그쪽으로 나가야만 살 수 있다는 경험과 지식에 사로잡혀 처음 접해보는 유리벽이라는 현상을 극복하지 못했다. 밝은 쪽에 출구가 있다는 벌의 지식이 오히려 스스로 고립시키고 말았던 것이다. 벌의 지식은 꽤 높은 수준의 것임이 분명하다. 그러나 유리병이라는 생소한 문제에 직면하자 빛을 찾아가는 논리적 행동이 오히려 덫이 되어 병에서의 탈출을 방해하였다. 파리는 벌보다 지식이나 논리적인 면에서 떨어지지만, 몇 번의 시행착오를 거치면서 결국 나가는 길을 찾았다. 실험을 진행한 고든 시우는 변화에 대응하기 위해서는 시행착오, 임기응변, 우회 등의 모든 방법을 동원할 필요가 있으며, '방법은 하나'라는 생각을 버리고 유연한 생각을 가져야 한다는 결론을 내렸다. 이 실험은 고정된 사고의 위험성을 잘 보여준다. 지금과 같은 예측불허하고 변화무쌍한 때에 기억과 경험에 지나치게 의존하게 되면 평생 탈출구를 찾지 못하는 벌이 될 가능성이 크다.

대개 우리는 의사결정과정에서 과거 경험을 기반으로 분석한다. 그리고 이것을 통해 미래를 예측해보려 한다. 그것이 합리적이라고 생각하기 때문이다. 그러나 경험에 기초한 분석만으로는 미래를 인지하는 데 한계가 있다. 미래 예측에 꼭 필요한 경험 데이터의 질과 양은 생각보다 부족한 경우가 많기도 하거니와, 과거에 축적한 데이터를 활용하는 과정에서 관계자의 선호도가 개입될 수 있기 때문이다. 과거의 경험에 의존한 의사결정은 불완전한 의사결정의 오류에 빠지기 쉬우며 경직된 사고와 태도를 만들 수 있다. 경직된 사고와 태도는 복잡하고 변화무쌍한 환경 속에서의 생존 여부와 연결되기 때문에, 어떻게 하면 이러한 경직된 조직을 탈피하고 수평적이고 유연한 조직을 운영할 수 있을 것인가가 화두에 오르고 있다. 특히, '애자일Agile'한 조직문화가 생존과 관련해 최근 새로운 조직문화의 패러다임으로 자리를 잡으면서 이에 관한 관심이 커지고 있다.

2000년대 후반, 마이크로소프트Microsoft는 갑작스러운 경영난으로 주가가 불안정한 시기에 봉착했다. 당시 오피스 사업부는 잘 나갔지만 윈도우 사업부는 뒷걸음질 치던 시기였다. 그러자, 오피스 사업부와 윈도우 사업부는 서로 다른 조직인 것처럼 일했다. 오피스 사업부만 따로 분사한다는 소문이 나돌 정도였다. 그러나 인도 출신 엔지니어 사티아 나델라_{Satya Narayana Nadella}가 CEO로 부임하면서 마이크로소프트는 완전하게 바뀌게 된다. 사티아 나델라는 취임 후 조직 층위를 낮추고 한 방향이 아닌 쌍방향 의사소통 채널을 구축하였다. 즉, 그는 '애자일'한 조직으로 마이크로소프트를 바꾸고자 했다. 그가 취임하고 5년이 흐른 뒤에 마이크로소프트는 뉴욕 증시 시가 총액 1위에 오르는 기염을 토한다. 애자일 조직으로의 경영조직 개편이 마이크로소프트를 혁신한 것이다. 대럴 릭비_{Darrell Rigby} 베인 앤드컴퍼니_{Bain & Company} 대표는 '전부 아는 것_{know-it-all}보다 뭐든지 배울 줄 아는 것_{learn-it-all}이 더 중요하다는 나델라의 경영 원칙이 마이크로소프트를 고객과 임직원, 주주 모두로부터 사랑받는 회사로 만들었다'고 평가한다. 나델라가 선택한 애자일 조직은 어떤 특별함을 바탕으로 이처럼 강력한 고 성과를 만든 것일까?

'애자일_{Agile}'이란 '기민한', '민첩한'이라는 뜻을 가진 형용사이다. 사실 애자일은 소프트웨어 개발 방식의 하나로 통용되던 말이다. '작업 계획을 짧은 단위로 세우고 시제품을 만들어 나가는 사이클을 반복함으로써 고객의 요구 변화에 유연하고도 신속하게 대응하는 개발 방법론'이다. 근래에는 그 의미가 확장되어, 가설을 통해 시장의 반응을 확인하고 외부 피드백을 통해 전략을 유연하게 수정하는 업무방식과 기업문화를 지칭할 때 이 표현을 사용한다. 팀의 관점에서 보면 사무환경에서 부서 간 경계를 허물고, 직급 체계를 없애 팀원 개인에게 의사 권한을 부여하는 것을 말한다.

소규모의 팀을 꾸려 즉시 실행하고 외부 피드백을 계속 반영하여 최종 결과를 만드는 조직의 형태를 의미하기도 한다.

'애질리티Agility'의 의미도 함께 살펴보자. 애질리티Agility, 즉 '민첩성'이란 '환경의 변화에 재빨리 그리고 효율적으로 적응하는 능력'을 의미한다. 연구자들은 애질리티를 '내외부 환경의 요구에 맞게 가치를 창출하기 위해 효율적, 효과적으로 자원을 재분배하는 역량'과 '예측, 혁신, 학습을 통해 환경 변화를 빠르게 감지하고 대응하는 능력', '시기적절하고, 효과적이며, 지속적으로 유지되는 변화를 만들어내는 역량' 등으로 정의한다.

마이크로소프트, 애플, 구글 등 우리에게 친숙한 기업들이 애자일 프로세스로 혁혁한 성과를 내고 있는 것으로 알려져, 국내의 많은 기업도 이 애자일 전략을 채택하려는 변화의 움직임을 보인다. 애자일한 조직은 고객도 개발팀의 멤버로 받아들이고, 커뮤니케이션을 보다 쉽게 할 수 있도록 해주는 팀 구조와 사고방식을 장려한다. 애자일한 즉 기민하고 민첩한 조직은 무엇이며, 그러한 조직은 어떻게 성과를 낼 수 있는 것일까?

'애자일(Agile)' 조직 경영 방식이 필요한 이유

왜 조직은 애자일해져야 하는 걸까? 일부 전문가들은 'MZ 세대'라는 새로운 노동 인력이 인력 시장에 유입되며 과거의 피라미드 조직체계가 현 세대 적용에 한계가 있기 때문이라고 말한다. 그들은 열려 있는 수평적인 조직, 즉 자신의 의견을 어필할 수 있는 조직을 더욱 선호한다. 그러나 이전 세대가 구축한 테일러식 업무방식(테일러리즘Taylorism: 작업을 과업 단위로 쪼갠 다음 각각의 과업을 최대한 효율적으로 수행할 수 있도록 표준화한 작업방식, '과학적 관리법'이라고도 한다)은 여전히 일반 조직에서 유지

되고 있다. 전통 합리주의, 과학적 관리법 기반 경영과는 다른 관점에서 절차와 도구보다는 사람 간의 상호작용을, 경쟁보다는 협력을, 획일적인 복종보다는 주체적이고 자율적인 행동을, 경직된 계획보다 유연한 적응을 강조하는 애자일은 새로운 세대가 원하는 일에 대한 관점과 문화, 방식을 포용하는 좋은 대안이다. 애자일 조직은 현장, 고객을 잘 알고 있는 실무자에게 권한을 위임하여 더 빠르고 효과적으로 문제를 해결하게 한다는 측면에서 수평적 조직과 자율을 중요시하는 MZ 세대의 지지를 얻고 있다.

조직이 애자일해져야 하는 또 다른 이유는 환경의 변화에 있다. 변동성이 작은 경영환경에서는 과거의 리더십 방식이 조직원 동기부여에 기여할 수 있다. 하지만 최근의 환경은 뷰카(VUCA: 변동성Volatility, 불확실성Uncertainty, 복잡성Complexity, 모호성Ambiguity) 시대로 불릴 만큼 변동성이 크고 복잡한 양상을 보인다. 사실 뷰카VUCA는 30여 년 전인 1987년 워렌 베니스Warren Bennis와 버트 나누스Burt Nanus의 리더십 이론에서 처음 사용된 후 군사용어로 등장한 표현이지만 근래에 시대의 상징처럼 인식되고 빈번하게 쓰이고 있다. 복잡성은 생산성에 영향을 미치고, 팀원들은 다중성 사이에서 혼란을 느낀다. 이런 때에 우리의 팀은 과거보다 훨씬 더 복잡하고 어려운 문제들을 풀어내야 한다. 과거와 같은 단순 효율 중심의 성과주의는 뷰카VUCA 시대에는 맞지 않는 옷이라 표현하는 이도 있다.

애자일 경영은 '조직과 조직 구성원이 어떻게 하면 질적으로 일을 더 잘할 수 있을까?'에 초점이 맞춰져 있다. 이 목적을 달성하기 위해 기존의 관습과 전통적인 기업문화에서 탈피해, 기성세대와 MZ 세대 간의 커뮤니케이션이 더 빠르고 더 효과적으로 이루어지는 시스템을 지향한다. 함께 결론을 도출하고 실행에 옮길 수 있다는 점이 특히 애자일 전략의 이점이라 볼 수 있다.

애자일 전략은 단계를 가지긴 하나, 그 단계의 경계를 나누지 않는다. 길고 연속되는 특징을 과감히 버리고, 빠른 시간 안에 결과를 도출하기 위해 실행과 결과를 반복하는 과정에서 체계화되지 않았다 할 지라도 일단 계획을 수립하고 우선 실행에 옮기기 때문에, 점차 더 나은 결과물을 만들 수 있다는 장점이 존재한다. 그러기 위해서는 각 부서 간의 경계 없는 협력이 최우선시되며, 개개인의 오너십이 중요할 수밖에 없다.

'애자일(Agile)'에 대한 오해

일반적으로 애자일 방식으로 팀을 리딩할 때 발생하는 인지적 오류는 애자일 방식의 팀 관리는 방임이라고 생각하는 것이다. 아무런 기준도 제한도 없이 팀원을 한 명의 자유인으로 내버려두고, 일도 스스로 알아서 하게끔 내버려두며 혁신 문화가 저절로 창조될 것으로 기대한다. 하지만 그런 경우 팀원은 무엇을 어떻게 해야 할지 몰라 우왕좌왕하다가 결국 고립되어 버린다. '자율적이면서 자급자족인 결합체'라는 뜻을 담고 있는 애자일 조직의 대표적인 형태인 '홀라크라시Holacracy'조차 협력을 위한 중첩 구조로 이뤄져 있다. 홀라크라시의 각 단위조직인 서클의 의사결정과 행동은 완전히 독립된 것이 아닌, 상호 의존적이다. 더불어 홀라크라시는 서클circle의 책무와 권한의 한계를 명확히 명문화 하고 규정해서, 충돌과 혼란을 방지한다. 이 홀라크라시는 자포스Zappos와 같은 인터넷 기업 외 현재 천여 개의 기업들이 도입한 조직 방식이다. 세계 최대 음악 스트리밍 서비스인 스포티파이Spotify가 창안한 애자일 조직의 기본 단위는 '스쿼드Squad'라는, 일반 기업의 팀과 달리 작은 서비스를 독립적으로 책임질 수 있는 다기능 팀이다. 스쿼드 개발 조직은 린스타트업Lean Startup을 차용하고 실천한다. 린스타트업은 짧은 시간 동안 제품을 만들고 성과를 측정해 제품 개선에 반영하는 과정을 반복하며 시장에서의 성공 확률을 높이는, 미국 벤처 기업가 에린 리스Eric Ries가 창안한 경영 방법론이다. 일단 시제품을 제조해서 시장에 내놓고 반응을 살핀 다음 제품을 수정해 나가는 것이 이 경영방식의 핵심이다. 창업 분야에서 시작해 일반 경영조직에서까지 이 경영 방식에 관심을 보이고 적용하는 움직임을 보이는 이유는 역시, 빠르게 변화하는 환경의 변화 때문이다. 환경변화에 기민하게 반응하고 대처하는 것을 목적으로 하는 스쿼드 역시 하나의 독립적 의사 결정체로서 역할을 수행하므로 자율성이 부여되지만, 상위 그룹의 방향성과 동떨어진 독단적 행위까지 용인되는 것은 아니다.

위계가 없다고 해서 리더십이 약할 것이라는 짐작은 오산이다. 오히려, 수평적인 조직이 위계적인 조직보다 더 강력한 리더십을 필요로 한다. 리더가 전략적 우선 순위와 방향을 명확히 설정하지 않으면 수평적 조직은 쉽게 혼란에 빠지기 때문이다. 아마존과 구글은 의사결정권과 책임이 실무자에게 부여되고 모든 직원이 직급에 상관없이 혁신적인 아이디어를 모색할 수 있는 자율적이고 수평적인 조직이다. 이것이 가능한 것은, 이들 조직에는 유능한 리더들이 있기 때문이다. 이들 리더들은 목표를 전달하고 조직의 운영 방식과 원칙을 명확하게 제시하여 조직의 구성원들을 강력하게 이끈다. 팀이 추구하는 가치나 눈높이와 맞지 않을 경우 강력하게 드라이브를 걸기도 한다. 애자일 방식으로 팀 경영을 할 때는 역설적이게도, 리더의 끊임없는 관심과 관찰이 더욱 필요하다.

애자일 업무방식이 근무시간을 현저히 줄이고 워라밸을 실현하는 형태라는 환상 역시 애자일에 대한 오해이다. 나델라 마이크로소프트 CEO는

'조직 구성원이 내적 동기를 기반으로 일 자체에서 의미를 찾고 몰입하는 사람이라면 일에서 삶을 분리할 수 없다'고 말하며, 일과 삶에 대한 조직의 체계와 문화 역시 이분법적으로 나눌 수 없다고 주장한다. 그래서 애자일 경영을 추구하는 조직은 높은 책임의식 아래 단지 '적게' 일하는 것이 아닌 높은 수준의 근무 자율을 지향하는 경우가 많다.

우리 팀을 '애자일(Agile)'하게(1): 자율성과 상호 호혜적 문화

맥킨지 보고서는 애자일한 조직이 보이는 다섯 가지 특성을 제시했다. 보고서에 의하면, 이들 조직은 일관되게 '조직 전체에 공유된 목적과 비전', '권한위임을 받은 네트워크 구조', '빠른 의사결정과 학습 사이클', '역동적인 사람 중심 모델', '차세대 기술 활용'을 보인다고 한다. 즉, 비전 공유를 통해 조직원에게 수행과 의사결정에 대한 명확한 기준을 제공하고, 위계적 구조를 허물고 팀 중심의 네트워크 조직을 구축한다. 동시에 권한 위임을 통해 빠르게 실행하고 학습할 수 있게 하며 조직 관리에 기술을 활용하여 업무 효율을 높인다는 것이다. 맥킨지가 제시한 이 5가지 항목 중 가장 관심 있게 보아야 할 것은 '빠른 의사결정과 학습 사이클'이다. 애자일 기법이 기존의 경영 방식과 큰 차이를 보이는 것은 '빠른 의사결정과 학습 사이클' 즉 '실행 속도'와 '적응성'이며, 이것은 조직의 '자율성'과 '상호 호혜적 문화'에 기인한다. 따라서 우리 팀을 애자일하게 구성하려면 그 첫걸음으로 자율성과 상호 호혜성을 정확하게 이해할 필요가 있다.

구글의 인적자원 운영부서People Programs는 '직원들의 자유와 권한을 인정하고 행복하게 일할 수 있는 환경을 만들어주면 직원들이 주인 의식과 책임감을 지니고 일하는 데 큰 동기부여가 된다'고 말한 바 있다. 책 『애자일 조직 혁명Agile IT Organization Design: For Digital Transformation and Continuous Delivery』의 저자 스리람 나라얀Sriram Narayan은 자발적으로 조직된 팀에는 자율성이 보장되어야 한다고 주장한다. 애질리티를 선택한 조직은 비용 효율이 아닌, 자율적인 목표 수립과 신속한 반응력을 갖추도록 조직을 구성해야 한다. 의미 있는 목표는 자체적으로 내재적인 동기부여를 제공하며, 개인이 의사결정을 내릴 기회도 부여한다. 만일, 스스로 의사결정을 할 수 있는 자율성이 주어지지 않는다면 이 기회는 사라지게 된다. 자율성이 있어야 목표가 제공하는 기회를 온전히 활용할 수 있고, 그렇게 기회를 활용하면서 업무 숙련도가 높아지고 강점 분야가 확대된다. 미국의 경영전략가 게리 하멜Gary Hamel은 '사람들에게 주인 의식을 갖게 하고 싶다면, 0.001%의 주식을 주는 쪽보다 의사결정과정에 목소리를 내도록 하는 편이 낫다'고 말한 바 있다.

자율성을 높이려면, 어떠한 팀 경영방식이 유효할까? 책 『네이키드 애자일Naked Agile』에서 제시한, '애자일 경영을 도입한 조직의 특징'을 소개한다.

첫째, 애자일 조직은 계획 세우기에 과도한 시간을 투입하지 않는다. 애자일 조직은 상당히 많은 시간을 소요해 세우는 중장기 전략에 비판적이다. 애자일 조직의 관점에서는, 전략수립의 근거로 사용되는 시장 예측의 가정들조차 몇 개월만 지나도 유효하지 않은 것이 현재의 환경이라고 판단한다. 애자일 조직의 전략은 기본적인 조직의 가치관과 비전 아래 단위조직이 시장의 변화를 즉시 포착하고 실행하기 위한 실질적인 가이드를 수립하고 지속적으로 업데이트를 하는 행위 자체가 된다.

둘째, 권한을 고객과 접점에 있는 조직과 구성원에게 상당 부분 위임한다. 애자일 조직은 개인의 의사결정 권한을 늘려 구성원이 개인의 판단력과 지식, 역량을 최대한 발현하도록 유도한다. 권한을 위임받은 단위조직이 중심이 되어 의사결정과 업무를 진행할 수 있도록 하며, 모든 것을 상부에 보고하고 지시받는 형태를 택하지 않는다. 리더는 문제 상황의 해결 조력자는 될지언정 직접 개입해 명령을 내리지 않는다. 의사결정의 층위가 단순해져야 흐름이 빨라진다.

셋째, 민첩하면서도 효과적인 의사결정이 이루어진다. 애자일 조직은 강력한 조직의 가치, 원칙에 기반한 조직 구성원 간의 룰 세팅을 통해 개인의 역할을 명확히 하면서도 상당한 수준의 자유와 재량권을 갖는다. 모든 구성원에게는 자신의 과업을 온전히 책임질 수 있도록 높은 수준의 정보 공유가 이루어지고 권한 내의 의사결정, 이행 실패나 실수에 대한 책임을 추궁하지 않는다. 구성원은 이것을 바탕으로, 목표달성을 위해 정진하는 과정 중에 시장 상황의 변화나 돌발적 변수에 흔들리거나 책임을 회피하지 않고 신속히 대응할 수 있다.

넷째, 정보가 조직원 모두에게 높은 수준으로 공유된다. 애자일 조직에서는 의사결정에 필요한 권한이 단위조직에까지 내려와 있으므로 자연히 정보의 비대칭이 줄어들게 된다. 애자일 조직의 초점은 모두가 가능한 한 질적 수준이 높은 정보를 접해 최선의 의사결정을 내릴 수 있도록 돕는 것에 있다.

다섯째, 애자일 경영은 '빠른 속도'나 '저렴한 비용'만을 뜻하지 않는다. 애자일 조직의 목표는 '효율성'보다는 '효과성'에 있는데, 이것을 간과하고 단순히 속도에만 집중해 애자일 전환을 시도했다가 우리 조직에 맞지 않는다는 결론을 내리며 과거로 회귀하는 조직을 쉽게 볼 수 있다.

애자일 조직에는 정답이 없다. 어제의 정답이 오늘은 오답이 될 수 있기 때문이다. 따라서 애자일 조직이 바르게 작동하려면 상호 호혜적 팀 문화가 구축되어야 한다. 무너져 가던 레고 그룹을 혁신기업으로 일으킨 전 CEO 예르겐 비 크누스토르프Joergen Vig Knudstorp는 '문책은 일에 대한 실패로 받는 것이 아니라 도와주거나 도움을 구하는 데 실패해서 받는 것이다'라고 말한 바 있다. 애자일 경영은 다양한 전문성을 가진 구성원들이 제공한 지식, 정보, 의견, 노력 등이 통합되어야 제대로 작동하는 시스템이다. 따라서 애자일 조직에서는 '다기능 협력Cross Functional'이 이루어져야 한다.

우리 팀을 '애자일(Agile)'하게(2): 피보팅(Pivot)도 '애자일(Agile)'하게

'뉴노멀'이라는 말이 심심찮게 들리는 때이다. 뉴노멀의 뜻은 무엇일까. 뉴노멀New Normal은 '시대변화에 따라 새롭게 부상하는 표준'으로, 과거에 대해 반성하고 새로운 질서를 모색하는 시점에 등장해 변화 이후의 양상을 특징짓는 현상을 의미한다. 최근에는 사회 전반적으로 새로운 기준이나 표준이 보편화 되는 현상을 이르는 말로도 쓰이고 있다. 뉴 노멀은 모하마드 엘 에리언Mohamed A. El-Erian이 그의 저서 『새로운 부의 탄생When Markets Collide』(2008)에서 저성장, 규제 강화, 소비 위축, 미국 시장의 영향력 감소 등을 위기 이후의 '뉴 노멀' 현상으로 지목하면서 널리 알려졌다. 지금과 같은 '불확실성의 시대'는 '뉴노멀의 시대'라고 보아도 좋다. 혹자는 심지어 그에 더 나아가 현시대를 뉴 앱노멀New Abnormal의 시대라고도 한다. 뉴 앱노멀은 누리엘 루비니Nouriel Roubini 미국 뉴욕대 교수가 처음 언급한 용어로, 저성장, 긴축에 따른 피로감 등으로 현상의 예측이 뉴노멀 시대보다 더 힘들어 대응이 한층 더 어려운 사회 현상을 말한다. 따라서 현재의 우리는 치밀한 계획에 집착하기보다는 일단 행하면서 보완해 나가고, 뭔가 잘못됐다 싶으면 '거침없이 피보팅_{pivoting·중심축 변경}'으로 과거와 이별하고, 뉴노멀과 뉴 앱노멀을 받아들이는 데 주저하지 말아야 한다. 지금 우리는 과거 어느 때보다도 변화의 흐름을 좇는 데 게을러선 안 되는 시대에 살고 있기 때문이다.

애자일 방식에서는 앞을 예측하거나 계획을 정교하게 세울 필요가 없다. 일을 작게 쪼개고, 우선순위를 가려 중요한 것부터 반복적으로 실행하면 되기 때문이다. 애자일 방식은 시행착오가 많은 것을 당연하게 여긴다. 변화에 민감하게 그리고 유연하게 대처하기 위해 끊임없이 프로토타입을 만들어가면서 필요한 요구를 반영하고 수정한다. 유행 주기가 짧아지는 패션 산업의 자라, H&M, 유니클로 등과 같은 패스트패션 브랜드는 애자일 활용의 좋은 예로 널리 알려져 있다. 이들은 패션쇼를 통해 다음 시즌 물량을 준비하는 전통적 방식을 사용하지 않고, 최신 유행을 즉시 채용해 짧은 주기로 의상을 제작하고 출시한다. 트렌드를 예측하되 한번 정한 디자인은 초기 생산 물량의 15% 이내로 유지하고 이후 고객 반응에 따라 제품별 생산비율을 조정한다. 불확실한 환경에서 예측의 정확도를 높이는 것은 어려우므로, 사전 조사와 분석이 아닌 반복적인 실험, 실행을 통해 고객의 요구에 가까워지는 것을 지향한다. 짧은 주기로 업무목표를 설정하고 달성하면서 환경변화에 기민하게 적응해 나간다. 이때 중요한 것은, 실패를 과정으로 여기지 않고 실수라고 여기며 책임을 추궁하는 경직된 조직문화에서는 애자일한 업무방식이 절대 가능할 수 없음을 강조한다는 것이다. 톰 디마르코_{Tom DeMarco}와 티모시 리스터_{Timothy Lister}는 '실수를 용납하지 않는 분위기가 자리 잡으면 사람들은 바로 방어적으로 변해 결과가 나쁠지도 모르는 일은 아예 시도하지 않는다'라고 했다. 전통 조직의 업무 진행 구조에서는 이와 같은 피보팅을 핵심으로 한 애자일 방법론이 가능할 수 없다. 따라서 먼저 유연한 조직 분위기, 시행착오의 누적을 지속적인 진화 과정이라고 보는 조직 문화가 형성되어야 한다.

애자일 방법론을 적용하면 큰 과제를 작은 단위로 세분해서 점진적으로 수행하고 검증을 반복하면서 항로 수정이 이루어지기 때문에 위험의 크기는 줄고, 더 빠르게 조직이 목표한 성과를 달성할 수 있다.

VUCA시대, VUCA하기

최근에는 뷰카VUCA를 효과적으로 다루기 위한 개념으로 또 다른 VUCA가 제안되고 있다. 바로 비전Vision, 이해Understanding, 명확성Clarity, 민첩성Agility으로 구성된 새로운 개념의 VUCA다. 변동성에 대해 확실한 비전으로, 불확실성에 대해 상황과 이해 당사자에 대한 이해로, 복잡성에 대해 명료한 의사결정으로, 모호성에 대해 민첩함과 활발한 의사소통으로 대응하면, 즉, VUCA 시대는 VUCA로 헤쳐 나갈 수 있다는 것이다. 급변하는 환경 속에서 팀에 미치는 영향력에 대해 명확하게 이해하고, 상황에 적절히 반응하고 대응하기 위한 섬세하고 예민한 감각을 길러 협력과 시너지를 통해 성장할 수 있는 기민하고 민첩한 팀을 구축하는 데 집중하자.

변화무쌍한 경영환경은 새로운 도전을 요구한다. 상대적으로 예측 가능했던 산업시대에 비해 현재의 경영환경은 필연적으로 리스크를 감수해야 한다. 더 나아가, 총체적인 성공에 도달할 때까지 그 과정에서 발생하는 작은 실수들과 작은 실패를 자연스럽게 받아들이고 개선하는 과정에서 얻어지는 학습 효과를 통해 미래에 발생할지 모를 큰 실패의 최소화에 대비해야 한다. 급변하는 환경의 정점에 서 있는 이때, 애자일 방식의 조직 구성과 업무 방법은 우리에게 시도해 볼 만한 충분한 가치 있는 선택이 될 수 있다.

26 먼저, 변혁적 리더로 진화하라

변화의 이해와 변화 대응 방안

붉은 여왕은 『이상한 나라의 앨리스』로 유명한 루이스 캐럴Lewis Carroll의 『거울나라의 앨리스Alice through the looking-glass』라는 후속 소설에 등장하는 인물이다. 이 소설에서 붉은 여왕은 거울나라로 간 앨리스의 손을 잡고 다짜고짜 숲 속으로 달린다. 앨리스는 영문도 모르고 같이 뛰게 된다. 그런데 뭔가 이상하다. 앨리스는 한 발짝도 앞으로 나아가지 못하는 자신을 발견한다. 붉은 여왕과 함께 뛰고 있는 주변의 풍경은 그대로 같은 자리인 것이다. 이상하게 생각한 앨리스가 붉은 여왕에게 이유를 묻는다.

"우리 지금 뭐하고 있는 거죠?"

붉은 여왕은 다음과 같이 대답한다.

"(거울 속에 비친 것처럼 모든 것이 반대로 가는 거울 나라에선)단지 제자리에 머물기 위해서는 쉼 없이 뛰어야 해. 그리고 만약 앞으로 나아가고 싶다면 최소한 두 배는 더 열심히 뛰어야 한단다."

앨리스도 열심히 달렸지만, 주변의 풍경도 앨리스와 같이 달리고 있었기 때문에 같은 자리를 맴돌고 있는 것처럼 보였던 것이다.

진화생물학자 리 밴 베일런Leigh van Valen은 1973년 그의 논문에서 이 이야기를 생태계에 접목시킨 이론을 발표하는데 그것이 바로 '붉은 여왕 효과 Red Queen Effect 레드퀸 이펙트' 혹은 '붉은 여왕 가설Red Queen's Hypothesis'이다. 이는 '계속 발전(진화)하는 경쟁 상대에 맞서 끊임없는 노력을 통해 발전하지 못하는 주체는 도태된다'는 내용의 가설이다. 주변 환경이나 경쟁 대상이 매우 빠른 속도로 변화하기 때문에 자연계 진화 경쟁에서는 어떤 생물이 진화하더라도 그 속도가 환경의 변화에 미치지 못하면 상대적으로 적자생존에 뒤처지게 된다는 말이다. 다시 설명하면, 변화하는 환경이나 경쟁 상대에 맞춰 끊임없이 발전하고 진화하지 못하면 결국 도태되고 만다는 것이다. 리 밴 베일런에 따르면, 지금까지 지구 상에 존재했던 생명체 가운데 적게는 90%, 많게는 99%가 소멸했다고 한다. 적자생존의 자연환경에서 다른 생명체에 비해 상대적으로 진화가 더딘 생명체는 결국 멸종한다는 것이고, 이것은 거울나라 속 환경의 이치와 같다는 것이다.

이 가설은 오늘날 기업이나 개인 간의 쫓고 쫓기는 경쟁 상황을 비유하는 데 활용되며, 이 '붉은 여왕 가설'은 무한경쟁 상태를 의미하기도 한다. 열심히 달려봐야 제자리걸음인 시대에 우리는 살고 있다. 변화를 알아차리고 대응하는 것은 결국 우리의 생존에 직결되는 것이다.

우리의 경영환경도 마찬가지이다. 변화는 예측할 수 없는 상황에서 불연속적으로 다가온다. 그러나 상황을 원래대로 유지하고자 하는 욕구가 인간의 본성인 까닭에, 변화를 인지했다 하더라도 쉽사리 변화를 택하지 못한다. 위기상황이 눈앞에 펼쳐졌을 때, 그때야 비로소 변화에 대처하려 하기 때문에 변화의 대응은 풀지 못할 어려운 숙제인 것이다. 그러나 현재

하는 일을 열심히 하는 것도 중요하지만, 주변의 변화 흐름도 주의 깊게 봐야 한다. 보고 싶은 것만 보면서 현재 발생하고 있는 사실을 고정된 사고와 관점에 기대어 왜곡해서 해석하지 않아야 한다. 한 치 앞의 현상에 매몰 되어서도 안 된다. 가령, 현재 우리 조직이 시장을 선도하는 위치에 있을 수 있다. 하지만 그 지위는 더 분발하는 패자의 위협에서 벗어날 수 없다. 경쟁자나 경쟁환경에 쫓기면 두 수 세 수 앞을 예측하지 못하고 눈앞의 현안 처리에 급급하게 되는 현상이 발생할 수 있다. 즉, 경쟁자가 가격을 10원 할인했으니 매출 하락을 막기 위해 우리는 11원 더 깎아주는 셈이다. 이 미봉책이 당장 앞가림은 될 수 있을지 몰라도 부메랑처럼 결국 우리 팀과 조직을 향해 커다란 문제로 되돌아올 수도 있다. 그 때문에 이러한, 잘못된 판단을 막고 올바르게 의사결정 하기 위해 환경의 변화를 읽을 때는 다양한 각도에서 다양한 관점을 통해 이해하고 해석해야 한다. 다양한 관점과 각도는 변화 관리를 위한 바람직한 방향으로 시선을 향하게 할 수 있다. 즉, '시계 위의 나침반'인 것이다. 속도만 생각해서 열심히 달리다 보면 잘못된 방향으로 가게 될 수도 있다. 완전히 잘못된 방향에서 처음부터 다시 시작하려고 한다면? 그것만큼 비생산적이고 비효율적이며 비효과적인 것이 없다. 그러기에 우리는 항상 환경의 변화에 대하여 다양한 관점과 각도에서 고려하고 판단하며 올바른 방향을 향하고 있는 것인지 수시로 확인해야 한다.

팀장의 변화 주도 관리 전략

변화는 조직의 지속 가능한 생존에 꼭 필요한 것이다. 그런데도 변화라는 것 자체가 필연적으로 가져올 수밖에 없는 불안감과 불편함, 불확실성 같은 요인들 때문에, 다수 혹은 몇몇 팀원들은 변화의 시도에 저항하거나 비협조적인 태도를 보인다. 혹 팀원 개인의 삶에 나쁜 영향을 미치게 되는 것은 아닌가 의심하며 무조건 변화를 차단하려 할 수도 있다. 어려움을 극복하고, 변화를 주도하고 관리 할 수 있는 방법은 무엇일까?

팀의 리더는 '미래 통찰력을 바탕으로, 팀의 성장에 긍정적 영향력을 미치는 바람직한 공통 목표를 제시하고 그 목표를 달성할 수 있도록 조직원들과 팀워크를 이루어 성과를 내는 과정을 주도하는 사람'이다. 이러한 팀장 리더십의 발휘 구도는 산업 사회에서 4차산업 혁명 이후의 정보 사회로 바뀌면서 수직적 구조에서 전방위적 구조의 형태로 바뀌게 되었다. 과거에는 상사가 하급자에게 상하방향으로 리더십을 발휘하는 형태가 일반적이었지만, 오늘날의 리더십은 전방위적으로 발휘되어야 함을 의미한다. 즉, 하급자에게만 일방적으로 리더십을 발휘하는 형태가 아닌, 후배뿐만 아니라 동료나 상사에게까지도 리더십을 발휘해야 하는 형태인 것이다. 더불어 빠른 변화의 속도에 맞춰 팀원들이 각자의 위치에서 신속하게 효율적으로 판단하고 의사결정을 내려 즉시 실천할 수 있도록, 팀장의 변혁적 리더십이 함께 해야 한다.

변혁적 리더십은 개인, 집단, 조직에서 획기적인 변화가 요구될 때 이상적이다. 그렇다면, 지금의 우리는 변화의 눈 앞에 서 있는 것일까? 아니다. 우리는 지금, 변화의 정점에 서 있다. 어제는 정답이었던 것들이 오늘은 오답이어도 전혀 이상하지 않을 상황에서 매일을 보내고 있다.

보스턴 경영 대학원의 리처드 베카드Richard Beckhar와 루벤 해리스Reuben T. Harris라는 두 학자는 공동 편집으로 책 『Organization Transitions』를 펴 냈는데, 이 책에서 그들은 '조직은 현재 상태current state를 벗어나 전환 과정 transition state을 거치며 목표 상태desired state로 나아간다'고 하며, 전환 과정에서 변화에 대한 저항을 관리하는 방법으로 '변화 방정식formula for change'을 제시 했다. 변화 방정식의 공식은 f(c) = D × V × F 〉R로, 'DVF Check'로 불리 기도 한다.

이 방정식에서 C는 새로운 변화Change, D는 현재에 대한 불만족 혹은 위 기의식Dissatisfaction, V는 미래에 대한 공유 비전Vision, F는 비전 달성을 위한 실행First Steps, R은 변화에 대한 저항 혹은 저항에 따르는 발생 비용Resistance to Change을 의미한다. 정리하면, 변화는 상황에 대한 '불만족'과 '비전', '즉시 실 행' 요소들의 곱셈 값이 '변화에 대한 저항'보다 더 커야 한다는 것을 의미 한다.

곱셈의 특징은 아무리 높은 수치의 값들이 있다 하더라도 단 하나의 요 소가 0의 성질을 띠면 이것을 포함한 모든 것을 곱한 값은 결국 0이 되어 버린다는 것에 있다. 즉 성공하는 변화 대응책은 제시된 이 3가지 요소, 불 만족, 비전, 실행 들 어느 것 하나도 놓쳐서는 안 된다는 것이다. 그리고 이 곱셈식의 3요소를 곱한 값이 팀원들의 '저항Resistance'의 크기보다 커야 한 다. 기술적 의미에서 변화는 저항과의 싸움이다. 따라서, 팀 내에서의 변화 관리를 전략적으로 잘 이행하고 싶다면 조직에서 발생하는 저항을 이겨내 야 한다. 변화를 거부하는 구성원들에게 설득보다는 이해할 수 있도록 설 명을 해야 하고, 변화해야 하는 이유와 이 변화로 인해 얻게 되는 이익에 대해 구체적으로 말할 수 있어야 한다. 이때 조직원의 공감을 얻어내기 위해서는 관점을 조직에 맞추는 게 아니라, 조직보다는 개인적 차원에서 개개인의 성장, 성숙과 함께 오는 이익을 설명해줘야 더 효과적이다.

백조(고니)는 무슨 색일까? 아시다시피, 다 자란 성체의 백조는 흰색 깃털의 새이다. 고니의 깃털 색이 검정이라면? 검은 백조, 흑고니는 상상조차 해 본 적도 없을 것이다. 우리는 그동안 '백조의 색깔은 무조건 흰색이다'라는 강한 믿음 하에 있어 왔다. 우리는 흰색의 백조만 봐 왔기 때문이다. 1697년 네덜란드 탐험가 윌리엄 드 블라밍Willem de Vlamingh에 의해 호주에서 발견되어 검은 고니(흑조)가 학계에 보고되며 그러한 고정관점이 깨지기 전까지 우리는 그것이 정답이라고 생각해 왔다. 이것을 두고, 나심 니콜라스 탈레브Nassim Nicholas Taleb는 그의 저서 『블랙스완Black Swan』을 통해 흑조이론을 제시한다. 흑조이론에서 블랙스완은, '이 세상은 우리가 알고 있던 경험이 전부가 아니며 기존에 알고 있던 경험으로 인해 새로운 사고나 행동 등을 받아들이지 못하거나 간과하는 현상'을 뜻한다. 이것은 과거의 경험으로 현재와 미래를 규정하고 대응하는 것은 위험할 수 있음을 의미한다. '불가능하다고 인식된 상황이 실제 발생하는 것'이라는 의미도 담겨 있다. 우리 팀을 돌아보자. 때때로 어떤 팀원들은 변화를 거부하고 저항할 것이다. 그러나 흑조가 존재하듯, 현재 우리가 알고 있는 것이 정답이 아니라는 사고방식을 바탕으로 팀원을 잘 이해시켜야 한다.

미국 앨라배마 주에 엔터프라이즈Enterprise라는 작은 도시가 있다. 19세기, 이곳의 주민들은 주로 목화를 재배해 큰 수입을 얻었는데, 어느 날 목화에 기생하는 바구미 벌레가 목화 농장에 퍼지기 시작했다. 바구미는 목화에 알을 낳는데 그 유충이 꽃과 열매까지 먹어 치워 점점 목화 재배지는 황폐해졌던 것이다. 목화 꽃이 피어나는 것을 방해하는 목화 벌레들의 기승에,

벌레가 생긴 그해 수확량이 1/3로 줄었다고 한다. 결국 급격히 수확량이 줄자 목화 수입으로만 살아가던 농가의 수입이 급감하면서 농부들은 빈곤해졌고 실직자가 늘어갔다. 심지어 굶주리는 사람들마저 생겨나고 병자들이 늘었다.

엔터프라이즈의 농부 중 한 명인 바스톤Baston은 다른 농부들과 마찬가지로 바구미 벌레 때문에 목화 재배를 망쳐, 큰 빚을 지고 어쩔 수 없이 다른 작물을 심어야 했다. 눈물을 머금고 밭의 목화를 모조리 뽑아낸 그는 마침 지인에게서 땅콩 종자를 얻어 심었는데 의도치 않게도, 목화밭은 땅콩이 생장하기에 아주 좋은 환경이었다고 한다. 더구나 땅콩은 바구미 벌레에도 강한 종자여서 땅콩 농사는 대성공했다. 물론 낯선 작물을 재배하는 것은 결코 쉬운 일이 아니었지만 최선을 다해 땅콩 농사에 집중한 바스톤 농부는 결국 잘 자란 땅콩을 팔아 빚을 갚았을 뿐만 아니라 생산량을 더 늘리기까지 한다. 그때까지 목화를 포기할 수 없어 이러지도 저러지도 못하던 인근 다른 농부들도 그제야 땅을 갈아엎고 땅콩을 심기 시작했다. 예기치 않게도 않게 목화 벌레의 배설물은 땅콩의 비료가 되어 땅콩의 성장에 큰 도움이 되었다. 이후, 생산된 땅콩으로 버터를 만들고 기름을 짜게 되면서 엔터프라이즈 시는 미국 최대 땅콩 생산지라는 명성을 얻게 되었고 지금까지 그 번영을 누리고 있다. 반면, 아이러니하게도 이후 나일론과 같은 화학제품의 등장으로 옷감의 대량 생산이 가능해지며 목화는 사양산업이 되어, 환경의 변화에 미리 대처하지 못한 목화 재배 농가들은 대공황과 함께 극심한 어려움을 겪어야 했다고 한다. 엔터프라이즈 시에는 기념탑이 있는데 그 탑에는 '벌레가 준 고난이 번영을 가져왔음을 감사하며 탑을 세운다'란 글귀가 새겨져 있다고 한다.

변화의 이면은 볼 수 없다. 넬슨 만델라Nelson Rolihlahla Mandela 대통령은 '성공하기 전에는 항상 그것이 불가능한 것처럼 보이기 마련이다'라고 했다. 생각지 못한 문제에 닥쳤을 때, 같은 상황이라하더라도 어떤 관점으로 보느냐에 따라 전혀 다른 의사결정을 내릴 수 있다. 또, 우리가 위기라고 생각한 것이 결국은 큰 기회의 발판이 될 수도 있다. 물론, 예측 불가능에서 비롯되는 두려움 때문에 변화는 도전하기 어려운 것이 사실이다. 그러나 팀원들에게 두려움의 이면을 볼 수 있도록 이끄는 것, 그것이 팀장의 역할이다.

변화를 이끄는 힘, 변혁적 리더십

'변혁적 리더십transformational leadership'이라는 용어는 미국의 정치학자 제임스 맥그리거 번스James MacGregor Burns가 1978년 처음 사용했다. 번스에 의하면, 변혁적 리더십은 '리더가 조직 구성원의 사기를 고양시키기 위해 미래의 비전과 공동체적 사명감을 강조하고 이를 통해 조직의 장기적 목표달성을 핵심으로 하는 것'을 의미한다. 조직 구성원의 변화 기반 동기 부여를 목적으로 하는 변혁적 리더십은 다음과 같은 행위적 특징을 보인다.

먼저, 변혁적 리더십은 구성원을 리더로 개발한다. 조직 구성원 개개인의 능력과 감정을 중시하는 변혁적 리더십은 조직원의 오늘의 가시적 보상 제공이 아닌, 향후의 성장 방향에 집중한다.

둘째, 변혁적 리더십은 낮은 수준의 필요에 대한 구성원들의 관심을 높은 수준의 정신적인 필요로 끌어 올리고자 한다. 가령, 팀의 구성원이 단지 월말에 받게 될 급여를 위해 하루하루 살아가는 것이 아니라 가능하다면 10년 뒤의 원대한 꿈과 비전을 위해서 살아갈 수 있도록 변혁시키는 것이다.

셋째, 변혁적 리더십은 팀원이 기대했던 것 이상을 달성할 수 있도록 고무시킨다.

넷째, 변혁적 리더십은 지향하는 공통 비전을 가치 있게 만드는 변화의 원동력과 방법에 대해 팀원과 의사소통한다.

변혁적 리더십은 긍정적 자극을 통해 구성원이 동기와 유능감을 갖고 몰입해 성과를 이룰 수 있도록 유도한다. 조직에 헌신하기보다 개인의 득실에 더 집중하는 요즘의 팀원들에게 변혁적 리더십은 조직 몰입을 유도하는 가장 적절한 방법이 될 수 있다.

이순신의 변혁적 리더십

1597년 임진왜란 6년, 조선은 오랜 전쟁으로 인해 혼란이 극에 달하였다. 무서운 기세로 북상하는 왜군에 대항하기 위해 당시 누명을 쓰고 파면당했던 이순신은 삼도수군통제사로 재임명된다. 하지만 이순신이 발령지에서 만난 지친 병사들은 전의를 상실하여 무기력에 빠져 있었고, 백성들 역시 강한 두려움에 휩싸여 아무것도 하지 못하는 최악의 상태였다. 때마침 330척에 달하는 왜군의 배가 모습을 드러내고, 이 압도적인 적의 기세에 기가 죽은 병사들은 두려움에 떨며 포기하자고 목소리를 높였다. 이 330척과의 전쟁, 명량해전을 앞둔 이순신은 수군의 사기가 땅에 떨어져 있다는 것을 인지하였다. 그러나 그는 휘하 장수들을 불러모아 "죽고자 하면 살고, 살고자 하면 죽는다必生卽死 死必卽生 필생즉사 사필즉생. 한 사람이 길목을 지키면 능히 천 명을 막아낼 수 있다"라며 독려함과 동시에 물러서는 자는 군령으로 엄히 다스리겠다고 명령한다. 그리고 한 달이 채 안 되는 기간 동안 전력을 가다듬어 수백 척 전력의 적과 맞서 완승하였을 뿐 아니라 조선의 배는 단 한 척도 잃지 않았다. 임진왜란 당시 객관적 전력 면에서 열세였던 조선 수군이 일본 수군을 크게 물리칠 수 있었던 것은 이순신의 의지와 신념, 상황 판단 능력, 결단력 등이 복합적으로 작용한 결과라고 한다. 하지만 그 이면에는 또 다른 이유가 있다. 그는 부하들을 아끼는 마음을 언행으로 드러냈다고 한다. 그는 부하들과 동고동락하면서 함께 먹고 자고 했는데, 주민들과의 신뢰와 유대관계에도 소홀히 하지 않았다고 한다. 이순신의 진심 어린 태도에 감읍한 군사들과 주민들의 전쟁에 대한 몰입이 결국 해전을 승리로 이끄는 원동력이 되었던 것이다. 그는 전승의 공을 천운天運으로 돌릴 정도로 겸손하기도 했으며 임금에게 승전 보고서를 올릴 때 부하뿐 아니라 종들의 이름까지 같이 올려 전투에 임한 모든 이에게 전승의 공을 돌린 일화로도 유명하다.

이순신은 임진왜란 당시 육지에서 범선으로 또는 범선과 범선 간에 긴급히 연락을 취하는 통신수단으로 연을 사용했다. 통신 내용을 적어 아군 진영에 띄워 간단한 전술 지시를 보내는 방법으로, 바다에서 해군과 싸울 때도 그림이 그려진 문양의 연을 하늘에 띄워서 신호 연으로 사용했다. 이순신의 연전연승에 이 통신수단으로 활용된 연, '전술비연'도 큰 몫을 하였다고 한다. 이채로운 것은, 현재까지 전해 내려오는 총 32가지의 전술비연을 살피면, '동쪽을 공격하라', '계속 정찰 탐지하라(야간)', '기봉산 앞바다로 집결하라(주간)', '산의 능선을 공격하라(야간)', '야간에 맞붙어 싸워라', '주간에 사방을 공격하라', '아침 일출 시 공격하라' 등의 암호 신호로 되어 있는데 신호 연 중에 '후퇴'를 의미하는 연은 없다고 한다. 단순히 '임전무퇴'를 군사들의 사기를 올리기 위한 말로만 활용한 것이 아니라 전쟁 중에

CHAP 3. 무사한 팀장에서 슬기로운 팀장으로

도 몸소 실천했던 것이다.

그가 쓴 병영 일기, 『난중일기』를 보면, '기쁘다', '다행이다', '해낼 수 있다'는 표현이 자주 등장한다. 처한 상황은 녹록지 않았지만, 그는 상황에서 긍정적인 면을 보고자 했던 것으로 보인다. 위기 속에서도 희망을 떠올리고 그것을 군사들과 공유했다. 명량해전 직전, 선조에게 올린 '신에게는 아직도 전선 12척이 있습니다'는 상소문은 그의 긍정적인 면모를 단적으로 보여준다.

긍정적인 태도란 '어떠한 상황에서도 불평 없이 가장 희망적인 생각, 말, 행동을 선택하는 마음가짐'이다. 긍정적으로 사고하는 팀장은 어떤 문제에 부딪히더라도 피하지 않고 앞장서서 해결하려는 의지가 두드러진다. 문제를 남의 탓으로 돌리는 일이 없으며, 자신의 실수나 실패에 대해 변명하지 않는다. 실패를 통해 얼마든지 깊은 교훈을 얻을 수 있음을 잘 알기 때문이다. 긍정적인 팀장은 팀원의 업무 의욕을 고취시킬 때에도, 잘못한 점을 지적하기보다는 장점들을 찾아내 격려한다. 어느 운동화 회사가 아프리카에 진출하려고 시장조사를 할 때 그곳의 원주민들이 맨발로 다니는 것을 보고는 '여기 사람들은 아무도 신발을 안 신고 다니니 운동화 팔기는 글렀네'라고 생각하고 철수한 반면, 또 다른 회사는 '아무도 신발을 안 신었으니 모두가 고객이 될 수 있겠네!'라는 분석 결과를 바탕으로 새로운 시장에 진출하여 결국 시장을 장악했다라는 일화가 있다. 관점을 긍정적으로 바꾸면 새로운 기회를 찾을 수 있으며 상황을 긍정적으로 장악할 수 있다.

변혁적 리더십은 불연속적으로 빠르게 변화하는 오늘의 환경과 조직의 실정에 적합한 리더십 유형으로 재조명되고 있다. 변화하는 환경에 팀의 시스템 전체를 적응시킬 방법과 변화로 이끄는 방법에 대해 고심하고 있을 오늘의 팀장에게 좋은 힌트가 될 수 있을 것이다.

그 보다 먼저, 변화를 수용하는 나는 어떠한 태도를 취하고 있는 것인지 돌아보기를 권한다. 미국의 아이젠하워Dwight David Eisenhower 전 대통령은 장군 임기 중 스스로 변화하기 위해 병사들에게 단순히 비평을 독려하거나 의견을 묻는 것에서 나아가, '비평을 명령'했다고 한다. 결국, 변화는 항상 리더로부터온다.

27 전략적 사고가 만드는 합리적인 의사 결정법

합리적 의사결정의 이해

팀장의 하루는 의사결정의 연속선 상에 있다. 팀의 목표달성을 위해 업무를 추진하는 과정 중에 두 가지 이상의 업무가 중복되어 우선순위를 정해야 할 때도 있고, 팀의 구성의 재정립을 결심하거나 부서장이나 대표가 무리한 요구를 할 때 거절의 의사표시를 하기 위한 최적의 방법을 찾기도 한다. 팀장의 삶에는 이처럼 다양한 의사결정의 상황이 발생할 수 있다. 또한, 일과 생활의 균형Work-Life Balance 문제를 두고 팀의 성과 창출을 위한 전력 투구와 근로 복지의 사이에서 고민하기도 한다. 어떠한 의사결정을 했느냐에 따라서 작게는 일시적인 시간 낭비나 재정지출이 있을 수도 있지만 크게는 팀의 방향성과 경로가 바뀌거나 흔들릴 수 있게 되며, 조직 전체의 운명이 그에 좌우되기도 한다. 따라서 팀장에게는 합리적인 의사결정 역량이 필요하다. '의사결정decision making'은 어떤 주체가 활동 방침을 결정하는 것을 의미한다. 즉, 의사결정이란, '개인이나 조직이 주어진 문제를 해결하기 위해 가능한 여러 대안代案을 탐색하고 그중 가장 합리적이고 효과적으로 목표를 달성할 수 있다고 보는 한 가지 방안을 선택·결정하는 과정'을 말한다. 조직 측면에서의 의사결정을 들여다보면, 조직에서의 의사결정은 '조직의 운영정책 및 주요 계획의 목표를 달성할 수 있는 대안 가운데서 가장 바람직한 행동 경로를 선택하는 과정'을 말한다. 더 넓게 보면, 조직목표를 달성하기 위한 총체적 과정을 말한다고 볼 수도 있다.

효과적이고 합리적인 의사결정의 관점

효과적인 사람들은 한 번에 지나치게 많은 의사결정을 하려고 하지 않는다. 그들은 중요하다고 선택한 문제 하나를 해결하기 위한 선택에 집중한다. 전략적이고 근본적인 차원으로 생각하려고 노력한다. 주어진 상황에서 변하지 않는 것이 무엇인지를 파악하려 하며 해결해야 할 현실적인 문제가 무엇인지를 알려고 노력한다. 책 『프로페셔널의 조건』에서 경영학자인 피터 드러커Peter Ferdinand Drucker는 작은 조직이건 큰 조직이건 간과해서는 안 될 '효과적인 의사결정의 방법'을 제시했다. 효과적인 의사결정 그 자체는 최고 수준의 개념적인 이해에 바탕을 두고 있더라도, 그것을 실행에 옮기는 행동은 가능한 한 실무 계층과 가까워야 하고, 또한 가능한 한 단순해야 한다. 바람직한 의사결정에 작용하는 관점과 행동은 무엇일까?

① 먼저, 무엇이 수락 가능한 것인가 혹은 누가 옳은가를 가리는 것이 아닌, 무엇이 올바른가 하는 것에서 출발해야 한다. 주어진 조건을 만족시키거나 문제를 해결하는 과정에서 무엇이 올바른 것인지 모를 때는 올바른 타협을 분별할 수 없을 것이며 그 결과 잘못된 타협을 하게 될 것이다. 피터 드러커가 제너럴 모터스의 회장 겸 최고경영자였

던 알프레드 슬론Alfred P. Sloan과 함께 경영 구조와 정책에 관한 연구를 시작할 무렵, 슬론은 피터 드러커에게 다음과 같이 말했다. "나는 당신에게 무엇을 연구하라, 무엇을 보고하라, 어떤 결론을 내려라 등에 관한 것은 말하지 않겠소. 그것은 당신이 할 일이오. 다만 한 가지 꼭 당부하고 싶은 것은, 당신이 옳다고 생각하는 것만을 보고해 주었으면 하는 것이오. 우리 회사의 반응이 어떨지는 전혀 염려하지 마시오. 우리가 이것을 좋아할지, 아니면 저것을 좋아할지에 대해서 당신은 전혀 개의치 마시오. 그리고 무엇보다도, 당신이 내린 결론이 수락 가능한 것이 되게 하도록 당신 자신과 타협할 생각일랑 아예 하지 마시오. 이 회사의 중역들에게 무엇이 '올바른' 것인지 먼저 말해주시오."

② 의사결정을 행동으로 전환한다. 의사결정의 초기 과정에서부터 행동 계획을 짜 넣지 않으면 효과적인 의사결정을 내릴 수가 없다. 어떤 사람에게 과업을 할당하고 책임을 맡길 것인지에 대한 구체적인 실행 단계를 밟지 않으면, 실질적으로는 그 어떤 것도 결정된 것이라고 볼 수 없다. 그것을 실천하는 과업이 구체적으로 누구의 책임이고, 책임의 범위는 어디까지인가에 관한 내용도 규명할 수 있어야 한다. 의사결정을 행동으로 전환하기 위해서는 다음과 같은 질문에 대한 답을 할 수 있어야 한다. '이 결정을 알아야 하는 사람이 누구인가?', '어떤 행동을 해야 하는가?', '누가 그것을 해야 하는가?', '그 행동을 해야 할 사람이 그것을 할 수 있게 하려면 내가 취해야 할 행동은 어떤 것이어야 하는가?' 특히 처음과 마지막 질문은 반드시 답할 수 있어야 한다.

③ 피드백을 의사결정과정에 포함시킨다. 의사결정은 사람이 하는 것이기 때문에 100% 정답이라고 단언할 수 없다. 사람은 오류를 범하게 마련이고, 환경은 계속 변화한다. 때에 따라 당시 가장 효과적인 의사결정이었더라도 시대의 변화에 따라 진부해질 수 있다. 따라서 피드백 활동을 의사결정과정에 포함시켜 의사결정이 달성하고자 하는 기대 수준과 실제 활동 경과와 결과를 지속적으로 비교해야 한다. 의사결정자가 직접 나서서 자기 눈으로 행동 현장을 확인하는 것을 일상적인 업무 과정에 포함시켜 당연한 일로 여기지 않는 한, 그 의사결정자는 점점 더 현실과 멀어지게 된다. 확인 과정을 밟지 않은 추상적인 전략은 실무자의 잘못된 판단을 야기할 수 있다.

④ 견해가 의사결정의 출발점이다. 의사결정은 가능한 몇 가지 대안들 가운데 한 가지를 선택하는 것이다. 따라서 효과적인 사람들은 의견 제시를 장려하며, 다음과 같이 질문한다. '이 가설의 타당성을 검증하기 위해서 우리는 무엇을 알아야 하는가?' 그리고 '이 견해가 타당성을 유지하기 위해서 사실은 어떤 것으로 드러나야만 하는가?' 파악해야 할 것, 연구해야 할 것 그리고 검증해야 할 것이 무엇인가에 대해 철저하게 생각하여 밝히는 습관을 익혀 둔다. 의견을 내놓는 사람에게 어떤 사실이 예상될 수 있고, 또 어떤 사실을 찾아야 할 것인가를 규정하는 책임을 지도록 요구하는 것에도 익숙해진다.

⑤ 의견의 불일치를 조장한다. 효과적인 의사결정자가 반드시 해야 하는 종류의 의사결정은, 만장일치의 선포와 같은 종류의 것이 아니다.

상반되는 견해의 충돌, 견해가 다른 사람들 사이의 대화, 여러 다른 판단들 가운데에서의 판단이자 선택이다. 올바른 의사결정의 첫걸음은 우리가 상식적으로 알고 있는 것과 반대로, 의견의 불일치가 없는 상황에서는 결정하지 않는다는 것이다. 의견의 불일치는 의사결정을 위한 대안을 발견할 수 있게 해주고 새로운 지각과 이해를 제공한다.

의사결정의 실행1: 피터 드러커의 의사결정 6단계

팀장의 의사결정은 신속하고 정확해야 하며, 팀의 운명을 좌우하기도 하므로 신중해야 한다. 성공적인 의사결정을 돕는 몇 가지 프레임들을 소개한다.

피터 드러커는 '경영자가 내린 단 한 번의 잘못된 판단이 경우에 따라서 치명적인 결과를 가져올 수 있다'고 하며, '까다로운 의사결정을 내릴 때 그에 앞서 옳고 그름을 구별해야 한다'라고 했다. 의사결정은 여러 단계의 판단의 과정을 거쳐 이루어진다. 피터 드러커는 의사결정의 단계마다 어떤 것을 주의해야 성공적인 의사결정이 될 수 있을 것인가에 관해 책 『의사결정의 순간』을 통해, 의사결정의 단계를 6단계로 나누어 설명한다.

1단계: 문제를 분석한다

문제의 성격이 일반적인 현상인지, 아니면 예외적인 현상인지 구분한다. 일반적인 문제라면 기본 규칙과 원칙을 적용하도록 하며, 예외적인 현상이라면 기존 규칙이나 원칙보다는 상황에 맞게 처리해야 한다.

2단계: 문제에 대한 정의를 내린다

제대로 된 정의를 내리기 위해서는 관찰 가능한 모든 사실을 객관적이고 반복적으로 확인하는 것이 중요하다.

3단계: 문제 해결의 기준을 세운다

문제가 정의되었다면 세부적인 내용 즉, 기준을 결정한다. 판단 기준혹은 목표가 명확하지 않거나 번복이 된다면 올바른 의사결정을 내릴 수 없다.

4단계: 경계 조건, 즉 기준을 수용하는 범위 안에서 결정한다

경계 조건과 기준의 세부적인 것까지 완전히 해결할 수 있는 올바른결정을 찾으면서 타협, 적용, 양보를 포함한 차선책도 함께 검토한다.

5단계: 세부적인 실행방안을 결정한다

결정된 사항을 실행하기 위해 '누가', '무엇을', '어떻게' 할 것인가에 대한 세부 사항과 방안을 결정한다. 제대로 된 의사결정이 되기 위해서는 세부 실행방안을 구체화하고 명확히 해야 혼돈이 발생하지 않는다.

6단계: 의사결정 사항의 현실성과 유용성을 분석한다

의사결정 사항이 제대로 실행되고 있는지, 문제는 없는지를 파악하고분석해 피드백한다. 지속적인 피드백 과정을 통해 문제 해결의 연속성을 강화한다.

의사결정의 실행2: 의사결정 맞교환 프레임

벤저민 프랭클린Benjamin Franklin이 활용한 의사결정 방법에서 출발한 '의사결정 맞교환 프레임'은 다양한 목표와 대안 중 어느 하나를 선택할 때 유용한 방법이다. 의사결정과정은 다음과 같다.

의사결정이 필요한 복잡한 문제가 발생했을 때, 종이 한 장을 준비한다. 종이의 가운뎃줄을 그어 반으로 나눈 다음 한쪽에는 찬성란을, 다른 쪽에는 반대란을 만든다. 각각의 칸에 찬성 의견과 반대 의견을 적어 문제에 대한 이슈를 한눈에 볼 수 있게끔 한다. 각각의 중요도를 비교하며 찬반 양쪽의 의견 중 중요도가 엇비슷한 것을 각 칸에서 하나씩 찾아내 지운다. 만약 어떤 한 가지 장점이 두 개의 장점과 중요도가 같다고 판단이 된다면 그 세 개를 한꺼번에 지워버린다. 이 과정을 반복하면 마침내 균형이 어느 쪽으로 기우는지 확인하게 된다. 이와 같은 과정을 통해 남은 의견이 찬성 쪽이 많으면 찬성으로, 반대쪽 의견이 많이 남으면 반대쪽으로 최종 의사결정 한다.

의사결정의 실행3: 케프너- 트리거 기법

케프너- 트리거Kepner-Tregoe 기법은 미국의 Think Tank 회사인 랜드코퍼레이션에 근무하던 케프너와 트리거에 의해 명명된 기법이다. 줄여서 KT 기법이라도 한다. 이들은 문제 해결을 위한 원인을 분석하던 중, 발생한 문제의 근본 원인이 개발하는 프로그램의 '결함'이 아닌, 사람의 사고 프로세스 차이에 있음을 발견하게 되었다. 이를 토대로 탁월하고 우수하게 일 처리를 하는 사람들의 사고 과정을 가시화하였다. 이들이 개발한, '우수하고 탁월하게 일 처리 하는 인간의 4가지 사고 프로세스'는 다음과 같다.

케프너- 트리거 기법은 상황분석- 문제분석- 결정분석- 잠재적 문제분석이라는 사고 순서에 따른 프로세스를 기본 골격으로 한다.

① **SA(Situation Analysis) 상황분석:** 문제가 무엇인지(what) 파악하는 과정

"무슨 일이 일어나고 있는가" : 문제를 정의하되, 존재하는 모든 문제를 다 열거하여 드러내고, 이 문제들의 우선순위를 결정한다. 드러난 문제의 우선순위를 정한 후, 가장 중요한 3가지를 선택하여 원인을 파악한 후 해결한다. 다음으로 나머지 문제 중 가장 중요한 3가지를 선정하여 해결하는 과정을 반복한다. 우선순위를 정하는 방법은 여러 가지가 있지만 보통, 중요도와 긴급도의 기준으로 파악한다.

② **PA(Potential Analysis) 문제분석:** 원인이 무엇인지(why) 파악하는 과정

"왜 일이 발생했는가" : 일의 진행과정 중 문제를 야기하는 많은 원인 중 근본이 되는 진짜 원인을 찾는다.

③ **DA(Decision Analysis) 결정분석:** 해결책을 찾고(how) 결정하는 과정

"어떻게 처리할 것인가, 어떻게 풀 것인가" : 수많은 의견과 대안 중 최적의 의견을 찾아 수렴한다.

④ **PPA(Potential Problem Analysis) 잠재적 문제분석:** 발생 가능한 risk를 파악하고 대응방법을 찾는 과정

"앞으로 무슨 일이 일어날 것인가, 그것만 하면 다 되는가" 해결 방안 적용을 위해 실행된 task로 인해 기존에 존재하지 않던 새로운 문제가 발생할 가능성이 있다. 새롭게 발생하는 문제가 기존 문제보다 더

CHAP 3. 무사한 팀장에서 슬기로운 팀장으로

큰 문제를 야기한다면 새로운 해결 방안을 찾는다. 새롭게 발생하는 문제가 기존 문제보다 감내할 만한 수준의 것이어서 기존의 해결 방안을 적용하기로 했다면, 발생할 수 있는 문제의 risk를 최소화하는 방안을 동시에 검토한다.

케프너- 트리거 기법은 사고능력을 최대한 활용함으로써 복잡한 경영환경에서 팀장이 팀과 프로젝트에 대하여 빠른 시간 내에 최적의 의사결정을 내리고 그 효과를 극대화할 수 있도록 돕는 의사결정 프레임이다.

앞서 소개한 의사결정 기법들은 문제의 원인을 명확히 하고 의사결정을 위한 대안들을 다양한 각도와 관점을 통해 모색하여 최적안을 도출하는 공통점을 보인다. 효과적이고 합리적인 의사결정을 하려는 팀장은 탐색의 과정을 거쳐서 의사결정 기준을 세우고, 가능한 모든 평가 기준과 대안들을 찾을 수 있어야 하며, 각 대안들을 객관적이고 정확하게 평가할 수 있어야 한다.

저술가 로버트 치알디니Robert B. Cialdini 책 『초전설득』을 통해, 최고 성과자들은 영향력이라는 밭을 어떻게 일궈야 좋은 결과를 수확할 수 있을지 계획을 짜고 실천하는 데 많은 시간과 노력을 들인다고 말한다. 아무리 좋은 씨앗이라도 돌밭에는 뿌리를 내릴 수 없고, 땅 고르기를 하지 않은 밭에서는 탐스러운 열매를 맺지 못한다. 숙련된 정원사처럼, 팀의 목표를 수립하고 달성해가는 과정에서 마치 정원을 가꾸듯 전심을 다해 전략적으로 사고하고 합리적으로 의사 결정할 팀장님을 기대하고 응원의 박수를 보낸다.

고민 사례 9 그 팀원은 대체 왜 나를 부정하고 거부할까?

> 저보다 나이 두 살 더 많은 A 팀원이 저의 현재 최대 고민거리입니다. 우리 팀의 팀원들뿐 아니라 다른 부서의 사람들과도 좋은 관계를 유지하고 평판도 좋은 그 팀원은 사람 좋은 말투와 태도로 회사 사람들과 꽤 가깝게 지내는 듯합니다. 그런데 이 팀원이, 특별한 이유 없이 저에게만 태도를 달리합니다. 심지어 사람들 앞에서 공공연하게 제가 하지도 않은 실수를 크게 이야기하여 저를 난감하게 만든 경험도 있습니다. 미묘하게도 저에게만 그랬던 까닭에 불편한 관계가 힘들었던 저는 어느 날 퇴근 전에 A 팀원에게 잠시 대화를 청해 이유를 물었습니다. 그러나 그 팀원은 말을 뱅뱅 돌려가며 "글쎄요, 저는 팀장님이 그때 그러셨던 것으로 기억하는데요. 아닌가요?"라는 등 비협조적인 태도를 보이며 대화 내내 분위기를 냉랭하게 만들었습니다. 대화로 해결점을 찾고자 했던 저의 의도와 다르게 그날의 대화는 그냥 흐지부지 끝났습니다. 그리고 그날 이후, 결국 저는 그 팀원과 골만 더 깊어지게 되었습니다.
>
> 물론 조직의 모든 사람이 저와 좋은 관계일 수 없는 것을 잘 알고 있습니다. 한두 명 정도 안 맞는 사람이 있을 수 있습니다. 그러나 A 팀원에 대해 저는 "저 사람은 진짜 아니다. 나와는 안 맞아. 그러니 멀리하자"라고 단순하게 생각할 수 없습니다. 제가 이끌어야 하는 제 팀원이기 때문입니다.
>
> 저를 부정하고 거부하지만, 그 이유조차 말하려고 하지 않는 나이 많은 A 팀원, 어떻게 대하면 좋을까요?

팀원과 팀장 사이에 신뢰가 형성되지 않은 것으로 판단됩니다. 그러므로 왜 상호 간에 신뢰 관계가 형성되지 않은 것인지 그 이유를 찾고, 근본 원인의 해결에 집중해 보는 것이 좋겠습니다. 다음으로 팀원의 존재감을 인정하고 정중히 도움을 요청해 보시기를 권합니다. 회사에서 나보다 어리거나 경험이 적다고 판단되는 이가 상사로 위치하게 되는 경우 감정적으로 즐거울 수는 없습니다. 혹 팀원이 그와 같은 이유로 나에게만 부정적으로 대하는 것이라면 팀 회의 혹은 공식적인 자리에서 팀원의 업무 경험과 노하우를 존중하는 언사를 내비친 후 그에게 역할을 부여하는 시도는 어떨까요?

가령, "A 님이 ** 업무에 대한 이해도가 가장 높으신 것을 잘 알고 있습니다. 지난 ** 프로젝트도 A 님이 아니었더라면 결코 해낼 수 없었을 것입니다. 그러니 저희도 배울 수 있도록 팀원들에게 노하우를 알려주시면 어떨까요?", "가장 업무 역량이 뛰어나신 분이십니다. 저희 팀에 큰 도움이 되고 있습니다. 신입사원의 업무 멘토를 부탁드려도 될까요?"와 같은, 역량을 인정하고 그것을 책임 있게 소화할 수 있는 역할을 부여한다면 팀장이 본인을 인정하고 이해했다고 판단하여 팀장에 대한 마음과 태도도 다소 누그러지지 않을까요?

팀장으로서 할 수 있는 최선의 방법은 이러한 상황에 대한 불쾌감조차도 보듬어야 한다는 것입니다. 쉽지 않겠지만 인내심을 가지고 차근차근 그에게 다가가 봅시다. 낙숫물이 바위를 뚫는다고 했습니다.

팀장으로서 나이 많은 팀원, 그리고 입사 선배였던 팀원과 일하는 것은 불편할 수밖에 없습니다. 누구나 꺼릴 수밖에 없는 상황입니다. 그러나 확실한 것은 팀장보다 나이 많은 팀원이 훨씬 더 불편함을 느낀다는 것입니다. 서로 신뢰가 쌓이고 좋은 팀워크를 보인다고 해도 어찌 매번 좋은 일만 있을까요? 가끔 터져 나오는 사소한 갈등도 생각 이상의 큰 문제로 커지는 어려운 관계라는 것이 이 상황입니다. 팀장으로서는 참 난감할 수밖에 없습니다.

이 상황을 긍정적으로 가기 위해서는 업무적인 관계보다 인간적인 관계에 더 힘을 쏟는 것이 필요합니다. 호칭부터 달리해보는 것은 어떨까요? 팀 회의석이 아닌 경우에는 차장, 과장 같은 직급으로 부르는 것보다 '형님', '선배' 등으로 호칭을 하는 것만으로도 상대방의 마음을 누그러뜨릴 수 있습니다. 나이 많은 팀원의 처지에서 직급으로 호칭을 들으면 자신이 팀원의 낮은 입장이 되지만 '형님', '선배'의 호칭은 본인을 더 높은 위치에 서는 느낌을 받게 합니다. 호칭은 대화의 첫 시작점부터 다르게 만들어 보다 원활한 소통을 만드는 힘이 있습니다. 어차피 본인이 팀장인 것을 모르는 동료들이 누가 있겠습니까? 나이 많은 팀원을 오히려 존중해 주는 호칭을 들은 다른 팀원들도 팀장의 인품을 더 높게 평가할 것입니다. 직급이 높아질수록 낮은 자리로 임하고 인간적인 접근을 활용해봅시다.

신뢰가 쌓이려면 절대적으로 필요한 것 두 가지 있습니다. 시간과 진정성입니다. 인간적으로 친분이 쌓이고 신뢰하려면 서로의 성향과 믿음을 확인할 수 있는 절대적인 시간이 필요합니다. 아무리 뛰어난 능력과 훌륭한 인격을 가지고 있어도 만나자마자 신뢰가 형성되지는 않습니다.

사례에 나온 팀원처럼 불편한 행동을 겉으로 드러내지 않는다고 해서 다른 팀원들은 진심으로 나를 리더로 인정해 준다고 생각할 수는 없습니다. 나이가 많은 팀원뿐 아니라 그 누구라도 나를 팀장으로서 진심으로 인정 해주려면 절대적인 시간이 필요합니다. 팀원들도 본인들이 납득할 만한 수준의 리더인지, 진정 믿고 따를 수 있는 리더인지 진정성 있는 모습을 팀장이 보여주기를 원합니다.

상대방에게 다가가려는 이벤트적인 만남도 필요하지만 그러한 것이 시간을 획기적으로 줄여주지는 않습니다. 여러 가지 시도를 하되, 상대방의 시선에서 본인을 바라보면서 조금 더 인내심을 가져보는 것이 필요합니다. 사적인 감정이 아니라 팀의 목표를 생각하는 진정성을 가지고 지속적으로 소통하고 상대한다면 분명히 상대방이 마음을 열고 다가올 것입니다.

LEADERSHIP
TRANS
FORMATION

호 기 로 운 신 입 부 터 어 쩌 다 팀 장 까 지

리 더 십
트 랜 스 포 메 이 션

펴낸날 2022년 3월 31일

지은이 배찬호 홍창기 이소민
펴낸이 주계수 | **편집책임** 이슬기 | **꾸민이** 이슬기

펴낸곳 밥북 | **출판등록** 제 2014-000085 호
주소 서울시 마포구 양화로 59 화승리버스텔 303호
전화 02-6925-0370 | **팩스** 02-6925-0380
홈페이지 www.bobbook.co.kr | **이메일** bobbook@hanmail.net

© 배찬호 홍창기 이소민, 2022.
ISBN 979-11-5858-852-6 (03190)

※ 이 책은 저작권법에 따라 보호받는 저작물이므로 무단전재와 복제를 금합니다.

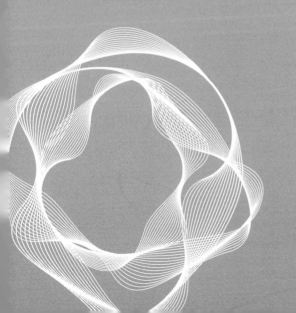

LEADERSHIP
TRANS
FORMATION